潮汐河段群桩基础安全监控理论与方法

唐勇 著

中国建筑工业出版社

图书在版编目（CIP）数据

潮汐河段群桩基础安全监控理论与方法/唐勇著．
—北京：中国建筑工业出版社，2020.7
ISBN 978-7-112-25033-2

Ⅰ．①潮…　Ⅱ．①唐…　Ⅲ．①桥梁基础-群桩-安
全监控　Ⅳ．①U443.15

中国版本图书馆CIP数据核字（2020）第068780号

　　　　本书是作者依据国家重点基础研究发展规划项目——"灾害环境下重
大工程安全性的基础研究"和国家"十一五"科技支撑项目——"苏通大
桥建设关键技术研究"著写而成。全书共包括：绪论、潮汐河段的工程背
景、传感器系统构建理论与方法、数据处理技术、资料解释及其影响因素、
安全监控警戒模型、预测预报监控模型、桥梁基础安全评价模型、结论与
展望及附件等内容，本书适合广大地质、岩土专业的师生阅读使用。

责任编辑：张伯熙
责任校对：张惠雯

潮汐河段群桩基础安全监控理论与方法
唐　勇　著
*
中国建筑工业出版社出版、发行（北京海淀三里河路9号）
各地新华书店、建筑书店经销
霸州市顺浩图文科技发展有限公司制版
北京圣夫亚美印刷有限公司印刷
*
开本：787×960毫米　1/16　印张：15　字数：260千字
2020年7月第一版　　2020年7月第一次印刷
定价：**60.00**元
ISBN 978 - 7 - 112 - 25033 - 2
（35793）

作 者 简 介

唐勇，男，1982年11月出生，副教授，高级工程师，工学博士，先后在福建省建筑科学研究院和贵州理工学院工作，从事地质及岩土工程的设计、科研与教学工作。

前　言

　　潮汐河段的超大型群桩基础的工程环境特点主要有：处于深水环境、水文条件恶劣、风暴潮问题突出、河床覆盖层厚、冲淤问题突出、建设条件极其复杂。这些特点加大了工程的技术难度，使施工风险偏大。安全监控已成为保证桥梁施工和运营的必然措施。因此，结合国家重点基础研究发展规划项目——"灾害环境下重大工程安全性的基础研究"和国家"十一五"科技支撑项目——"苏通大桥建设关键技术研究"，针对潮汐河段群桩基础安全监控系统的主要任务：为施工期和运营期的工程安全提供信息支持，为科学研究服务，对其安全监控模型的构建进行了研究，主要内容和创新点如下：

　　（1）结合苏通大桥的工程特点、主要难点，对控稳因素进行了分析，由此确定了监控项目，主要包含：①沉降与不均匀沉降；②河床冲刷；③桩身轴力；④钢护筒应力；⑤承台内部应力和挠度；⑥基桩水平位移。

　　（2）针对苏通大桥传感器埋设环境恶劣的，传感器可靠度与出厂值存在差异的情况，在大量实验和调研的基础之上，提出了传感器可靠度环境因素影响因子的概念，在此基础之上对传统的选型优化模型进行了改进。结果表明，选型优化模型改进非常重要，否则在如此恶劣的安装埋设环境之下，传感器系统的可靠度得不到保证。

　　（3）潮汐河段大型深水群桩基础的河床冲刷异常复杂，直到现在仍然没有成熟的相关计算理论，甚至连经验公式都不存在。这导致了误差传递法无法适用于河床冲刷传感器位置优化。引入网络覆盖模型，解决了群桩基础河床冲刷位置优化的问题。

　　（4）苏通大桥的桩基础属于超长钻孔灌注桩，在桩基础深部埋设传感器是工程界的普遍难题，针对这一问题，通过大量现场试验和调研，研发了多项弦式传感器保护技术，从而成套构成了传感器保护系统。传感器保护系统的实施，大大提高了传感器安装埋设成活率和耐久性，解决了高压力环境下传感器埋设难题。

　　（5）安全监控的宗旨是"为安全而监控"，目的在于发现异常，结构自身异常和数据假异常的识别都是安全监控的关键技术之一。苏通大桥已有的大量观测数据表明,受复杂结构因素的影响,深水群桩基础实测数据中存在规律性异常群。规律性异常的出现,给异常检出提出了新要求。在利用现有异常识别方法的基础之上,结合时空 k 倍标准差法、四分位区间分析法、DTW 异常识别技术,形成了深水群桩基础监测数据的成套异常识别技术,并且能够识别异常属性。

(6)对于复杂的监控系统,其监测数据量巨大,如何充分利用巨量监测数据及其产生的冗余信息,提高安全性评估结果的可靠性,是深水群桩基础安全监控中的技术难点。通过模糊聚类特征级数据融合算法判别结构内部不同测点的关联,并对监控系统进行了分区,这改变了数据分析的模式,形成了"由点到面、由面到网"的新模式。

(7)潮汐河段群桩基础的监测数据最突出特点就是受环境因素影响强烈,数据中存在频率不一的噪声。前人通过小波去噪的方法,取得了较好的效果,然而小波去噪对数据的频度和完整性都有较高要求,这是任何数据采集系统都无法保证的。本文采取小波技术与卡尔曼滤波技术相结合的方法,卡尔曼滤波处理短期的不连续实测数据,小波滤波处理长期的完整性较好的数据,大大提高了数据处理技术的适用性。

(8)一个完善的监控系统不仅应具有可靠的异常检出功能,还应具备解释异常的能力,尤其是异常群的解释,包含其成因与属性。一般而言,有限元法是应用最为广泛的结构异常解释方法,针对苏通大桥的工程特点,对有限元建模的主要影响因素进行了分析,包括:土性、桩—土—水的共同作用、钢护筒的影响。在此基础之上,应用有限单元法对两组主要的异常群——桩身轴力异常群和桩顶应变异常群进行了解释,结果表明这两组异常群均是由于特殊的结构设计形式导致,属于"假异常"。同时针对桩顶应变异常带来的桩顶轴力计算问题做了专门研究,给出了一般性的计算公式。

(9)河床冲刷与淤积是影响桥梁安全运营的主要因素之一,在详细分析了苏通大桥施工期的河床冲淤监测数据后发现,北主墩桥位区存在冲刷趋势,而南主墩桥位区存在淤积趋势,针对这一问题,利用有限单元法分别建立了南、北主墩的河床冲淤警戒模型,给大型桥梁工程的科学管养提供了数据参考。

(10)对于一个服务于运营期的监控系统来说,预测预报模型是必不可少的组成部分。苏通大桥的实测数据受环境因素影响大,采用什么样的监控模型最具适用性成为了研究重点。在对比了多个目前广泛应用的数学模型之后，得出了 BP 神经网络模型在潮汐河段应力预测预报中精度最高的结论，并建立了承台应力分布的 BP 神经网络模型，对应力分布进行了外推预测，预测结果与实测结果非常接近。

（11）安全评价才是前期所有工作的最终目的，然而决策者不仅仅关心桥梁目前的安全性，更关心未来的安全性。引入分形理论，与传统的安全评价模型相结合，使得安全评价结果具有了一定的预测能力，并以此对苏通大桥群桩基础的安全性进行了判别，结果表明，基础处于安全状态，并在今后一段时期内仍是安全的。

本书的出版受到全国高校黄大年式资源勘查工程教师团队（教师函〔2018〕1 号）、贵州省地质资源与地质工程省级重点学科（ZDXK〔2018〕001）、贵州省地质资源与地质工程人才基地（RCJD2018-3）等项目的支持。

杨秋奎老师对于本书的统稿，书稿目录的优化提出了宝贵的意见，同时，杨秋奎老师也对本书稿的文字做了大量的校审工作，在此，表示感谢。

目　　录

第1章 绪 论

据史书记载，早在秦汉时期，我国就已广泛修建各种石梁桥，这拉开了我国桥梁建造史的序幕。中华人民共和国成立以后，我国先后在南京、武汉建立了长江大桥，揭开了跨越长江这个天堑的新篇章。近年来，随着我国经济建设速度的加快，一座又一座大型桥梁成功建成，其中，不乏世界级的桥梁，如润扬长江大桥，南京长江二桥，杭州湾跨海大桥等，这些桥梁在世界很有影响。桥梁规模越大，其安全问题也就越突出，为了确保桥梁的安全运营，管理者都投入巨资建立了安全监控系统以实时掌控桥梁的安全状态。苏通大桥在建成时是世界第一斜拉桥，创造了四项"世界第一"，由于规模大幅度超过现有桥梁，使得不少设计都无规范可依，理论研究水平远远落后于工程实践，这就给监控系统赋予了双重任务：安全监控和理论研究。比如，超长大直径钻孔灌注桩的传力机理。因此，对其监控系统的研究更是十分必要，本书以苏通大桥群桩基础为工程背景，研究潮汐环境下群桩基础安全监控系统的构建关键技术，为大桥的建设和安全运营"保驾护航"。

1.1 问题的提出

桩基础是一种古老的基础形式，其作用是将上部荷载传递到深部较坚硬的土层或岩层，以解决上部软弱土层承载力过低的问题。早在有历史记载以前，古人就将木桩插打在河中进行拦水或取水，直到现在，在农村仍然能看到有人使用这种古老、简单的桩基础进行拦水。随着社会的进步，桩基础出现了新的形式，如19世纪末在美国问世的浇筑混凝土人工挖孔桩、20世纪40年代初期在美国问世的钻孔灌注桩。如今，桩基础几乎遍布全世界，并在公路交通、工业与民用建筑、水利工程等行业中得到广泛应用。

钻孔灌注桩的问世以及钻进技术的发展，扩展了钻孔灌注桩的使用范围，但是，受钻孔技术的限制，钻孔灌注桩在设计上也受到了很大的限制。为了提高基础的承载力，降低基础沉降，人们将多根桩组合在一起使用，于是，群桩基础问世了。

苏通大桥是国家重点干线公路的主要跨江通道，也是江苏省公路主骨架的重要组成部分，是国家"十一五"重点建设项目。苏通大桥跨江大桥长8206m，主航道桥采用主跨1088m的双塔钢箱梁斜拉桥方案，建成时超过日本主跨度888m的多多罗大桥，成为当时世界上跨径最大的斜拉桥（如图1-1所示）。桥墩均采用群桩基础。其中，主塔墩基础由131根直径为2.8m/2.5m、长度为117m（主4号墩、主5号墩桩长为114m）的大直径、超长、变径钻孔灌注桩组成，在系梁区还留有4根备用桩位。而承台则采用变厚度梯形截面、哑铃形承台，其横桥向边长为113.75m，纵桥向边长为48.10m，厚度为5.00~13.324m（如包含封底混凝土，厚度为8.00~16.324m），重量约为1381623kN（含封底混凝土）。桥位区位于长江下游潮汐河段，邻近长江入海口，水文气象条件恶劣，风暴潮问题突出，且江面宽阔，水深流急，松软河床覆盖层深厚，工程及建设条件具有如下特点：

图1-1　苏通大桥效果图

（1）索塔高度近300m，属高耸构筑物，对地基基础的垂向和水平向承载力、不均匀沉降以及整体稳定性均有很高的要求。

（2）桩基础需要安全承受的荷载巨大且作用点高，不均匀沉降将使索塔结构受力条件恶化。

（3）索塔基础体积庞大，桥位区水深流急。所以，冲刷问题较突出，且南、主4号墩位置的冲淤条件差异大，从而导致两个索塔地基基础的承载力和沉降存在差异。

（4）桥位区河床覆盖层厚度在200~300m，基桩属典型的摩擦桩，河床冲刷对基桩的承载力和沉降影响大。故索塔基础的承载力和沉降及不均匀沉降对河床冲淤条件较敏感。

（5）索塔—桩基础—地基土的共同作用问题突出，而目前的科学技术水平难以进行准确的模拟和评价。

（6）南、北主墩均位于长江深水区，故风暴潮对索塔地基基础的安全性有一定影响。而且对于感潮河段，桥位区的水流条件有较复杂的变化，加之南、北主墩所在水域的水深等水文条件差异较大。所以，风暴潮对索塔地基基础安全性的影响是一个难以准确评价的不确定性问题。

（7）由于索塔荷载巨大，且各基桩所承担的荷载具有较大的不均匀性，从而导致索塔承台始终处于不利的受力状态。对于大直径、超长、密集分布的基桩，群桩效应问题也比较突出，而且目前的科学技术水平还难以进行客观的模拟和评价。

（8）承台体积巨大，其重量约是总垂向荷载的一半，这为索塔地基基础安全监控创造了更积极的意义，在承台混凝土浇筑过程中对基桩和地基土应力、应变等响应的跟踪观测对于索塔地基基础工程特性的评价和安全监控模型的建立具有重要意义。

（9）南、北主墩的地基基础均处于深水环境。而对于深水环境下松软地基土工程特性的认识和研究，目前仍缺乏实践经验和相关理论研究的支持。由于桥位区水深流急，对于大直径、超长的高桩，其施工难度很大，由基桩施工因素（如钻孔和钢筋笼的倾斜度等）派生的附加弯矩具有不确定性，环境因素（如水文条件、风暴潮、船只碰撞、河床冲淤及过程）及其对桩基础受力条件和工程特性的影响也具有不确定性和难预见性。

综上所述，苏通大桥工程规模巨大、主墩基础分布集中，且荷载集度大，建筑物对地基基础的要求很高。而桥位区水文气象条件复杂、不确定影响因素多、地基土工程性质差。为了确保工程的安全施工和安全运营，提高信息化施工的水平，安全监控是必备的措施。这是安全监控系统的第一大任务。

根据前期的离心模型试验、自平衡试验和数值模拟的结果[1-9]可以看出，与一般桩基相比，超长大直径钻孔灌注桩的承载性能具有明显的不同点，由于桩数较多，桩距相对较小，使得其传力机理和沉降规律更加复杂。此外，为了提高基础的侧向刚度，设计时保留了钢护筒。钢护筒参与受力，又使得其传力机理有别于一般的超长大直径钻孔灌注桩。对于一个规模如此巨大的群桩基础来说，群桩效应问题突出，群桩效应会使得周边桩的受力明显偏大，使得中间桩"吃不住劲"，从而降低群桩基础的承载力，为了使荷载分配更均匀，设计上采用了厚承台形式。如此大规模的厚承台的荷载传递机理也是需要研究的，这就给安全监控系统赋予了第二大任务——科学研究。

结合苏通大桥的工程特点以及安全监控系统的任务，潮汐河段安全监控模型的构建需要重点研究的内容主要有：

（1）深水、高压环境下的传感器埋设与保护技术。由于桩基础太长，传感器需要在地下深处正常工作，要在混凝土浇筑时，需要承受超过20个大气压力的压力，这是现有传感器技术所面临的难题，如何保护传感器，提高"成活率"是构建有效的监控系统的关键。此外，由于基础规模巨大，从信息获取的角度讲，传感器埋设越多越好，然而经济条件是有限的，因此，传感器系统的优化是必不可少，目的是在投资有限的情况下，力争获取尽可能多的数据信息。

（2）河床冲刷监测还处于起步阶段，现有的监测技术还无法满足高精度实时监测的需求，而苏通大桥的地理位置及水文条件要求对桥位区进行高精度实时监控，因此，河床冲刷监测技术的研究也非常必要。

（3）由于桥位区位于潮汐河段，受环境因素影响强烈，加之监控系统规模巨大，如何根据传感器的数据特点，采用合理的数据分析技术，提高数据分析处理的效率也是构建高效监控系统需要突破的问题。

（4）已有监测数据表明：由于恶劣的施工环境下各种干扰较多，使得监测数据中存在一些异常值（俗称"野值"），特殊的设计使得实测数据中存在"异常群"。因此，研究高效的异常识别和"异常群"的识别与解释也是十分必要的。

（5）数值模拟是任何一个监控系统所必不可少的环节，对于潮汐河段的群桩基础而言，如何建模？哪些工程因素是必须考虑的？这些都是需要解决的问题。

（6）苏通大桥是世界上首个将基础安全监控系统并入到结构健康监测系统的桥梁，这给安全监控系统研究赋予了新的任务——构建运营期的监控模型。监控模型包括：安全警戒模型、预测预报模型以及安全评价模型。

1.2 国内外的研究现状

1.桩基础的研究现状

近20年来人们对桩基础的研究一刻也未停止过，现有的研究主要集中在以下几个方面：

1）理论计算方面

（1）承载力的计算

目前国内外关于群桩承载力计算的方法主要有：①群桩效率系数法，以单桩极限承载力为参数；②极限平衡理论法，以土强度为参数；③经验公式法，以侧阻力、端阻力为参数；④考虑承台、桩、土相互作用的分项群桩效应系数法[10]。

（2）沉降计算

群桩基础沉降计算的方法主要有以下几种：

① 等代墩法。这是一种简化法，把群桩基础假定为实体基础进行沉降计算。近年来又有学者提出了改进等代墩法[11]。

② 弹性理论法。这是由Polous和Davis最早系统提出的方法[12]。

③ 数值模拟法。因为可以考虑的因素多，如固结、水、桩土作用等，数值模拟法被广泛采用。最早利用数值模拟法进行群桩计算的是Ottaviani[13]，随着计算机技术的发展，工程人员也有用数值模拟法对超大型群桩基础进行沉降计算的[14, 15]。常用的数值模拟法包括：有限元法、有限差分法[16]、边界元法等[17]。

④ 混合法。采用荷载传递函数法模拟群桩中每一根桩的非线性行为[18]。

（3）群桩效应

数值模拟技术的飞速发展使得通过理论计算研究群桩效应成为了可能。张雄文运用三维非线性有限元法研究了群桩效应对高桩承台底面受力与变形的影响，同时还研究了对基桩轴力、桩侧摩阻力的影响[19]；汤斌则通过有限元法研究了桩长、桩距与桩径比对群桩效应系数的影响[20]；王成华通过有限元法研究了桩长、桩距、桩数对群桩基础承载性能的影响[21]；曾友金利用ANSYS软件分析了群桩效应对桩顶轴力分布、桩身轴力的影响[22]。

2）实验研究

近年来利用试验法对群桩基础的研究很多，主要集中在以下几个方面：

① 承载性能的研究。周淑芬利用室内模型试验研究了超长群桩基础的竖向承载力，结果表明，超长群桩基础属于非刚性摩擦桩，桩身中下部的摩擦力并未充分发挥，桩端阻力极小[23]。王年香则通过离心模型试验研究了超大型群桩基础的承载特性[24]。马海龙通过现场足尺试验研究了水泥土群桩承载力特性[25]。

② 群桩效应的研究[26]。

③ 桩土共同作用的研究。张建新通过模型试验研究了群桩沉桩过程的挤土效应[27]。

3）原型监测研究

原型监测是利用埋设在群桩基础内部的传感器数据对桩基础的承载性能、传力机理等进行深入分析。监测物理量通常包括基桩轴力、沉降、位移等。最早通过原型监测方法对群桩基础进行研究的是 Ealy 和 Carl，他们利用实测数据对群桩基础的荷载传递机理和沉降特性进行了研究[28]。Matsumoto T 通过监测数据分析了桥梁群桩基础在桥梁运营期的荷载分配规律[29]。Klar A 采用 BOTDR 技术研究了因隧道开挖引起的桩土接触应力的变化[30]。Yin CJ 等利用实测数据分析了作用在软岩上的大直径群桩基础的承载性能[31]。朱腾明等通过监测工程实例揭示了桩间土承担荷载的份额[32]。陈志坚通过实测的桩身轴力分析了桩周摩擦失效的效果[33]。卢波等对新疆伊犁河大桥进行了施工监测，利用监测数据结合有限元模型对群桩基础的承载性能进行了分析[34]。

2.监控系统研究现状

与大坝安全监控系统相比，桥梁安全监控系统发展相对缓慢，有记录的世界上首座建立安全监控系统的桥梁是位于美国旧金山的金门海湾大桥，但仅仅是为了测试地震引起的损伤。近 20 年来，全球范围内陆陆续续兴建了很多大型桥梁，关于桥梁监控系统的报道也相应的多起来，主要集中在北美、欧洲和东亚。比较典型的有丹麦的大带桥[35]、加拿大的联邦大桥[36]、美国的巴里司令大桥[37]、日本的名石桥[38]、韩国的西海大桥[39]，而国内的大型桥梁相对较多，如江阴长江大桥、南京长江二桥、南京长江三桥、润扬长江大桥、铜陵长江大桥、杭州湾大桥、东海大桥等。为了实时掌握桥梁的安全状态，以上的桥梁都建立了监控系统[40]。

从发展的角度讲，桥梁健康监控系统的发展趋势主要有：监控网越来越复杂；监控系统建立的时间越来越早，通常都在桥梁建设的同时就开始传感器的安装埋设，而不是像以往在桥梁通车运营才开始建设；越来越关注环境因素的影响，比如温度、水压力、大气湿度等[41]；监控系统的设计被提到与桥梁设计同样的高度，成为桥梁设计的一部分，如意大利的Messina Stait bidge，投资者要求桥梁的设计书里包含监控系统的设计[40]。

由于人们对桥梁安全问题日趋重视，不仅仅是大跨度桥梁有建监控系统，不少小跨度桥梁也建立了相应的监控系统。在欧洲，关于中小跨度桥梁的监控系统的研究相对较多[42]。Geier利用BRIMOS系统对中小跨度桥梁的动力学特征进行了跟踪监测[43]。而在澳大利亚，研究重点则专注于极小跨度的高速公路和铁路桥，并形成了商业化的产品"Brige Health Monitor"[44]。

关于特定桥梁的监控系统做针对性的研究报道也越来越多。张启伟总结了10多年来桥梁健康监测的研究状况，系统地阐述了桥梁结构健康监测的新理念[45]。谭永朝介绍了钱江四桥的传感器系统，数据采集与预处理系统，结构安全评价与智能健康诊断系统四个子系统[46]。闻家明介绍了深圳湾公路大桥结构健康监测系统的组成及实现，具体包括传感器系统、数据采集系统、数据预警系统及结构安全评估系统[47]。胡顺仁介绍了重庆菜园坝长江大桥健康监测系统，将其分为硬件系统和软件系统，并利用差错控制机制评价了系统的可靠性。Santanu Chakraborty介绍了美国康涅狄格州的一座连续钢桁架桥的应变监测系统，并且利用有限元分析结果结合监测结果对重型卡车经过时的桥梁安全性进行了评价[48]。Hui Li介绍了黄河滨州高速公路大桥的健康监测系统的各个子模块，具体包括传感器模块，数据采集模块，结构分析模块，数据库模块和预警模块[49]。

传感器系统是监控系统的核心部分，一个完整的监控系统的所有子系统都是围绕传感器系统进行配置的。近年来，传感器技术发展很快，尤其是光纤传感器和无线传感器已逐步开始在工程中应用[50-51]。随着GPS的测量精度逐步提高，其在桥梁监测中的应用也逐步广泛。在各个桥梁上所使用的传感器种类逐步增多，涉及的范围更广（如表1-1所示[40]）。随着卫星遥感技术的发展，使得遥感技术被广泛应用于工程安全监测中，尤其是变形与沉降监测中应用最为广泛[52]。

对于传感器布置的研究也有大量报道，主要集中在传感器优化布置、优化算法等：刘文峰介绍了广义应变能密度算法在杭州湾跨海大桥监测设计中的应用[53]。李功标根据遗传算法的多目标优化方法和结构荷载模糊模式识别的原理，提出了一种应变传感器的优化方法[54]。黄民水则利用了二重结构编码遗传算法的特性对传感器系统进行了优化[55]。Philip S. Marsh and Dan M. Frangopol应用多目标寻求算法和贝叶斯更新与改写技术对一座二次维修桥梁的腐蚀传感器位置布设进行了优化[56]。M. Meo对比了六种传感器位置优化技术，其中三种基于最大费希尔信息矩阵，一种基于协方差系数矩阵，两种基于energetic方法，结果表明EFI-DPR方法是一种有效的传感器位置优化方法，而作者本人提出的变异算法的结果和EFI-DPR方法结果接近[57]。Donald J. Chmielewski系统介绍了传感器位置优化的理论[58]。

国内部分桥梁所用传感器类型表   表 1-1

桥梁名称	类型	位置	使用的传感器种类
江阴大桥	悬索桥	江苏	①、②、③、④、⑤、⑥、⑨、⑩、⑬
南京二桥	斜拉桥	江苏	①、②、③、④、⑦、⑨、⑬、⑯
润扬长江大桥	悬索桥	江苏	①、②、③、④、⑥
苏通大桥	斜拉桥	江苏	①、②、③、④、⑤、⑥、⑦、⑧、⑨、⑩、⑪、⑯、⑱、⑲、⑳
青马大桥	悬索桥	香港	①、②、③、④、⑤、⑥、⑦、⑫、⑱
汲水门桥	斜拉桥	香港	①、②、③、④、⑤、⑥、⑦、⑫、⑱
汀久桥	斜拉桥	香港	①、②、③、④、⑤、⑥、⑦、⑫、⑱
深圳湾公路大桥	斜拉桥	香港	①、②、③、④、⑤、⑥、⑦、⑧、⑮、⑯、⑰、⑱
香港昂船洲大桥	斜拉桥	香港	①、②、③、④、⑤、⑥、⑦、⑧、⑩、⑪、⑮、⑯、⑰、⑱
铜陵长江大桥	斜拉桥	安徽	①、②、④、⑪、⑬
芜湖长江大桥	斜拉桥	安徽	①、②、③、④、⑤、⑩、⑫
虎门桥	悬索桥	广东	③、⑥、⑪、(⑫
湛江湾大桥	斜拉桥	广东	①、②、③、⑤、⑥、⑨、⑪、⑭、⑯
徐浦大桥	斜拉桥	上海	②、③、④、⑦、⑫
卢浦大桥	拱桥	上海	②、③、④、⑫
大佛寺大桥	斜拉桥	重庆	②、③、④、⑤、⑩、⑫
钱江四桥	拱桥	浙江	①、②、③、④、⑨、⑬

其中：①—风速计；②—温度计；③—应变计；④—加速度计；⑤—位移计；⑥—GPS；⑦—汽车动态称重系统；⑧—腐蚀传感器；⑨—索力计；⑩—光纤传感器；⑪—倾斜仪；⑫—水平传感器；⑬—全站仪；⑭—地震检波器；⑮—气压计；⑯—湿度计；⑰—雨量计；⑱—视频监控设备；⑲—水压力计；⑳—土压力盒。

3.河床冲刷研究现状

河床冲刷是桥梁失事的主要原因。1971~1974年，铁道科学研究院在全国各铁路局的协助下，调查了60余座大桥的失事原因，结果表明：桥梁的破坏大多数是由于洪水冲刷严重或桥梁基础埋深不足造成的[59]。文献［60］对过去河床冲刷防护做了全面回顾，介绍了主要的冲刷防护措施，前人的主要研究方法。根据Shihole和Holt的一项研究报告，在过去30年，美国有超过1000座桥梁倒塌，并且60%的失事原因是桥梁基础冲刷。桥梁冲刷在美国已经被认为是最寻常的桥梁失事原因[61]。

冲刷是水流侵蚀作用的结果，冲刷水流能够将河床和河岸的堆积物携带冲走，并且通常产生于桥墩附近。Parker将影响桥梁安全与性能的冲刷分为三种类型[61]，本地冲刷、收缩冲刷和切削冲刷。本地冲刷是指桥墩周边的河床覆盖层被水流带走的现象，伴随冲刷产生的是深孔。收缩冲刷是指对河的底部和边缘的冲蚀，这主要是由于桥梁占用河道使水流加速引起。切削冲刷是由于水流的影响，河流底部堆积物发生移动的现象。堆积物的移动和河床变低是一种自然过程，但是随着时间的推移可能会带走大量沉积物。

对于冲刷深度的预测，目前国内外主要有两种方法：经验公式法和模型预测法。美国交通运输部规定按式（1-1）计算冲刷深度：

$$d_s = 2.0yK_1K_2K_3(b/y)^{0.65}F^{0.43} \tag{1-1}$$

式中
d_s——冲刷深度；

y——桥墩上游的水深；

K_1、K_2、K_3——分别为桥墩形态，水流与桥墩的夹角，河床条件修正系数；

b——桥墩宽度；

F——弗鲁德数。

文献[61]对国外的冲刷深度计算公式的研究做了详细的概括。我国的桥梁冲刷研究始于1958年，并于1964年建立了局部冲刷计算公式。但随着科学技术的发展，工程规模不断扩大，传统的计算公式变得难以适用了，因此许多专家又开展了大量研究，并取得了丰硕的成果[62]。

齐梅兰等[63]通过室内试验的方法确定施工过程中钢围堰相对于水深和河床不同位置下的河床局部冲刷最大深度，并给出了修正影响因素后的局部冲刷深度计算公式。高正荣等[64]通过室内试验研究了沉井下沉过程中的河床局部冲刷机理和冲刷形态。韩海骞[65]根据钱塘江河口段潮流动力变化的特点，通过试验模拟了涌潮及快水作用下桥墩局部冲刷形态，冲刷深度，并给出了冲刷深度计算公式。黄莹[66]在总结前人研究的基础上，采用数值模拟方法对圆柱桩周围流场进行模拟，根据模拟出的流场分布，提供四种有效的平台冲刷防护的方法。王斌等[67]利用水文计算成果，采用经验公式与实测分析，综合分析了由于江油电厂跨涪江灰管桥的修建所引起的河床冲刷问题。查雅平等[68]采用FESWMS潮流模型来模拟桥墩处的河床局部冲刷深度。卢中一等[69]在长江三桥桥墩基础的局部冲刷研究中，通过正态冲刷模型，采用系列模型延伸法，研究主桥桩套箱结构墩基的最大冲深，冲深区域及其形态。

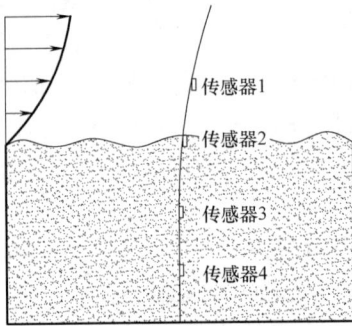

图1-2　光栅传感器河床冲刷监测示意图

对于河床冲刷监测的研究国内外相对较少，Borg[70]等在沙质河床的小溪中以不同的方式（倾斜、竖直、水平）放置三根大圆木，在每根大圆木周围分别埋设三个水深传感器，分别用来监测总应力、孔隙水压力、校正大气压力。通过对大圆木周围进行连续的冲淤监测来反应在不同的水流条件下河床冲淤的特点和规律。Fernando De Falco[71]等基于前人在河床冲刷监测方面的研究成果，提出了基于声纳和"Sedimetri"两种方法来监测河床的局部冲刷。Weissmann在桥墩四周安装了四个超声波传感器以监测桥墩附近的河床冲刷情况[72]。Lin YB[73-74]则介绍了两种河床冲刷监测的方法：利用微电机压力传感器和利用光栅传感器（如图1-2所示），将光栅传感器安装在一根悬臂梁上，只有与水流接触的传感器才能测到变形，从而实现了实时自动监测。Yu XB介绍了利用时域反射计水分析系统进行冲刷监测的方法[75]。这些监测方法中，能够实现自动监测的精度较低，精度较高的则不能进行自动监测。

4. 数据处理技术研究现状

随着数据采集自动化技术的发展，各个监控系统采集到的信息量越来越庞大，因此数据处理方法也面临变革，传统的人工数据处理方法已不适用。

数据处理的首个关键环节是异常识别。异常包含两类：一类称为假异常；一类是由于结构自身产生的异常。假异常又称为"野值"，通常造成的原因有：观测人员的误读、误记；自动采集仪受到电磁干扰；由于偶然因素导致的传感器故障。对于这类异常，前人做了很多研究，常用的方法有：过程线法、统计理论法（三倍标准差法）、数学模型法、综合分析法[76-77]、异常模式识别法[78]。Penny 和 Jolliffe 对比了多种野值检测方法，得出了没有一种方法比其他方法更具优势的结论，这说明野值检测需要因地制宜[79]。对于结构自身异常，L.E. Mujica[80] 介绍了主成分分析、多路径主成分分析、偏最小二乘法、多路径偏最小二乘法。Moyo 和 Brown-john 介绍了利用离散小波分析法进行结构异常行为识别，并取得了良好的效果[81]。Deroemaeker 则介绍了一种在环境变化条件下进行结构损伤检测的新方法，采用因素分析和统计过程控制来处理环境的变化影响[82]。

数据处理技术日趋先进和成熟，应用比较广泛的有：滤波技术[83-84]、小波技术[85-90]，（其中文献[88]还介绍了利用小波技术来剔除异常和识别突发事件）、数据融合技术[91-92]、聚类分析技术[93]（文献[93]介绍了利用聚类分析技术处理海量数据的方法）。文献[94]介绍了多变量统计控制在海量数据降维分析中的应用。王威等利用地理信息技术对边坡变形监测数据进行了分析，并对边坡稳定性进行了预报[95]。

虽然数据采集技术自动化程度较高，但是数据采集系统需要定期维护，或者由于一些突发事件，如供电中断，会导致数据不完整，从而给数据分析带来困难，因此很多数据分析方法都是建立在数据完整的基础之上的，如小波技术。因此，不少学者致力于数据完整性补充方法的研究，并取得了一些成果。Wei 和 Tang 给出了基于人工神经网络的完整性数据补充法[96]，这种方法具有精度高的优点，但这个方法有一个明显的缺点就是需要大量数据训练样本。也有不少学者通过聚类分析[97-98]和回归分析[99]进行完整性补充。Ben-Gal 则对近年来关于监测数据完整性补充的方法进行了综述[100]。

5. 监控模型的研究现状

监控模型是安全监控的核心工作。监控模型是指借助数学工具和物理力学原理建立的监控效应量与原因量之间的函数关系式。监控模型最早源于大坝安全监控，包括确定性模型、统计模型和混合模型等，随着计算机技术和数学理论的发展，在工程安全监控中得到应用的监控模型很多，主要有：回归模型[101-102]、神经网络模型[103-104]、有限元模型[105]、灰色模型[106]、模糊数学模型[107]、支持向量机模型等[108]。不同的模型有不同的特点，灰色模型适用于短步长，对于长步长精度较低，回归模型适用于中长步长的预测，神经网络模型支持向量机模型等需要大量的数据样本，但精度较高，适用于长期预测，而有限元模型更接近实际，对于结构简单的建筑预测精度较高，但是对于复杂的结构需要做较大概化，精度相对较差。随着自动采集技术的快速发展，基于数据训练的统计模型得到了广泛应用，应用最为广泛的是神经网络模型和支持向量机模型，相关的研究也越来越深入。有学者将误差反向传播神经网络模型（BP神经网络模型）应用到安全监控中，并建立了相关的预测预报模型，效果比较显著[109-110]。众所周知，BP神经网络模型具有逼近任意曲线的优点，不过其隐含层和中间层的设计是一个关键点，设计不合理会容易陷入收敛速度缓慢或局部最优的境地。因此有学者针对BP网络的这一特点进行了相关研究，如翁静君应用黄金分割法进行了最优隐含层节点数量的研究[111]，曾凡祥则将LM算法应用到BP神经网络，提高了预测精度[112]。

桥梁监控模型研究起步较晚，关于监控模型的研究并不多，Dan M. Frangopol针对美国宾夕法尼亚州的一座高速公路桥的应变监测数据建立了安全警戒模型[113]。Ming Liu给出了一座高速公路桥的极限应力预测模型[114]。K. Pugasap利用有限元模型结合现有实测数据对一座整体无缝式桥梁的位移进行了预测[115]。Jolene L. Fennema应用有限元模型对桩身应变、位移，倾斜等进行了预测[116]。Alfred Strauss采用多项式修正预测模型对Northbound Bridge的传感器极值进行了预测[117]。国内桥梁安全监控起步相对较晚，关于监控模型的研究相对较少。Y. Q. Ni将BP神经网络模型应用于Ting Kau桥的监测数据预测，并利用贝叶斯调整技术对模型进行了改进[118]。X. G. Hua结合主成分分析法和支持向量衰减技术对温度监测数据进行了预测，结果表明通过这种方法建立的模型预测精度和运行效率都要优于多元线统计模型[119]。陈志坚建立了江阴大桥南塔墩地基基础的安全监控模型[120]，华锡生采用自适应卡尔曼滤波，建立了大跨径桥梁的动态监控模型[121]。陈志坚介绍了大跨径悬索桥地基基础安全监控模型的研究思路和技术路线[122]。陈勇分别应用灰色模型和时间序列模型对钱江四桥的监测数据进行了预测，结果发现灰色模型在短步长预测效果优于时间序列模型，两种模型的误差都会随着预测步长的加大而增大[123]。纵观桥梁的监控模型，不难发现，关于安全警戒模型的研究相对较多，而预测预报模型相对较少，这主要是桥梁的失事事故相对较多，管理者对于桥梁安全裕度的关注相对多一些。然而对于一个服务于运营期的监控系统来说，预测预报模型是必不可少的。

国内外对于监控模型的研究并没有针对潮汐河段深水群桩基础的监控模型的研究，而潮汐河段的深水群桩基础具有受力复杂、传力机理复杂、环境影响因素多的特点，因此开展潮汐河段深水群桩基础的监控模型研究是非常必要的。

1.3 主要研究内容及技术路线

1.主要研究内容

本书研究工作结合国家重点基础研究发展规划项目（973项目）"灾害环境下重大工程安全性的基础研究"之课题七"多因素相互作用下地质工程系统的整体稳定性研究"（项目编号：2002CB412707），国家"十一五"科技支撑项目"苏通大桥建设关键技术研究"之课题五"深水群桩基础施工与冲刷防护成套集成技术研究"（项目编号：2006BAG04B05）和江苏省交通科学研究计划项目——"超大型钻孔桩群桩基础关键技术研究"（项目编号：04Y029），依托苏通大桥主桥索塔地基基础稳定及安全监控工程实践，对潮汐河段群桩基础安全监控系统的构建关键技术进行了研究，主要包含以下内容：

（1）结合潮汐河段群桩基础的工程特点，在深入调研和大量文献阅读的基础之上，阐述了潮汐河段群桩基础安全监控系统构建的主要环节、主要研究方法及相关技术难题。

（2）以苏通大桥主塔墩群桩基础为例，深入分析了其在施工期与运营期的主要工程特点，并在分析了主要控稳因素的基础之上，确定了潮汐河段群桩基础安全监控系统的主要监控项目。针对深水环境下传感器安装埋设的工程难题，在多次现场试验的基础之上，提出了各个埋设部位的传感器保护关键技术，从而构建了潮汐河段群桩基础的传感器保护系统。针对传感器在深水高压环境下可靠度与出厂数据不符的问题，经过多次现场试验统计，提出了传感器可靠度环境因素影响因子的概念，结合可靠度的相关理论，改进了前人的传感器选型优化模型，在此基础之上，构建了多传感器监控系统。针对因群桩基础河床冲刷缺乏相关计算理论而导致的传感器位置优化难的问题，引入了网络覆盖模型，建立了河床冲刷传感器位置优化模型，并采用遗传算法进行了寻优计算。

（3）在分析了苏通大桥传感器数据特点的基础之上，针对假异常（野值）问题，在总结前人相关研究理论，引入数据挖掘技术中的时空 k 倍标准差法，和医学统计理论的四分位区间法，对实测数据进行异常检测，同时进行异常属性识别。针对潮汐河段的应变监测数据具有明显周期性的特点，采用DTW声波识别技术，对周期性数据中的异常序列进行识别。已有的实测数据表明，群桩基础监控系统中存在明显的"异常群"，结合时空 k 倍标准差法和DTW技术研制出异常群的识别技术，该技术在桩顶应变"异常群"的识别中得到应用。由于监控系统规模巨大，数据量异常庞大，故采用模糊聚类数据融合算法对监控系统进行分区，在分区的基础上进行安全评价，提高了工作效率。针对潮汐河段群桩基础监测数据具有噪声大的特点，结合小波技术和卡尔曼滤波技术对监测数据进行了消噪处理，结果表明，两种技术结合使用，不仅仅能消除噪声的影响，而且由于两种技术具有不同的特点，使得其适用性大大增强，并在河床冲刷数据处理和安全评价中得到应用。

（4）资料解释技术一直都是构建监控系统的关键技术。本书深入研究了潮汐河段群桩基础有限元建模的主要影响因素。主要研究了钢护筒参与受力对大直径钻孔桩传力机理的影响；低频循环荷载对土体固结的影响。针对实测数据中的异常群，建立了相关有限元模型，对异常群产生的原因进行了解释，同时利用有限元结果推导了异常群出现部位的桩顶轴力计算公式。

（5）河床冲淤是影响桥梁安全运营的主要因素之一。本书深入分析了大桥施工期南北主墩桥位区的河床冲淤规律，采用比奥固结理论，建立群桩基础的弹性非线性有限元模型。利用有限元模型分别计算了河床冲淤对基础沉降的影响，计算了冲刷和淤积的警戒值，给出了警戒模型的一般表达式。

（6）对于一个服务于运营期的监控系统，预测预报模型是重要环节。由于监测数据受环境因素影响强烈，研究重点应该是寻找最适合在潮汐河段使用的监控模型。本书在对比了多元回归、支持向量机、径向基函数神经网络、门限神经网络和BP神经网络的预测精度和收敛速度后，得出了BP神经网络是最适合在潮汐河段群桩基础安全监控中使用的模型，并建立了承台内部应力的BP神经网络模型，以此进行外推预测，预测结果精度较高。

（7）利用数值试验的方法分析了Hurst指数在不稳定预测方面的有效性，同时分析了群桩基础监测数据的Hurst指数变化规律及其用于安全评价的适用性，在此基础上提出了基于分形理论的群桩基础的安全评价模型，由于考虑了分维数特征，使得评价结果具有一定的预测能力，并利用该模型对群桩基础进行了安全评价，结果表明群桩基础在未来一段时间之内都是安全的。

2.技术路线

技术路线如图1-3所示。

潮汐河段的群桩基础安全监控系统主要包含：传感器系统、数据采集与传输系统、数据处理系统、资料解释系统和监控模型，本书对其中的传感器系统、数据处理系统、资料解释系统和监控模型的关键技术做了深入研究。技术路线可概括为以下几个方面；

（1）首先，针对潮汐河段群桩基础的工程特点，对传感器系统的构建关键技术做了研究，具体包含：传感器保护技术、传感器选型与河床冲刷位置优化模型。

（2）潮汐河段群桩基础的监测数据主要特点有：①数据不完整与异常值并存，并且存在"异常群"；②数据量异常庞大；③受环境因素影响强烈。分别针对这三个数据特点对相关的数据处理技术进行研究。并应用这些技术对河床冲刷监测数据进行处理。

（3）资料解释系统中最关键的环节是数值模拟，因此，对潮汐河段群桩基础的有限元建模影响因素做相关研究，并利用有限元法对"异常群"的成因及其异常属性进行解释。

（4）监控模型主要包含：警戒模型、预测预报模型和安全评价模型，并且前两种模型是为第三种模型服务的。分别对潮汐河段的监控系统的三种监控模型进行研究。对于警戒模型，以影响群桩基础施工和运营期的关键因素之一的河床冲刷为例，研究其关键技术；对于预测预报模型，由于潮汐河段群桩基础的监测数据受环境因素影响，研究在潮汐河段基础安全监控中的最优模型；对于安全评价模型，着重从评价结果的时间效应方面进行研究。

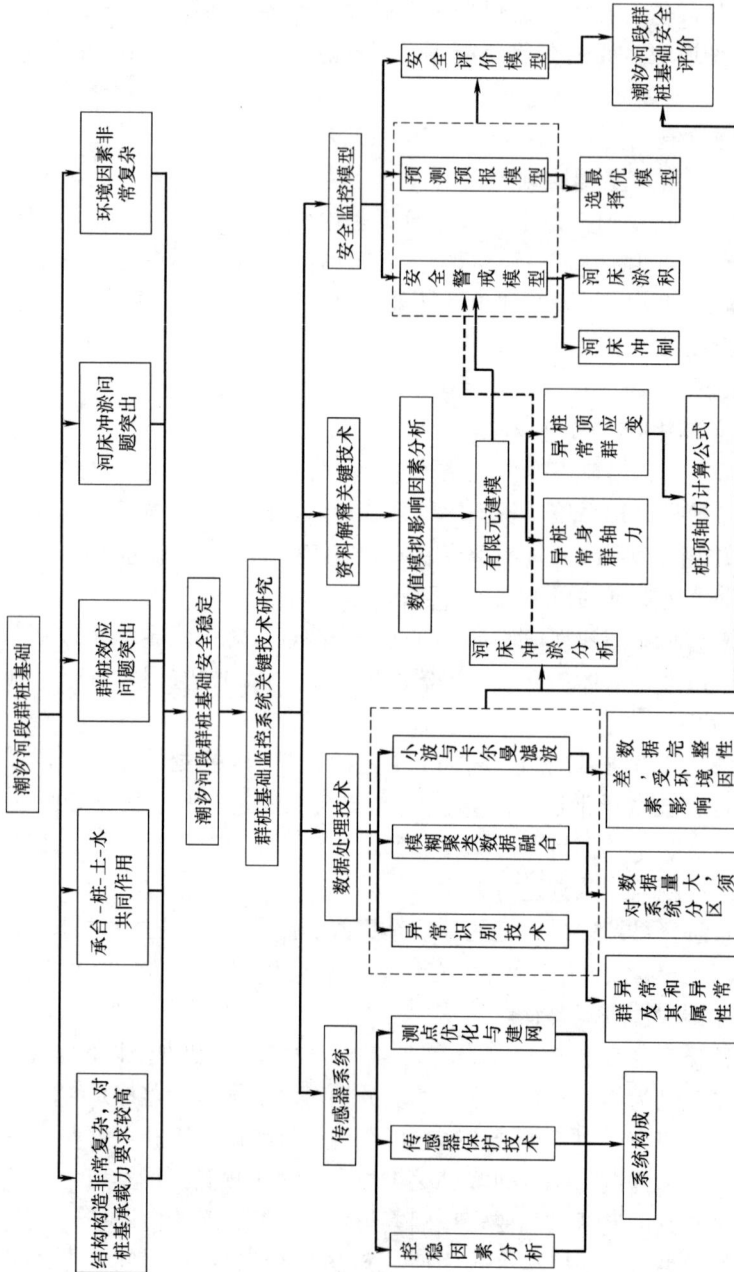

图 1-3　技术路线图

研究过程中的主要创新点如下：

在传感器系统的构建过程中，针对潮汐河段群桩基础的工程特点，研发了不同埋设环境下的传感器保护技术，并构建了弦式传感器保护系统；在传感器选型上，考虑了安装埋设环境因素的影响，提出环境因素影响因子，改进了前人的优化模型；引入网络覆盖模型，解决了河床冲刷传感器位置优化难的问题。

针对潮汐河段的监测数据特点（主要集中在异常和噪声两方面），在现有方法之上，采用时空 k 倍标准差结合四分位区间分析和 DTW 技术实现了"异常"和"异常群"的判别及其属性识别；针对小波技术在处理短周期数据会"失真"的现象，采用卡尔曼滤波技术实现了短周期数据噪声的消除；在阐述了潮汐河段有限元建模的主要影响因素的基础上，应用有限单元法建立了相关计算模型，对主要"异常群"的成因进行了解释，同时推导了桩顶应变异常群出现的情况下的轴力计算公式。

河床冲淤问题是影响桥梁运营期安全最突出的因素。考虑"桩-土-水"的共同作用，利用有限单元法确定了河床冲刷和淤积的警戒值，并建立了冲淤警戒模型，为安全评价奠定了基础；对比多种预测模型，得出了 BP 神经网络最适合在潮汐河段使用的结论；结合分形理论，创建了基于分形理论的安全评价模型，使得安全评价结果具有了预测作用。

第2章 潮汐河段的工程背景

潮汐河段又称感潮河段，是指靠近入海口，河流水位受海水的涨落潮影响的河段。潮汐河段一般存在水文、气象特征复杂，工程地质条件差的特点，这些都是影响工程安全性的重要因素。现以苏通大桥为例，分析潮汐河段的工程环境特点。

2.1 水文

1.水文气象

长江干流江阴以下为潮汐河段。潮汐河段地区属亚热带季风气候区，气候温和，四季分明，雨量丰沛，台风雨和梅雨气候明显。风向随季节而变化，春夏季以东南风为主，秋季以东北风为常见，在每年的7~9月份常遭热带风暴及台风袭击。

根据太仓水文站的观测数据显示：太仓站多年平均降水量1099.5mm。降水量年内分配不均，4~9月降水量占全年降水的70%以上。暴雨在3~10月均可出现，但主要集中在5~9月，占全年暴雨日的89%。本区多年平均气温15.3℃，极端最高气温38.9℃，极端最低气温–11℃。多年平均风速3.6m/s，实测最大风速24m/s，常年风向以东南风为最多。

而大通站的径流特性基本反映了长江口段来水特性。据大通站1950~2006年实测资料统计，多年平均径流量9036亿 m³，汛期5~10月径流占全年的71.1%。历年实测最大流量为92600m³/s（1954年8月1日），最小流量为4620m³/s（1979年1月31日）。

据大通站1950~2006年实测资料统计，大通站多年平均输沙量4.22亿t，多年平均含沙量0.474kg/m³。汛期5~10月输沙量约占年输沙量的87.6%。长江口南支河段（南支河段以七丫口为界，分为上、下两段。上段徐六泾至七丫口，长35.5km，从徐六泾至白茆河口，长12.0km，为徐六泾节点段；白茆河口以下为白茆沙汊道段。下段七丫口至吴淞口，全长35.9km。）泥沙主要由上游径流挟带而来，含沙量在年内变化的总体趋势与上游大通站相似，汛期含沙量一般在 0.5 ~ 0.8kg/m³，枯期含沙量一般在 0.1 ~ 0.3 kg/m³。长江口床沙组成，以极细沙和粉沙为主。

长江口南支河段潮汐属于非正规半日潮，一个太阳日 24 小时 50 分有两涨两落且日潮不等明显现象。最高潮位多出现在 7 ~ 9 月份，最低低潮位一般出现在 12 ~ 次年 4 月份。最大潮差 4m 以上，最小潮差 0.02m。涨潮历时，愈向上游愈短；落潮历时大于涨潮历时，落潮历时约为涨潮历时的 2 倍。

2. 洪潮特征

苏通大桥滨江临海，洪潮灾害较频繁。工程河段受风暴潮和台风浪的影响较大。本地区年最高潮位往往是在天文大潮、强热带气旋或台风、上游大洪水三者遭遇或其中两者遭遇时发生。中华人民共和国成立以来，徐六泾前五位的最高潮位均是由热带气旋和天文大潮共同作用的结果，最高潮位达 4.83m（1997 年 8 月 19 日）。

2.2　河道演变

长江口南支河段上起徐六泾，下至吴淞口，全长 70.5km。以七丫口为界分为上、下两段。南支河段上段即白茆沙河段，白茆沙河段以白茆河口为界又分为徐六泾节点段和白茆沙汊道段。徐六泾节点段主流多年贴南岸，主流经徐六泾节点挑流后北偏进入白茆沙汊道段，在白茆沙头分为两股水流分别进入白茆沙南、北水道。南水道自 1958 年以来一直为主汊。

1. 历史演变

1861 ~ 1958 年，澄通河段如皋沙群段主流在南、北水道之间易位四次，导致通州沙水道主流在东、西水道之间也四次易位，东、西水道汇流后顶冲右岸的位置随之在野猫口至徐六泾之间上提下移，导致白茆沙河段河势大幅动荡。当主流走如皋沙群段北水道、通州沙水道出口顶冲点上提至野猫口、白茆沙南水道发展；当主流走如皋沙群段南水道，通州沙水道出口顶冲点下移至徐六泾、白茆沙北水道发展。

如皋沙群段经过多年的演变，加上历年实施的护岸工程的控制作用，1958 年以来主流一直稳定在右汊。在徐六泾人工节点形成以后，白茆沙河段主流一直稳定在南水道。

北支历史上曾经是长江径流的入海主通道。18 世纪以后，由于主流逐渐南移，长江主流改道南支，进入北支的径流逐渐减少，导致北支河道中沙洲大面积淤涨，河宽逐渐缩窄，北支逐渐演变为支流。1958年北支分流比已减至8%左右。

2.近期演变

1958年以后，徐六泾形成人工节点，加上澄通河段总体河势趋向稳定，未再发生主流大幅度摆动的情况，澄通河段的河道演变对白茆沙河段的影响有所减弱，但通州沙水道局部河势的变化仍然影响到白茆沙河段的河道演变。

1984年以后，由于通州沙水道主流由狼山沙西水道过渡到狼山沙东水道，徐六泾段顶冲点下移，导致徐六泾节点段主流略向南偏，加上长江来水较丰，白茆沙河段形成了南、北水道皆贯通的局面。白茆沙河段总体河势趋向稳定，主泓长期稳定在偏靠南岸一侧，南岸滩槽稳定。目前白茆沙河段存在以下影响河势稳定的因素：（1）白茆沙头由于大水的冲刷不断后退；（2）北水道呈现缓慢衰退的趋势；（3）白茆沙头1999年后出现一块切割体，其与白茆沙头之间的串沟不断发展，串沟上口近年有所淤积。由于南水道涨落潮流路一致，切割体封堵南水道的可能极小。以上因素对北水道的影响相对较大，对南水道的影响较小。随着徐六泾节点及白茆沙河段整治工程的实施，白茆沙河段的河势将逐渐趋向稳定。

庵弄村—鹿鸣泾段位于白茆沙南水道上段，近年来深泓、滩岸变化幅度较小，处于相对稳定状态。河槽经过1984～1999年的发展期，近年已逐渐稳定。随着徐六泾节点及白茆沙河段整治工程的实施，该段的河势将会更加趋于稳定。相对稳定的河势条件为本工程的实施创造了有利条件。

20世纪50年代以来由于北支进口圩角沙围垦等原因，北支的进流条件逐渐恶化，进入北支的径流逐渐减小，北支逐渐发展为涨潮流占优势的河道，河槽淤浅萎缩，同时出现了水沙倒灌南支的现象。在20世纪70年代，北支口门出现了舌状堆积体，该堆积体的存在反过来又阻碍深槽向北支口内发展，影响径流进入北支，更加剧了北支的淤积萎缩。近年来，北支的变化主要表现在会潮点由崇头下移到崇头至青龙港之间以及水沙倒灌南支又呈加重的趋势。会潮点的变化使北支上段长期处于严重淤积的状态，崇头以下靠右岸已淤涨出一块大边滩。水沙倒灌的加重不仅影响到南支的河势稳定，而且使北支上口水域河床的淤积也呈现加重的趋势。

2.3 工程地质条件

潮汐河段由于濒临入海口，其河床覆盖层较厚，基岩埋深较深，软弱覆盖层较厚。

苏通大桥桥位区河床松散覆盖层巨厚，具典型的河口相沉积特点。基础的持力层及其影响深度内地层均为第四纪地层。依据桥位区揭露地层的地质时代、成因类型、岩性、物理力学等特征，划分工程地质层，工程地质剖面图如图2-1所示，再据其性质细分为若干个工程地质亚层，以更准确地反映其工程地质特性，提供相关设计参数。具体划分方案如下：

全新统（Q_4），以海相沉积为主，分为4个工程地质层：（1）包括亚砂土、粉质黏土夹粉砂透镜体、粉砂3个亚层，平均厚度19.9m，仅分布于北引桥区；（2）灰黄色粉质黏土，夹薄层亚砂土，平均厚度3.0m，分布于南引桥区陆域表层，系"硬壳层"；（3）包括淤泥质粉质黏土和粉砂两个亚层，以淤泥质粉质黏土夹亚砂土为主，局部夹粉砂透镜体，平均厚度19.3m，该层稳定分布于长江深槽以南；（4）粉质黏土、淤泥质粉质黏土，夹薄层粉砂或亚砂土，局部呈互层状，含腐殖质及泥质结核，平均厚度20.6m，该层在桥位区稳定分布。

上更新统（Q_3），以河床、河口相为主，局部为湖泊相，分为4层：（5）包括粉细砂、中粗砂、粉质黏土三个亚层，以粉细砂为主，中粗砂在南引桥陆域呈透镜体分布，平均厚度15.5m。（6）包括中粗砂和细砂两个亚层，以中粗砂为主，平均厚度10.7m；（7）粉细砂层，平均厚度10.2m；（8）包括中砂、粗砂、砾砂亚层、细砂、粉砂亚层和粉质黏土透镜体亚层，以细砂和粉砂为主，平均总厚度46.0m。

中更新统（Q_2），为河湖相沉积，分为7层：（9）粉质黏土、黏土为主，平均厚度13.1m；（10）粉砂为主，局部细砂，平均厚度4.2m；（11）黏土、粉质黏土，平均厚度6.4m；（12）粉砂、细砂为主，平均厚度14.0m；（13）黏土、粉质黏土为主，平均厚度9.8m；（14）细砂为主，平均厚度24.0m；（15）粗砂为主，平均厚度19.5m。

下更新统（Q_1）、上第三系（N），分为7层：（16）砾砂为主，局部夹粉细砂，平均厚度23.3m；（17）黏土为主，厚5.1m；（18）粗砂，厚4.1m；（19）粉质黏土为主，厚12.0m；（20）黏土，厚40.4m；（21）弱风

上游

−5　　　　　　　　　　　　　　　　　　　　　　−5

XK125　　　　　　　　XK123
−15.35　　　　　−15.39
　　　　　　　　　　　　　③₃粉质黏土Q₄　　　　　　XK124
−25　　　　　　　　　　　　　　　　　　−20.14　　−25
　　　　　　　−28.69　　　　　　　　　−26.64

Q₄

−37.35
−39.95　　　　　　　　　　　　④₂粉质黏土Q₄　　−38.14
①淤泥质粉质黏土Q₄　　　　　　　　　　　　−40.14　④淤泥质粉质黏土Q₄
−44.35　　　　　　　　　　　　　　　　　−44.24
−47.95　　　　　　　　　　　　　　　　−46.14
−45　④淤泥质粉质黏土Q₄　　　　　　　　　　−52.04　−45
−52.35　　　　　　−53.24

⑤₂粉细砂Q₃　　−59.34　⑤₁粉质黏土Q₃　⑤₂粉细砂Q₃
　　　　　　　−60.34
−65　　　−66.74　　　　　　　　−68.64　−65
−68.35　　　　　⑥₂粉细砂Q₃
−74.95　　　　　−73.69　⑥₁中粗砾砂Q₃　　−75.54
　　　　　−74.89

⑦粉细砂Q₃
−85　　　　　　　　Q₃　　　　　　−85

−92.45
　　　　−96.49
⑧₁中粗砾砂Q₃　−98.74　⑧₂粉细砂Q₃　　−100.24
−105　　−100.24　　　　　　⑧₁中粗砾砂Q₃　−105
−107.85　　　　　⑧₂粉细砂Q₃　　−108.34
−113.85　　　　　　　　　　　−114.54
⑧₁中粗砾砂Q₃　−116.64　　　⑧₁中粗砾砂Q₃
−118.05　　−118.24　　　　　−119.44
　　　　　−123.79
−124.25　　−124.89　　　−124.94
−125　⑧₁中粗砾砂Q₃　−125.79　⑧₂粉细砂Q₃　　⑧中粗砾砂Q₃　−125
−127.15　　−127.39　　　　　−129.74

⑨粉质黏土及黏土Q₂

−143.55　　−141.24　　　Q₂
−144.65　⑩粉细砂Q₂　　−143.74
−145　−145.75　　−145.74　　−145.94　−145

⑪黏土及粉质黏土Q₂

−155.14
⑫粉细砂Q₂

图例　Q₄ 地层时代　　XK125 钻孔编号　　③₃ 工程地质(亚)层编号

黏土　　　粉质黏土　　　粉细砂

中粗砾砂　　　地层时代界线　　　工程地质层界线

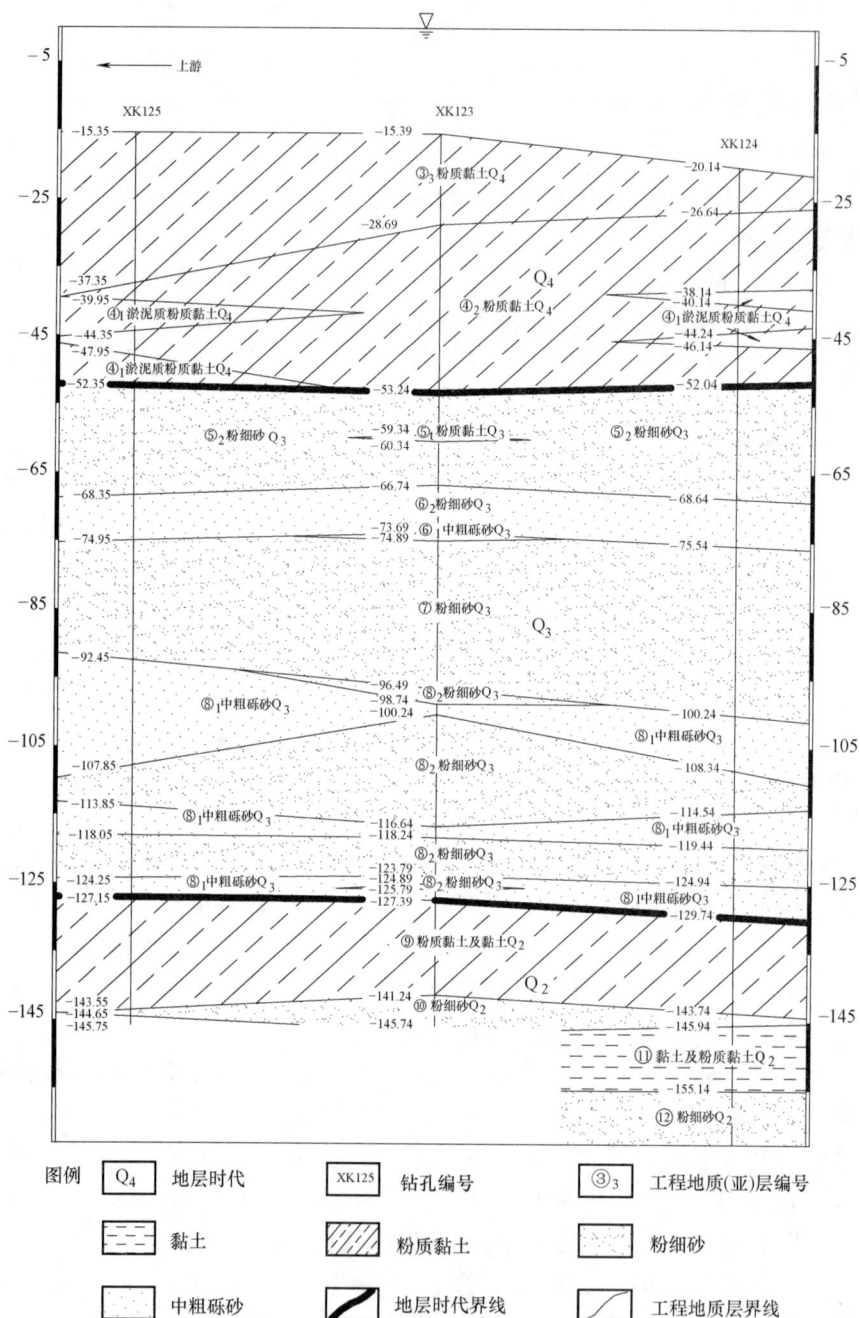

图2-1　桥位区工程地质剖面图

化玄武岩，厚19.6m；（22）强风化灰岩，厚3.2m。下更新统以砂层为主夹黏性土；上第三系为半胶结状黏土、砂土为主。

总体而言，潮汐河段的河床覆盖层较厚，主要以砂土和黏土为主，不同深度的土体物理力学性质差异大，这不仅给大型基础的施工带来了风险，也给相关计算带来难度，如何对土层进行简化才是合理的，这需要大量的工作进行研究与尝试。

2.4 潮汐河段工程环境的主要影响

潮汐河段的工程环境特点对大型基础工程主要影响表现在以下几个方面：

（1）从气温的变化看，主要表现在四季温差大、日温差大，这使得上部结构温度应力波动较大，从而影响基础的荷载分配，也就是基础荷载分配在一年四季是处于动态变化的，这给数据分析和监控模型的构建带来了难度。

（2）从天气情况看，主要表现在受恶劣气候条件影响，主要是台风，历史上实测最大江面风速达24m/s，这对于高耸建筑物的安全施工和运营是十分不利的。

（3）河流的水位变化幅度大。由于受潮汐的影响，河水水位在一天当中两涨两落，在一月中存在大周期的两涨两落，并且一年四季也有明显的差异。对于大型基础工程而言，因水位变化而产生的浮力差被引起重视，像苏通大桥，潮位每变化1m，其浮力变化为4MN，荷载的动态变化给数据分析、安全评价带来了难度。

（4）河流的水动力条件复杂、流速较大，对于桩基础而言，河床冲淤问题就异常突出。试桩试验表明：在钢护筒插打过程中，周边的最人冲刷深度就超过10m，而冲刷是造成桥梁失事的主要原因。

（5）河道是处于动态变化的。河道的迁移必然伴随着河床一侧冲刷，另一侧淤积，无论是冲刷还是淤积都对基础的安全是不利的。

（6）潮汐河段由于靠近入海口，河床覆盖层较厚、较松软。在同等条件下，潮汐河段的基础工程规模必然相对较大，像苏通大桥，其使用的就是由直径117m的超长桩组成的大型群桩基础。规模越大，其传力机理也就越复杂，影响安全性的因素也越多。

2.5　监控模型构建要求

监控模型是安全监控的核心工作。监控模型是指借助数学工具和物理力学原理建立的监控效应量与原因量之间的函数关系式。监控模型主要包含三类：安全警戒模型、预测预报模型、安全评价模型。潮汐河段的工程环境特点给群桩基础安全监控模型的研究提出了新的要求，主要有：

（1）数据量必须得到保证，也就是说传感器的成活率要得到保证，这样才能保证数据量，保证获得足够的冗余信息。

（2）仅仅有数据量是不够的，还要保证传感器数据的准确性，这就给传感器的安装提出了新要求，即传感器定位要尽量准确，比如，测竖向应变的应变计就应该尽量垂直。

（3）由于潮汐河段的环境特点决定了潮汐河段实测数据必然受环境因素影响较大，不经过相应的技术处理，将数据直接用于监控模型的构建是不可靠的，因此，要有合理的数据分析及解释技术。

（4）河床冲淤问题是影响基础安全运营的重要因素，为了给桥梁养护人员科学管理养护提供依据，开展河床冲淤监测技术及河床冲淤的警戒模型研究是必要的。

（5）由于潮汐河段的监测数据受环境因素影响较大，其预测预报模型必须要适应这样的环境特点，满足工程要求。

（6）安全评价不仅仅是施工期，更包含运营期，因此，评价结果应该具有时效性，能够反映未来一段时间的安全性。

2.6　本章小结

以苏通大桥为例，在分析潮汐河段的水文气象条件、河道演变规律、工程地质条件及工程环境对工程的主要影响后，论述了潮汐河段群桩基础安全监控模型的构建要求。

第3章 传感器系统构建理论与方法

潮汐河段环境特点决定了其深水群桩基础的特殊性，安全监控模型的构建给其传感器系统的建立提出了新的要求，这样才能使监控模型更全面、更准确。传感器系统建立的主要环节有：控稳因素分析、传感器系统设计、传感器调研及种类选取、背景数据采集、安装埋设试验、现场安装埋设。现阐述基础工程传感器系统的构建理论与方法，并以苏通大桥群桩基础为例，阐述传感器系统的建立及其保护技术。

3.1 基础工程监控理论与方法

传感器类型

用于基础工程安全监控的传感器类型主要有：振弦式、差阻式、电阻应变片式、光纤式等。

（1）振弦式传感器

振弦式传感器是以处于张拉状态的金属弦作为敏感元器件的传感器，当弦的长度（l）已知，其固有振动频率的二次方（f^2）的变化量与其应变增量（ε）呈正比关系，利用这一基本原理，可实现力与位移的精密测量。如振弦式应变计，其结构示意图如图 3-1 和图 3-2 所示。通电的激励线圈会产生磁场，在磁场的作用下钢弦会产生振动，利用接收线圈可接收钢线振动的频率信号，当应变计在外部应力的作用下使得钢弦的长度发生变化时，其振动频率也会相应变化。常见的振弦式传感器有：应变计、压力计、位移计等。

（2）光纤式传感器

光纤式传感器是一种将被测物理量转换为光电信号的传感器。光纤传感器的工作原理是将入射光源发出的光束经光缆送入调制器，光束将在调制器内与外界被测参数相互作用，从而改变光的强度、波长、频率、相位、偏振态等参数，成为被调制的光信号，经解调器后获得被测参数。如光纤应变计，当应变计被埋入混凝土当中时，混凝土受力产生应变增量，使得应变计的光纤长度发生变化，光纤长度改变其反射波的波长也会相应改变。

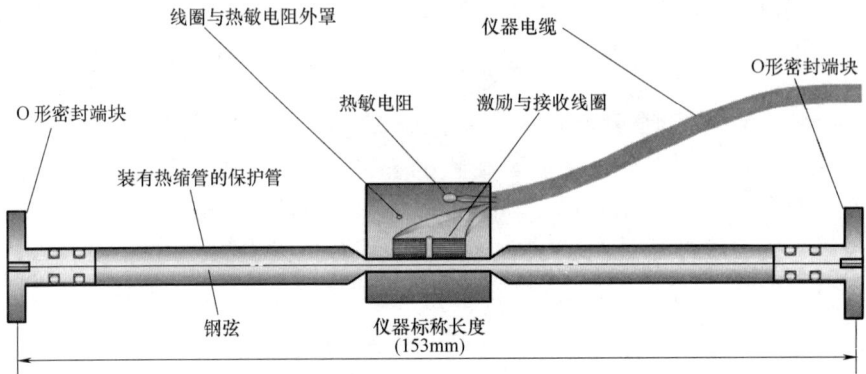

图3-1　北京基康4200型埋入式应变计

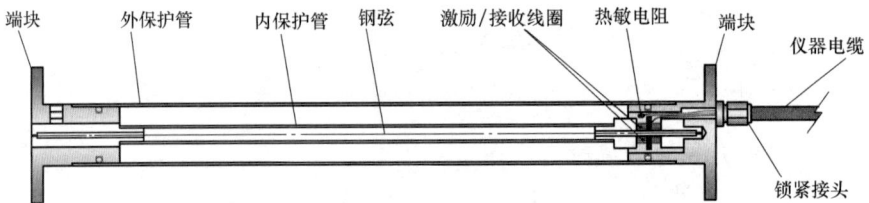

图3-2　北京基康4200型埋入式应变计细部结构图

（3）差阻式传感器

差阻式传感器工程上又称卡尔逊式仪器。这种仪器利用张紧在仪器内部的弹性钢丝作为传感元件，将仪器受到的物理量转变为模拟量。当钢丝受到拉力作用而产生弹性变形，其变形与电阻变化之间关系如式（3-1）所示。按照这一原理可测被测构件的应力与应变。

$$\Delta R/R = \lambda \Delta L/L \tag{3-1}$$

式中　R——钢丝电阻（Ω）；

　　　ΔR——钢丝电阻变化量（Ω）；

　　　L——钢丝长度（mm）；

　　　ΔL——钢丝长度变化量（mm）；

　　　λ——钢丝电阻应变灵敏系数。

差阻式传感器长期稳定可靠，并能兼测温度，在高水压下也可以长期可靠地工作。通过五芯测量技术，解决了长电缆测量中的电缆电阻及接线电阻变差等影响。

（4）电阻应变片

电阻应变片测试技术是岩石实验应力分析的主要方法之一，它是通过岩体表面的应力应变测量，获取关于岩体的静力或动力学参数，提供工程设计和施工的原始资料和信息，常用于围岩重分布应力、支护内力的测量、混凝土应力等参数的测量。基本原理是：利用敏感元件的物理效应，将待测的材料或构件应变量转换成电阻值的变化，建立非电量与电量的等效联系（图3-3）。

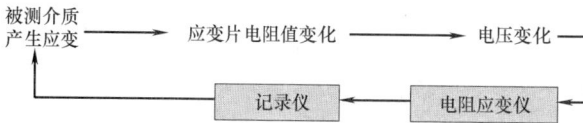

被测介质产生应变 → 应变片电阻值变化 → 电压变化 → 电阻应变仪 → 记录仪

图3-3 非电量与电量的等效联系

电阻应变片的应变效应如式（3-2）所示。

$$R = \rho \frac{L}{S} \tag{3-2}$$

式中　ρ——电阻丝电阻率（$\Omega \cdot mm^2 / m$）；

　　　S——电阻丝横截面积（mm^2）；

　　　L——电阻丝长度（m）；

　　　R——电阻丝电阻（Ω）。

3.2　基础工程常用监测方法

基础工程覆盖面较广，包括浅基础、深基础、基坑工程、边坡工程等，其需要监测的物理力学参数比较多，现介绍常用基础工程物理力学参数监测方法。

1. 结构受力监测

结构工程的受力监测归纳起来分为：应力监测和轴力监测，但两者是相通的可以相互转换的。应力监测又包括混凝土应力监测与钢结构应力监测，而轴力监测是指钢筋轴力监测。

（1）应力监测

应力监测一般采用应变传感器，在一些临时监测项目采用电阻应变片监测。对于表面应变计的安装相对比较简单，一般是采取固定装置贴焊在钢结构表面。混凝土应变计通常有两种安装方式：第一种是将混凝土应变计用铁丝固定在钢筋与钢筋之间（如图3-4所示）；第二种是将混凝土应变计利用软木夹具固定在主筋上（如图3-5所示）。

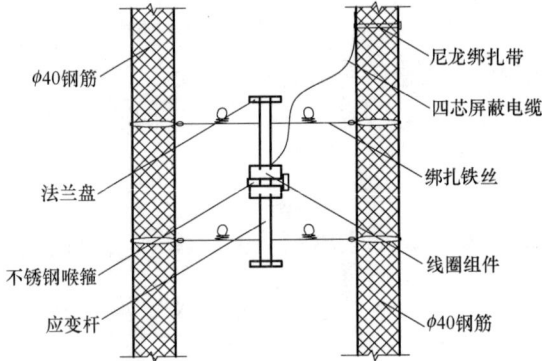

图3-4　混凝土应变计安装示意图一

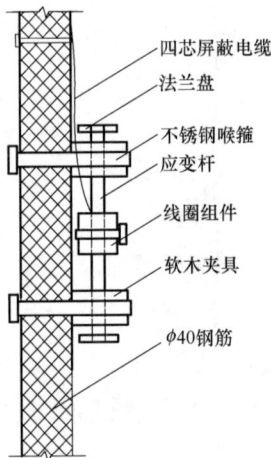

图3-5　混凝土应变计安装示意图二

应变监测的施工相对比较简单，但需要注意的是应变计的走向要准确，安装完成以后要借助水平尺、罗盘等工具校核，要求与受力方向平行。

在应变监测中有一种特殊的测试技术，可实现多点连续观测，即滑动应变测微技术。图3-6所示为该技术的集成测试系统，由导管、滑动测试探头、连接电缆和读数系统构成。其测试原理是：将导管预埋在建筑结构内部（如基桩内部），待结构施工完成后可进行测量。测试时将测微探头下放至孔底，然后自孔底往上每1m读数一次，由于测微探头属高精度传感器，可测每两个测点的相对竖向变形（三向测微计可测竖向和水平两个方向的变形），通过叠加原理可计算结构不同部位的位移或应变（如图3-7所示）。

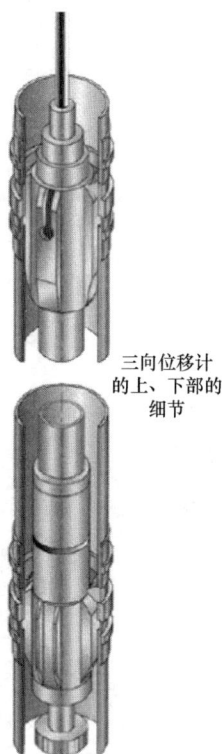

三向位移计的上、下部的细节

图3-6　应变测微技术集成测试系统

（2）轴力监测

轴力监测一般采用钢筋计，也有采用表面应力计贴焊监测的。钢筋计的安装埋设方式有两种：一种是机械连接（如图3-8所示），即被测部位的钢筋两头丝扣与钢筋计直接连接；另一种是将钢筋计两端与主筋焊接。

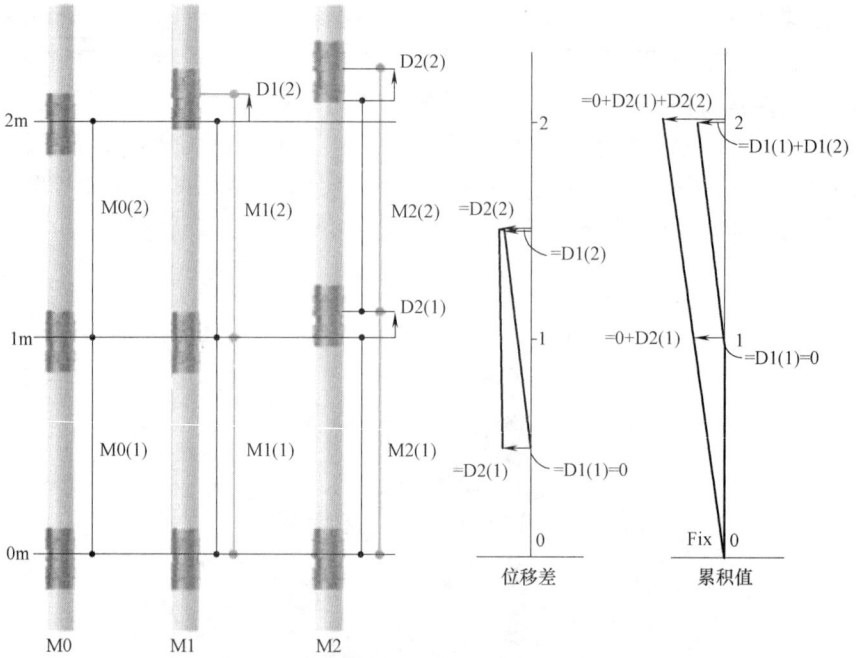

图3-7　测微计计算原理示意图

图3-8　钢筋计机械连接安装

2.岩土体（或基桩）深层水平位移监测

深层水平位移监测在基础工程中应用较为广泛，如桩基竖向水平位移或边坡深层水平位移。在桩基中的测斜管安装埋设较为方便，可直接将测斜管固定在钢筋笼主筋上，随钢筋笼下放至桩底即可。而在岩土体中安装相对较为复杂，需要现场钻孔，钻孔完成以后，在孔口逐段连接测斜管，并逐段下放直至孔底，然后在管壁外围注浆，待浆液凝固以后，即施工完成（如图3-9所示）。需要注意的是，在测斜管的接头位置要注意防水。

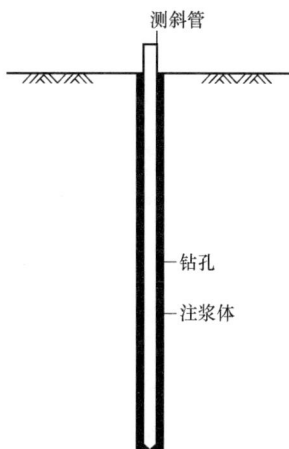

图3-9　测斜管埋设示意图

　　滑动式测斜仪的测试原理是：假定观测孔足够深，孔底位于边坡滑动面以下的稳定岩土体内，这样可以视孔底为无位移的基准点。在安装有两对正交导槽（导槽的方向分别与滑动方向平行和正交）测斜管的观测孔里，从孔底向上拖动测斜仪进行连续观测。由于滑动测斜仪的探头有效长度（导轮支撑点的间距）为0.5m，故测斜仪每上移0.5m要求进行一次观测，分别测得测斜仪沿两对导槽方向的倾角，从而利用三角函数计算得到上支撑点相对于下支撑点的水平位移。由于孔底视为无位移的基准点，通过叠加原理可计算获得边坡内部沿孔深方向的、连续的水平位移分布曲线（如图3-10所示），并根据水平位移沿深度的分布情况，确定岩土体或基桩的深层水平位移。

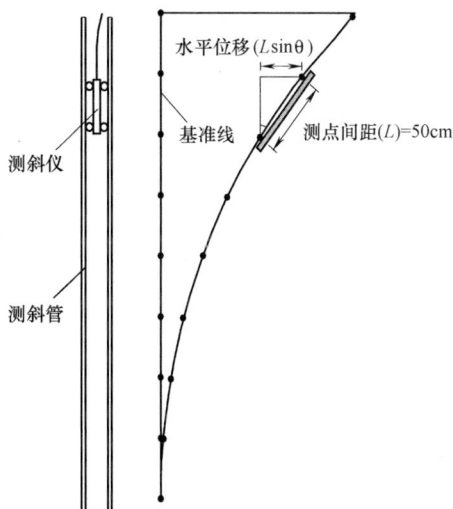

图3-10　深层水平位移测试原理示意图

传统的滑动式测斜仪不能实现在线实时测量，为了克服这一不足，仪器公司推出了固定测斜传感器。在测斜管内每间隔一段距离放置一个固定测斜传感器，传感器与传感器之间采用钢管或硬质有机材料连接（如图3-11所示），当所有传感器安装完毕后，对测斜管内部进行注浆确保传感器位置不发生变化，传感器可通过信号电缆接入采集系统。

图3-11　传感器与传感器之间的连接

图3-12　三维激光扫描仪

3.位移监测

位移监测有多种分类方法。按尺度分，可以分为大尺度位移监测和小尺度位移监测；按测量方法分，可分为光学测量和精密传感器测量；按位移方向分，可分为水平位移观测和竖向位移观测。

（1）大尺度位移监测

大尺度位移监测的方法有多种。有利用卫星数据进行监测的

DinSAR法；近年来，随着三维激光扫描技术的发展，也有采用三维激光扫描仪（图3-12）进行大尺度位移监测的；也有公司自己研发的监测系统，如意大利 IBIS 开发的矿山边坡监测系统。这里简要介绍三维激光扫描技术进行大尺度位移监测的方法。

三维激光扫描仪位移监测流程如图3-13所示。

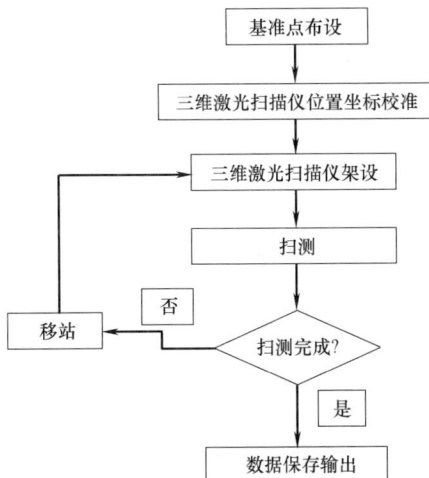

图3-13　三维激光扫描仪位移监测流程

基准点的选取是整个流程中最为关键的环节，要选取的基准点应不受边坡开挖的影响，且周边环境在未来一段时间不发生变化。因此，现场踏勘必须细致而准确。扫测时，利用全站仪采用后方交汇法测出三维激光扫描仪的坐标，然后再利用扫描仪进行扫测。以此可测得待测对象的位移点云数据。需要指出的是三维激光扫描技术对岩体和建筑结构而言是较为理想的监测方式，而对于植被茂盛的土体效果较差。

（2）小尺度位移监测

小尺度位移监测可采用光学测量的方法，传统的光学测量方法主要缺点是不能实现实时在线监测。随着测量机器人的出现，解决了传统光学测量的缺点，但是由于测量机器人单价较高，在工程上的应用相对较少。

小尺度位移监测的另一类方法就是采用精密传感器测试技术。精密传感器测试位移的设备有很多，如位移计、裂缝计、静力水准、剖面沉降等，下面只介绍位移计和静力水准。

① 位移计

位移计是一种高精度传感器，其测试精度可达0.01mm（如图3-14所示）。由于其精度较高，在水利、交通等行业的工程建设中应用较为广泛。位移计可水平安装，也可竖向安装。当水平安装时测水平位移，竖向安装时测竖向位移，若锚头进入稳定岩层，可视为沉降。需要注意的是：无论是水平安装（如图3-15所示）或竖向安装（如图3-16所示），锚头位置都要求进入相对稳定不受上部或外侧变形影响的岩土体。安装时，孔深较深的连接杆需要在孔口连接，而孔深较浅时，可在地面拼装好再下放，因为要注浆，注浆管应和连接杆同时下放。

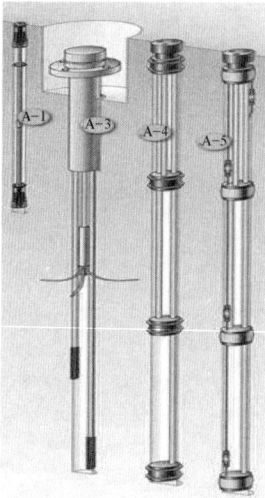

图3-14 位移计

采用特殊的安装埋设方式使得位移计还可进行岩体内部位移的监测。如图3-17和图3-18所示。

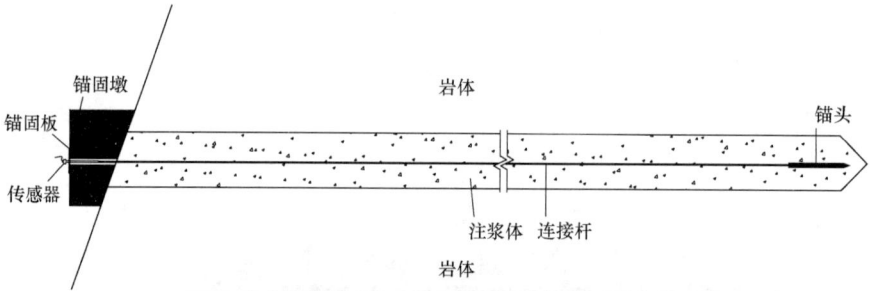

图3-15 位移计水平安装

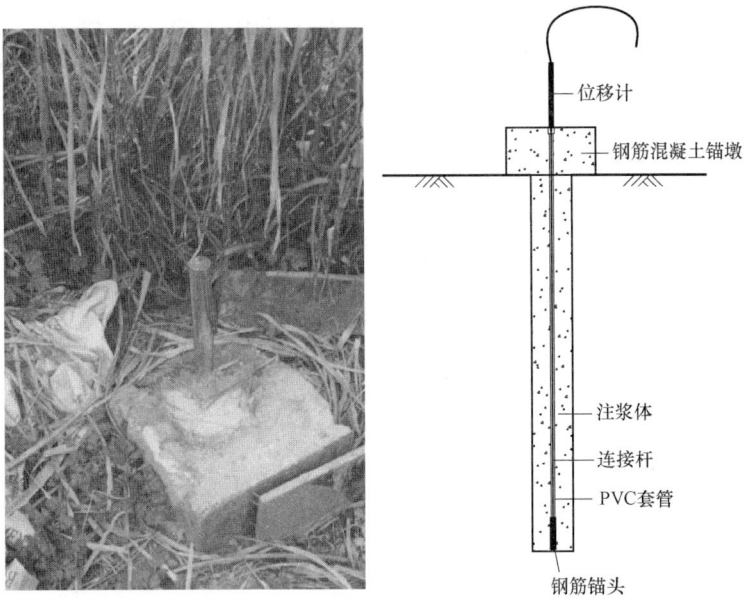

图3-16 位移计竖向安装

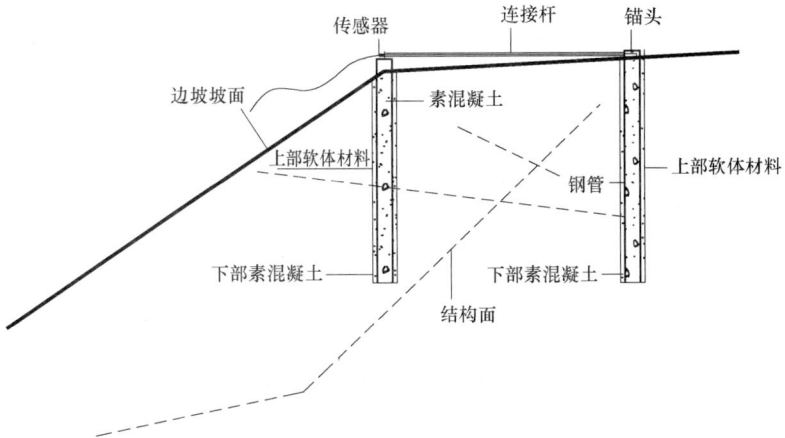

图3-17 岩体内部位移计安装示意图一

② 静力水准

严格意义上讲,静力水准是一套系统。其中,至少包含两套静力水准传感器(如图3-19所示)。其中一个作为基准点,需要安装在稳定不会出现沉降的位置，其原理就是连通器的原理。如图3-20（a）所示，传感器A为基准点，B为沉降观测点，当传感器B发生沉降量n时，其储液罐液面会变化至F，由于连通器的作用，储液罐的水位会再次平衡，平衡后A的液面从C变化至D，B的液面从F变化至E，而此时两个储液罐的水位高度是不同的，利用水位高度变化差值就可计算出沉降。

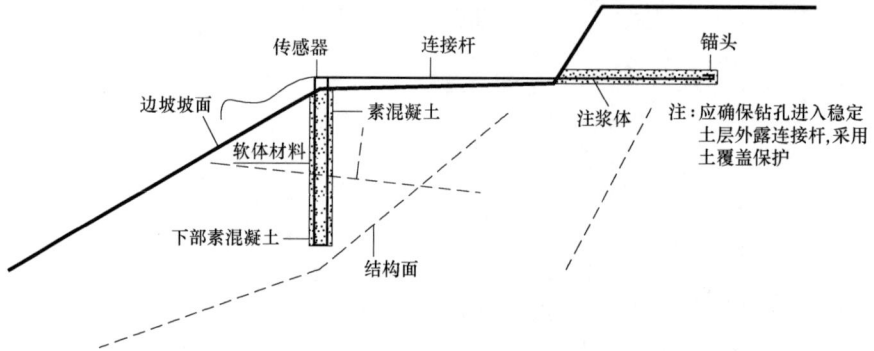

图3-18　岩体内部位移计安装示意图二

　　静力水准是采用了大气修正的高精度传感器，因此在安装埋设和维护时有很多需要注意的方面，其中最严格的就是水力连通管内不能有气泡以及定期更换干燥剂。

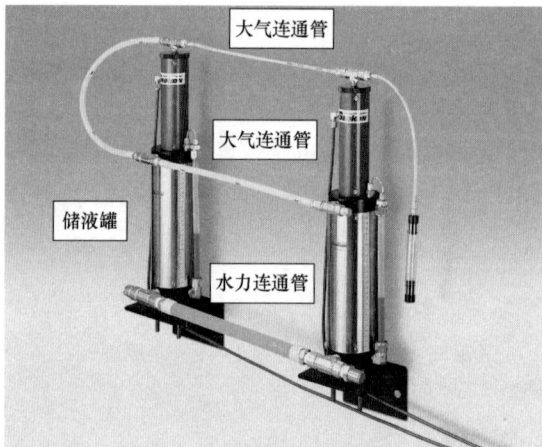

图3-19　静力水准传感器

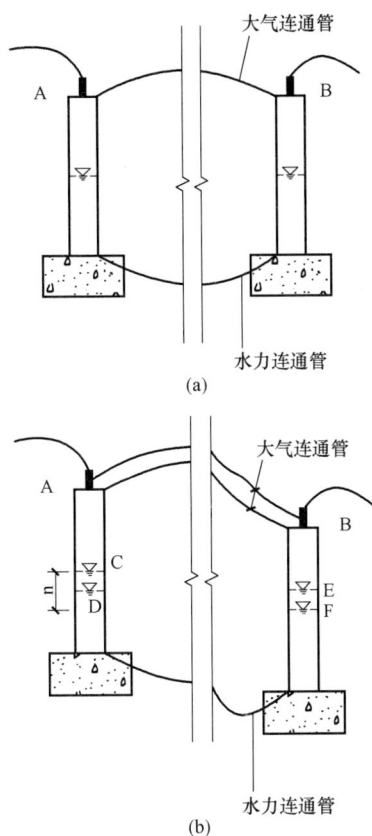

图3-20　静力水准原理示意图

4.压力测试

压力测试包括水压力（孔隙水压力）测试和土压力测试。

水压力测试一般采用水压力计或渗压计。在地表进行水压力测试相对比较简单，直接将水压力计固定在固定的位置即可。孔隙水压力的测试技术难度相对比较大，需要进行钻孔，然后在监测位置须设置透水层，上下应采用黏土封闭以确保不受外部水力影响，因钻孔费用较高，可和测斜管共用钻孔，如图3-21所示。

5.其他

除以上监测物理量以外，还有诸如钢筋锈蚀、降雨量等监测，在此不再详述。

工程名称	福州市马尾区沿山公路监测					工程编号	
孔 号	W2	坐		钻孔直径	150mm	稳定水位深度	
孔口标高	68.00m	标		初见水位深度		测量日期	
层号	层底标高 (m)	层底深度 (m)	分层厚度 (m)	柱状图 1:200	岩 性 描 述		附注
1	67.00	1.00	1.00		杂填土:灰色、灰、灰黄等,稍湿-湿,松散,主要成分为混凝土块、碎砖块、碎石块等建筑垃圾,黑色,充填泥,硬杂质含量达50%以上,人工堆积,堆填时间3~10年不等		
5	62.80	5.20	4.20		砂土状强风化凝灰熔岩:浅黄色、灰白色,凝灰结构,散体状构造,岩体裂隙极发育,岩芯呈砂土状,手捏易散,遇水易软化、崩解,标准贯入试验实测击数 $N \geqslant 50$ 击;岩石坚硬程度属极软岩,岩体完整程度属破碎,岩体基本质量等级为V级		
					碎块状强风化凝灰熔岩:灰黄色,凝灰结构,碎裂状构造,岩体隙裂极发育,裂隙面见铁锰质氧化物浸染,岩芯呈碎块状,手折可断,岩石坚硬程度属较软岩,岩体完整程度属破碎,岩体基本质量等级为V级		
					注浆体		
					测斜管 膨润土		
6	47.80	20.20	15.00				
					碎石填充 渗压计		
					中风化凝灰熔岩:浅灰色、褐紫色,凝灰质结构,块状构造,岩石裂隙较发育,裂隙面呈铁锰质渲染,岩芯呈块状、短柱状,局部柱状,RQD值为80%~90%,岩石坚硬程度属较硬岩,岩体完整程度属较完整-较破碎,岩体基本质量等级为Ⅲ-Ⅳ级		
7	32.80	35.20	15.00				

福建省建筑科学研究院 外业日期:	制图: 校核:	图号:

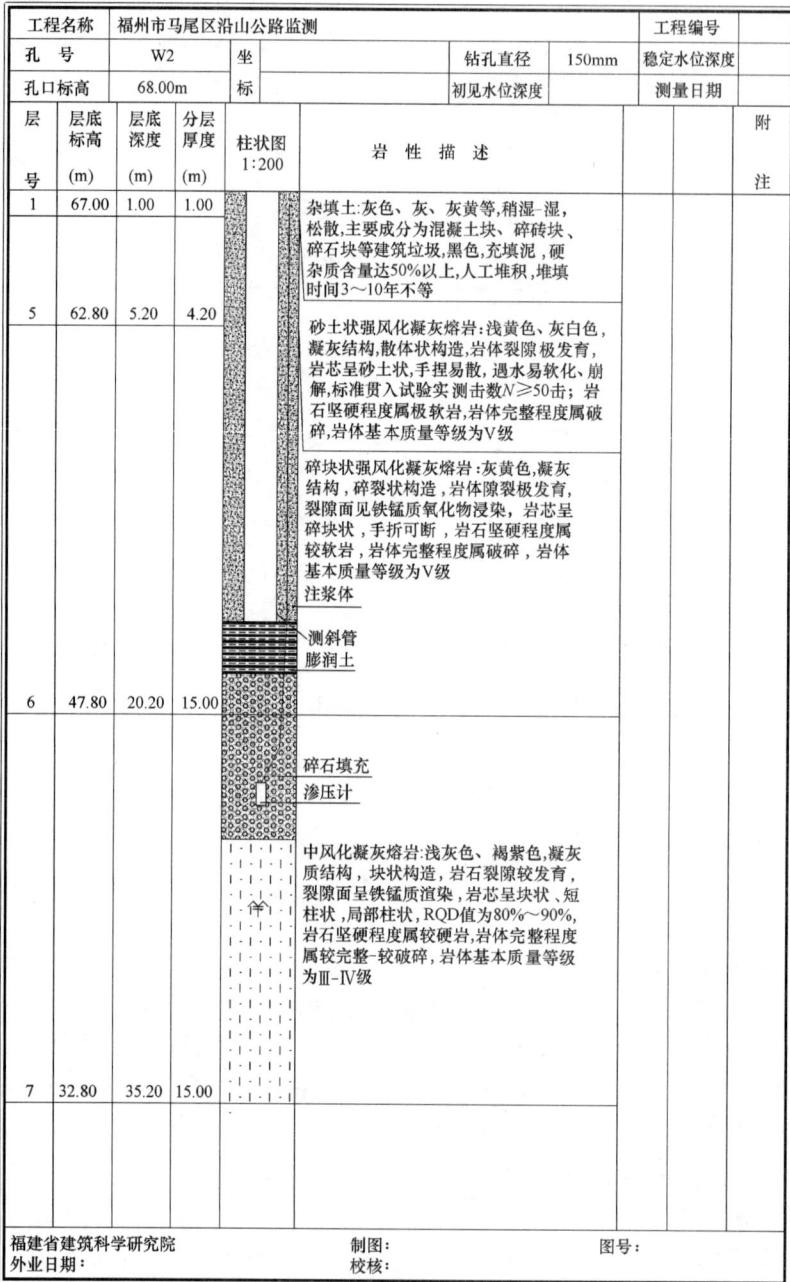

图3-21 地下水位观测埋设柱状图

3.3 潮汐河段群桩基础控稳因素分析

苏通大桥主跨1088m，是目前世界上跨度最长的斜拉桥。主塔高300.4m，主塔墩基础采用群桩基础，由131根直径2.8/2.5m的变径钻孔灌注桩组成，桩长1117m，考虑到水平向的安全储备，采用了钢护筒参与受力的设计形式。钻孔灌注桩平面上按"梅花形"布置。承台为"哑铃形"厚承台，总体平面尺寸为113.75m×48.1m，每个塔柱下平面尺寸为51.35m×48.1m（如图3-22所示）。对于位于复杂水文地质条件下的大型群桩基础，控稳因素主要有：

（1）沉降与不均匀沉降

对于高耸建筑物来说，由于其侧向刚度偏弱，不均匀沉降往往导致建筑物发生倾斜甚至破坏[122-123]。"倒Y形"索塔会导致各基桩轴力分摊不均，进一步引发不均匀沉降；如果成桩过程中泥皮较厚，则主体工程施工后期的沉降量会较大，使得桩顶轴力分布的不均匀性加剧。因此，沉降与不均匀沉降是监测的重点之一，也是安全评价不可或缺的因素。

（2）河床冲刷

河床冲刷是导致桥梁破坏的主要因素之一。大量的由河床冲刷而引起的桥梁失事事故已经引起了人们的高度重视。苏通大桥桥位区水流湍急，受风暴潮影响强烈，冲刷问题更加突出。加之冲刷是不均匀沉降的主要诱导因素之一，已有的分析表明：若河床冲刷达到-56.4m，则索塔地基基础的安全性就得不到保证。而目前尚无针对群桩基础的冲刷计算的成熟理论，冲刷监测就成了保证桥梁安全的必备措施。已有的分析对于潮汐河段的深水群桩基础来说，潮位对基础受力的影响是不可忽视的，为了消除潮位的影响，在冲刷监测的同时，潮位的监测也是必备的。

（3）桩身轴力

对于这样一个超大型群桩基础，桩顶轴力分布的均匀性是人们关注的重点，而一旦桩顶轴力分布过于集中，往往会导致整个基础的失稳破坏。大量研究[124-125]表明：影响桩顶轴力分布均匀的因素主要有：群桩效应、承台的结构形式和刚度、索塔荷载的分布形式。其中群桩效应是主要因素，它会导致承台内部的基桩的承载性能得不到充分发挥，而周边基础所承担的荷载远远大于各桩的平均荷载。在现有技术水平条件下，群桩效应的主要监测手段是基桩轴力监测。

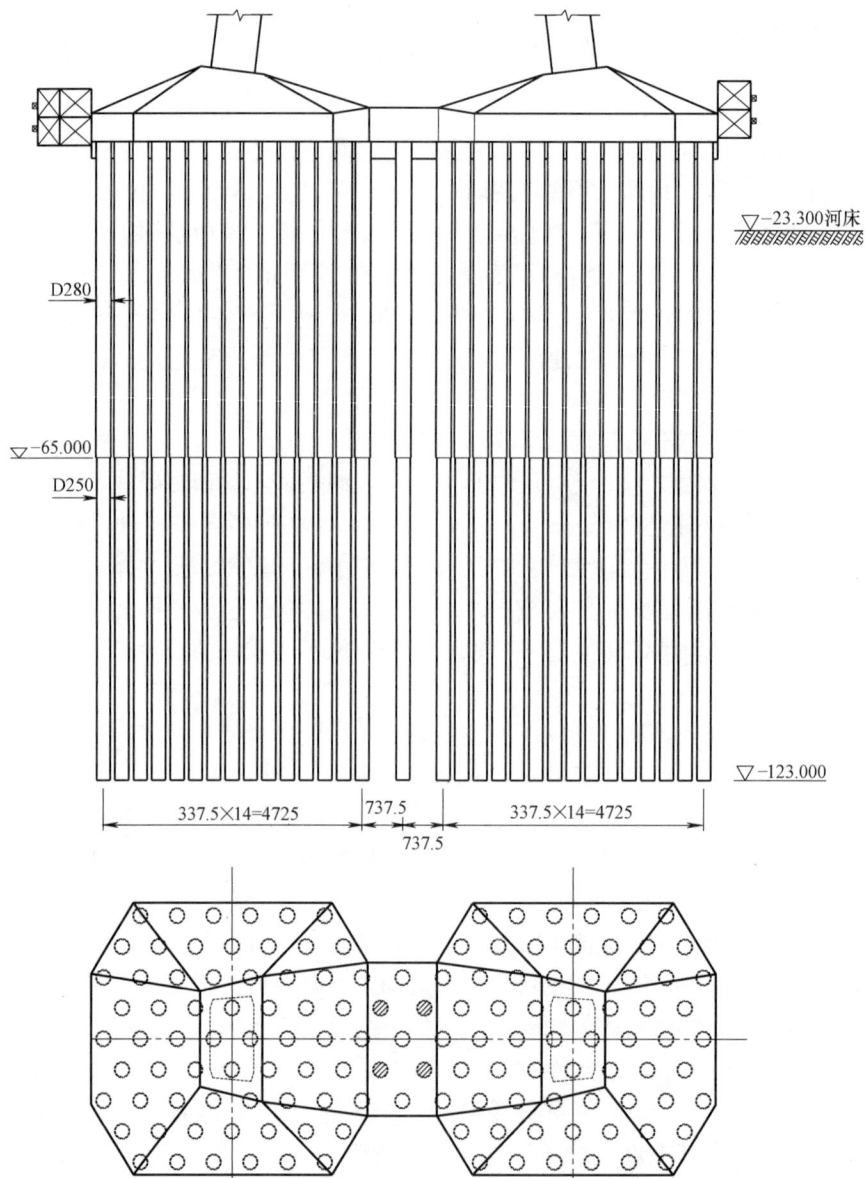

图3-22 苏通大桥群桩基础剖面图

（4）钢护筒应力

基桩上部55m采用壁厚25mm的钢护筒，设计中考虑钢护筒与桩基础共同受力。但由于钢护筒内壁光滑，其弹性模量约为混凝土弹性模量的7倍，且钢护筒外侧的上部为江水、下部为软弱土层。所以，钢护筒存在明显的应力集中，甚至导致钢护筒与桩身混凝土的变形不协调。为此，在开展基桩轴力监测的同时，还须进行钢护筒应力或变形监测。考虑到基桩反弯点随河床冲刷深度做动态迁移，为了追踪反弯点的迁移规律，监测断面的选择须侧重考虑最不利断面、反弯点断面、特征控制断面以及地基土层的分布。

（5）承台内部应力和挠度

索塔各基桩所承担的荷载（或桩顶轴力在平面上的分布）具有明显的不均匀性，承台周边基桩的桩顶轴力明显比承台内部基桩的轴力大。所以，承台在长期运营中始终处于不利的受力状态，承台底面需长期承受不小于4MPa的拉应力（接近混凝土的抗拉强度）。而下塔柱施工阶段，由于混凝土强度生长缓慢，在索塔根部会作用一弯矩，这加大了承台底部的拉应力，显然，承台的应力和挠度也是需要重点关注的控稳因素。

（6）基桩水平位移

对于超长、超大直径的群桩基础，其侧向刚度是偏弱的，一旦基桩发生倾斜或发生较大水平位移，这对整个桥梁的受力是不利的。而基础需要承受船撞和地震引发的水平向荷载，开展基桩的水平位移监测是必要的。

3.4　传感器系统设计

1.设计原则

传感器系统设计要遵循几大原则：

（1）遵循一个宗旨、四项基本原则。即遵循"为安全而监控"的宗旨，做到"目的明确、合理建网、方案可行、经济安全"。

（2）由于承担着保障施工安全，服务于运营期的双重任务，因此，传感器及其他硬件设备的选用应遵循"技术成熟、操作方便、安全可靠、耐久性强"的原则。

（3）传感器布置应遵循"最不利、传递误差最小、覆盖面最广"的原则。考虑到苏通大桥主塔墩群桩基础安全稳定问题的复杂性，针对同一物理量采用多种方法进行监测，也就是"全过程，广角度"原则。

（4）效益-成本最优原则。

（5）可靠度原则。即在经济条件允许的情况下，应尽量使系统可靠度达到最大值。

2.传感器类型和数目优化

传感器类型和数目优化在各种行业的传感器系统设计中都有应用，Bagajewicz M 和 M. Sanchez 以系统可靠度和代价作为目标函数研究了化工领域的传感器选型优化[126]；Miguel Bagajewica 和 Enmanuel Cabrera 在流量监测系统设计中采用 MILP 计算法计算了传感器系统的最优组合[127]；Olivier Wailly[128]， Prakash R. Kotecha[129] 则研究了化工进程监测的传感器优化问题；Maul Willian A 做了航空监测系统的传感器数目优化[130]；苏怀智给出了大坝安全监控的传感器数目优化模型[131]；薛涛则将其应用于桥梁基础安全监控[132]。

对于一个深水群桩基础，其传感器大部分是埋入式传感器，其可靠度和系统冗余是必须要保证的。因为传感器一旦损坏或者失效就不可修复。常用的解决方法是：在重要位置埋入多个传感器，以确保传感器系统的可靠度和系统冗余。但是，传感器的数量受经济条件的限制，选择什么类型的传感器，最少埋入多少个传感器可以满足可靠度要求，是个问题。然而，对于这样一个超大型的深水群桩基础来说，在进行传感器类型和数目的优化时，有一个因素是必须要考虑的，即传感器的埋设环境（不仅包括工程部位，还包括施工条件），因为即使是同种类的传感器在安装方法相同的条件下，不同埋设环境下的"成活率"是不同的。某大型群桩基础钢筋计"成活率"如表3-1所示。从表中可以看出相同厂家生产的同种传感器在不同的埋设环境"成活率"相差较大。

某大型基础工程钢筋计"成活率"统计表（%）　　　　表3-1

部位	国外厂商1	国产厂商1	国产厂商2
基桩	62.5	48.1	53.8
承台	100	90	92.5

为了保证传感器系统的可靠度，必须考虑埋设环境因素。然而目前并无相关理论依据，因此，提出传感器可靠度环境因素影响因子，即针对不同环境，在同种传感器的可靠度上乘以一个不同的折减因子。由于施工环境复杂，实验室不具备模拟施工环境的条件，因此只能调研类似的工程，从而确定一个初始折减因子。对于埋设环境最恶劣的部位，可先按初始折减因子进行局部试埋设（如选取一根桩），埋设完成后，统计"成活率"，然后对初始折减因子进行修正，从而得到适合本工程的折减因子。而试埋

设的部位由于参考了类似工程经验，其"成活率"也有一定的保证，而不至于失去重要系统冗余信息。

（1）优化模型的目标函数

目前常用的目标函数有两种：代价最小和传感器系统的可靠度最优。也有学者采用其他目标函数，如传感器精度[133]。文献［130］以最小传感器失效率作为目标函数，但失效率其实也是可靠度的反面体现。但对于大型基础工程安全监控而言，现有的传感器能够满足精度要求。由于传感器都以埋入式为主，传感器系统属于典型的不可修复系统，保证传感器的可靠度是核心任务，因此大型基础工程安全监控应该以可靠度和代价作为目标函数。

（2）传感器系统可靠度

单个传感器的可靠度 $R(t)$ 是指一个传感器在时间 $[0，t]$ 不失效的概率。传感器可靠度是关于时间 t 的函数，是可以通过实验测试同类型的传感器得到的。

常用的多传感器系统有并联系统、表决系统和串-并联系统。并联系统是由 n 个传感器组成，只有当这 n 个传感器都失效时系统才失效。表决系统由 n 个传感器组成，当 n 个传感器中有 k 个或 k 个以上正常工作时，传感器才正常工作。串-并联系统是由多个并联子系统（部分子系统可以是单个传感器）串联而成，串-并联系统比较典型的应用就是静力水准系统。对于串联系统是需要尽量回避的，其可靠度是得不到保证的。

对于传感器系统设计来说，应该尽量多采用表决系统。Marzullo 认为一个多传感器系统，有一半以上的传感器是有效的，该系统才是可靠的冗余系统[134-135]；Qingyu Yang 则采用 Series-Weighted-k-Out-of-n 系统[136] 判断系统可靠性，该方法认为一个 n 个传感器系统中，只有失效的传感器不超过 k 个时，该传感器系统才能正常工作。这两种判断准则的核心都是表决系统，按 Marzullo 的标准构建的系统实际是个多数表决系统。传感器系统的可靠度可参照这两种方法计算。对于单一类型传感器组成的系统而言，其可靠度可按式（3-3）计算。假设 X_1，X_2，……，X_n 是这 n 个传感器的寿命，它们相互独立，且每个传感器的可靠度均为 $R_0(t)$。

$$R(t) = \sum_{j=k}^{n} \binom{n}{j} R_0^j(t) [1 - R_0(t)]^{n-j} \qquad (3-3)$$

式中　$R(t)$——表决系统可靠度。

（3）多数表决系统的可靠度计算

当系统由一种传感器组成时可靠度可按式（3-3）计算，当系统由两种传感器组成时其可靠度计算如式（3-4）所示：

$$R(t) = \sum_{k=0}^{X_1} \{ C_{X_1}^k [R_1(t)]^k [1-R_1(t)]^{(X_1-k)}$$

$$\sum_{m=N/2+1-k}^{X_2} C_{X_2}^k [R_2(t)]^m [1-R_2(t)]^{(X_2-m)} \} \tag{3-4}$$

式中：$R_1(t)$——第一类传感器可靠度；

$R_2(t)$——第二类传感器可靠度。

假设传感器可靠度是稳定的，$R_1(t)$ 和 $R_2(t)$ 取常量，如果系统中有 n 种不同传感器时，式（3-4）将有 n 层求和。

对于恶劣施工环境下埋设的传感器来说，失效率 $I(t)$ 最高时间段是安装埋设期间（如图3-23所示）。因此，可将其可靠度乘以一个折减因子 $\phi(i)$，$\phi(i)$ 可根据相似工程经验确定。修正后的可靠度 $R_i^*(t)=R_i(t)*\Delta\phi(i)$。

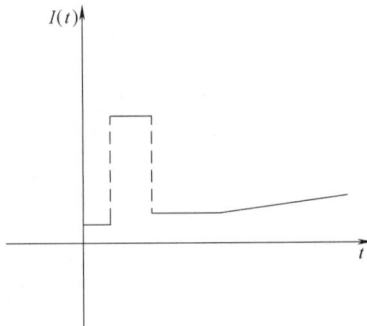

图3-23　传感器失效率示意图

（4）优化模型

构建一个由 n 种不同传感器构成的多数表决冗余系统，假设一个 n 维向量 $X=(X_1, X_2, \cdots\cdots, X_n)$ 用于表示各种传感器的组合，X 的各个分量用于表示各种类型传感器的数量，并且各种类型的传感器数量总数为 N。

其代价函数为：

$$f(x) = \sum_{i=0}^{n} C_i X_i \tag{3-5}$$

式中：C_i——第 i 种单个传感器的单价，单个传感器的单价包含传感器费用和安装埋设等其他费用。

在代价函数确定的情况下，还需要做的就是确定约束条件，传感器系统的优化准则是在满足约束条件的前提下，选择最优的传感器种类组合，使得系统的代价最小。显然，系统的可靠度是必须要满足的前提条件，数学表达如式（3-6）：

$$\begin{cases} \min(\sum_{i=0}^{n} C_i X_i) \\ R^* > R_c^* \end{cases} \tag{3-6}$$

式中：R^*——系统有效度；

R_c^*——系统有效度约束值。

（5）优化算法

目前计算机水平已经到了一个相对较高阶段，加上传感器种类的有限，可以采用的优化算法很多：如遗传算法[137]、模拟退火算法[132]、人工鱼群算法[138]等。其中遗传算法应用最为广泛，并且在处理旅行问题[139]、背包问题[140]等组合问题上有很大优势，具有收敛速度快，计算程序编写简单等优点。

（6）遗传算法设计

① 编码方法与种群空间

采用二进制编码，如果备选的传感器种类只有 m 种，单种配置最多不超过31个，则可采用二进制编码表示一种传感器的配置数量总共 $5m$ 位的编码表示方法。初始种群随机生成。

② 适应度函数

由于目标函数是求最小，需要将目标函数进行转化，转化后的适应度函数为：

$$F(X^k) = F_0 - \sum_{i=1}^{n} C_i X_i^k \tag{3-7}$$

式中　F_0——保证 $F(x)$ 为正值的常数；

X^k——第 k 个染色体表示的传感器组合；

X_i^k——X^k 的第 i 个分量。

③ 罚函数

由于优化模型具有约束条件 $R>R_c$，因此采用罚函数处理约束条件，罚函数如式（3-8）所示。通过罚函数使得不满足约束条件的染色体被选择的概率降低。

$$\begin{cases} F(X^k) = F_0 - \sum_{i=1}^{n} C_i X_i^k & R^* \geqslant R_C^* \\ F(X^k) = F_0 - 1.5 \sum_{i=1}^{n} C_i X_i^k & R^* < R_C^* \end{cases} \qquad (3\text{-}8)$$

④ 选择算子

采用轮盘选择方法，其主要步骤为：①对各个染色体进行解码，即将各个5位二进制代码转化为10进制数；②计算各解码结果的适应度函数值 $F(X^k)$ 以及各个染色体的适应度函数值的总和 F；③计算各染色体的选择概率 $P_k = F(X^k)/F$；④利用选择概率进行轮盘选择，即选择进行交配的染色体。

⑤ 交异算子

交异算子有单点交叉、双点交叉、多点交叉，这里采用单点交叉。单点交叉的方法是：随机产生一个交叉位，在交叉位互换两个进行交配的染色体。

⑥ 变异算子

遗传算法中的变异算子是指将个体染色体编码串中的某些基因值用该基因座的其他等位基因替换，从而形成一个新的个体[141]。具体做法是：生成一个0~35的随机数 n，将 n 两个父代染色体第 n 位前后的编码串互换。

（7）优化程序

采用Microsoft Visual C#编写了寻优程序，其伪代码如下：

```
string[]chromosome=new string[50];      //采用01字符串表示染色体编码
double[]reliability=new double[50];      //表示各染色体对应的有效度
double[]value=new double[50];            //表示各染色体所表示传感器组合的代价
double[]P=new double[50];                //表示各染色体被选择的概率
int number;                              //表示迭代次数
int N;                                   //表示配对次数
initial chromo（）                       //种群初始化
{
    Random rm = new Random（）;
    for( int i = 0; i < 50; i++)
{
    string s = "";
```

```
    for (int j = 0; j < 28; j++)
    {
        s = s + rm.Next(2).ToString();
    }
    chromosome[i] = s;
    }
    cal_reliability ()           //计算各染色体表示的组合系统可靠度
    cal_value ()                 //计算各染色体所表示传感器组合的代价
    cal_P ()                     //计算轮盘选择概率
}
optimize ()
{
    for(int i=0;i<number;i++)
    {
        for(int j=0;j<N;j++)
        {
            select();            //按轮盘概率选择一对染色体作为父体
            exchange();          //对选择父体进行交叉运算
            update_reliability(); //更新交叉运算后的可靠度
            update_calue();      //更新染色体所表示传感器组合代价
            update_P();          //更新轮盘选择概率
        }
        Random rm = new Random();
        double Per;              //表示变异概率
        Per=rm.NextDouble();
        if(Per<0.01)
        {
            aberrance();         //表示变异操作
        }
        cal_reliability ();
        cal_value ();
        cal_P ();
    }
```

```
    output();              //输出寻得最优结果
}
```

3.传感器位置优化

目前关于传感器位置优化的研究主要可分为两类：动态监测位置优化、静态监测位置优化。关于动态监测传感器位置优化的研究相对较多，主要方法有Kammer[142]提出的有效独立法；EFI-DPR法；Heo给出的模态动能优化法[143]；基于具有较大模态应变能的自由度上的响应也比较大思想的应变能法[144]；此外还有EVP法、NODP法、OR分解法、MAC法等[145]。关于静态监测传感器位置优化的研究相对较少，目前采用的方法仅有误差传递法[146]。误差传递法的具体步骤见文献［146］。

4.河床冲刷监测传感器位置优化

影响河床冲刷的因素很多，主要包括河床土体性质、基础形式与大小、河水的动力特性以及河床形态等。误差传递法需要和理论计算结果进行对比，但是对于群桩基础的河床冲刷来说，其冲刷深度和冲刷范围均没有有效的计算理论，因此误差传递法就不适用了。因此，需要一种新的方法。

1）网络覆盖模型

由于群桩基础呈"梅花"形布置，冲刷传感器只能布置在桩周边，如果在平面图上将每根桩看做一个"点"（如图3-24所示），将这些点看作网络节点，这样就可引入网络覆盖模型。假设需要布置n个冲刷传感器，也就相当于在所有网络节点中选取n个节点布设n个传感器，使整个区域的网络覆盖率最高[138]。

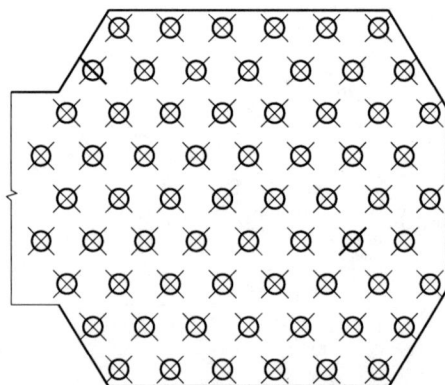

图3-24 冲刷传感器被选节点图

要利用网络覆盖模型进行河床冲刷监测，需要进行一定的假设，假设如下：

假设1：假设冲刷传感器都具有一定的感知范围，其影响范围是以桩身圆心为圆心，r为半径的圆内区域。

假设2：假设河床冲刷都是以桩身圆心为中心，沿半径方向和深度方向逐步扩展。

网络覆盖模型主要有两种：0-1覆盖模型和概率感知模型。0-1覆盖模型是假设各根桩周边的冲刷深度在平面上无明显差异，规定位于影响半径以外的区域被监测的概率为0，而影响半径以内的区域被监测的概率为1；而概率感知模型则是假设单根桩河床冲刷的最大深度出现在桩周边，沿着径向冲刷深度逐步变浅（如图3-25所示）。规定传感器所在的位置被监测的概率为1，而影响半径以外的区域被监测的概率为0，从传感器中心到影响半径边界区域被监测的概率逐步降低，并且符合某种连续概率分布[147]，如指数分布、伽马分布等。

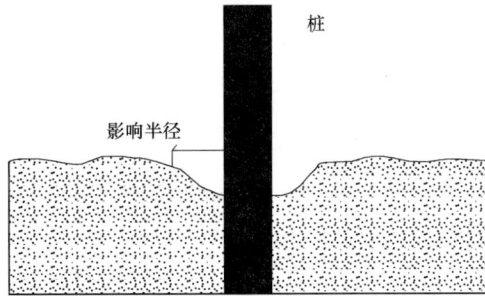

图3-25 河床冲刷影响半径示意图

影响半径的确定可参照室内单桩冲刷模型试验[148]，按最大冲刷区域确定。

2）目标函数

假设布置n个冲刷传感器，以向量$X=\{x_1, x_2, \cdots, x_n\}$和向量$Y=\{y_1, y_2, \cdots, y_n\}$表示$n$个传感器的平面坐标。冲刷传感器覆盖率$F=f(X, Y)$。目标函数，如式（3-9）所示。

$$\max(F) = f(X, Y) \tag{3-9}$$

优化问题就转化为从已知的节点中选取n个布置冲刷传感器，使得冲刷监测覆盖率最大。

3）约束条件

由于网络覆盖模型做了很多假设，可能会兼顾不到测点布置的最不利原则以及便于施工原则，因此，引入约束条件，对于最不利位置给予固定约束，即保证最不利位置有传感器布设。

4）优化算法

引入网络覆盖模型后，河床冲刷传感器位置优化问题变成一个组合优化问题，仍然可以采用遗传算法，与传感器选型优化相比，改进一些地方即可：

（1）编码方式

编码仍然采取二进制编码，某个备选节点布置了传感器则该基位值为1，否则为0。但需要考虑约束条件，若总共有 i 个测点，固定约束点 j 个，则采用 $k(k=i-j)$ 位编码，初始种群随机生成。

（2）变异算子

由于必须要保证固定数量的传感器布置，因此变异概率需设为0。

5.传感器优化实例

1）传感器选型优化实例

苏通大桥主塔墩基础由131根直径2.8/2.5m的变径钻孔灌注桩组成，桩长超过110m。埋设于桩基础内部的传感器不仅要承受高温高压的外部环境，而且还受钻孔灌注桩施工的影响。在前期的试桩过程中，传感器埋设"成活率"明显偏低，尽管改进了埋设方法，传感器失效率与固有失效率仍然是有差别的。因此，在建立传感器系统时，必须考虑环境因素。现以桩基础内部某一重要位置为例介绍优化模型的应用。经过比选，适合该位置埋设的传感器有6种，经过调研以及试桩实验确定的可靠度折减因子以及传感器的可靠度（如表3-2所示）。保证系统可靠度至少0.97，经优化模型优化配置结果（2，2，0，0，0，0），成本比单一配置至少节约近10%，这就是最终的桩顶轴力传感器布置方案。当不考虑埋设环境因素时，取系统可靠度0.998，其优化结果为（1，0，0，1，0，0）。其选择的种类是不同的。需要指出的是：考虑环境因素后系统保证可靠度有所降低，这是由于经济条件限制，保证同样的传感器可靠度代价太大，其取值原则是在经济条件允许情况下取最大。

传感器的可靠度　　　　　　　　　　　　表3-2

项目	国外厂商1	国外厂商2	国外厂商3	国内厂商1	国内厂商2	国内厂商3
固有可靠度	0.982	0.985	0.979	0.932	0.948	0.945
折减因子	0.795	0.826	0.811	0.735	0.757	0.750
折减可靠度	0.781	0.814	0.794	0.685	0.718	0.709
单套代价(元)	1600	2800	2600	670	820	715
单一配置数量	6	4	4	18	12	14

2）传感器位置优化实例

以半幅基础为例，进行河床冲刷传感器位置优化，若布置8个冲刷传感器，不考虑约束条件，采用0-1网络覆盖模型，当影响半径取6.8m时，其优化测点布置如图3-26所示。当然，传感器位置优化的结果还需与现场施工环境相结合，当不适合或安装埋设难度较大的位置，需在局部进行微调。

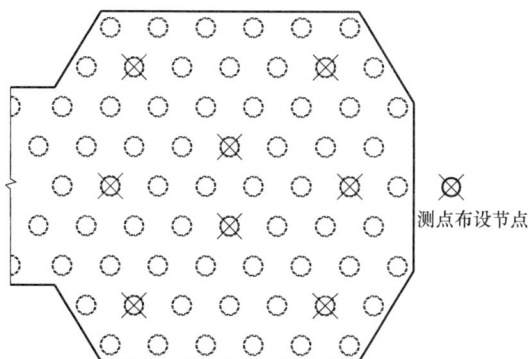

图3-26　优化测点布置

3.5　传感器保护系统

传感器保护系统源于光纤传感器，是由 R. Maaskant 提出，主要是针对埋入式光纤传感器[149]，通过传感器保护系统将传感器和周围的施工环境隔开，起到保护传感器，提高传感器"成活率"的作用。光纤式传感器的保护方法有多种：可利用钢管护套保护，利用环氧树脂保护，也有用其他合成物保护[150-151]。

对于埋设在超长钻孔灌注桩中的传感器来说，不仅要遭受施工因素的影响，如混凝土浇筑、振捣等，还会遭受高水压的影响。试验证明：当水深超过55m时，其可靠度就得不到保证。对于钢护筒表面应变计，不仅需要克服打桩机振动的影响，还要克服钢护筒插入过程中的阻力影响，现有的传感器无法满足要求。因此，引入传感器保护系统，利用传感器保护系统的保护作用，提高传感器在恶劣环境下的耐久性，从而提高传感器埋设成活率。本书中的传感器保护系统主要包含四大部分：混凝土应变计保护系统、钢护筒表面应变计保护系统、静力水准保护系统、水深传感器保护系统。

1.混凝土应变计保护系统

1）混凝土应变计保护技术要求

特殊的安装埋设环境给保护技术提出了特殊的要求。主要有：①承受高水压；②由于传感器不能承受侧向荷载，需要提供侧向保护作用；③降低或消除混凝土浇筑对传感器的影响；④不影响测试结果；⑤不影响施工；⑥便于安装固定。

2）混凝土应变计保护装置

要满足上述要求，前人所采用的钢管护套是不可行的，因为钢管的模量是远远大于混凝土的模量的，会影响传感器的测试结果。因此，需要采用和混凝土的物理参数相差不大材料，通过试验和比选，混凝土预制块是最有效的方法。制作步骤，首先需要制作浇筑模具，模具大小视现场情况而定，以利于安装为原则；第二，混凝土预制块的原料最好与桩身混凝土接近；第三，当承受的水压力过高，并且环境的化学特征较恶劣时，可加入一定的添加剂，如环氧树脂等；第四，需要提前浇筑预制块，浇筑完成后，每天应该用水养护，以保证预制块有足够的强度（浇筑后的预制块如图3-27所示）。需要指出的是预制块必须将应变计的法兰盘外露，以保证传感器测值的精确性。

2.钢护筒表面计保护系统

1）钢护筒表面计保护技术要求

钢护筒表面计的安装与混凝土应变计相差很大，其安装埋设环境也完全不同，技术要求也是不同的。对于钢护筒表面计的保护技术的主要要求有：①能抵御钢护筒插打过程中的阻力；②需要将传感器与桩侧土体隔开，避免传感器承受侧向压力；③对传感器电缆要起到保护作用，避免因施工或外力作用（如水流冲击力）损坏电缆；④不影响钢护筒的插打，由于钢护筒的插打的深度较深，表面计保护装置不能给钢护筒插打造成过大阻力；⑤在钢护筒运输过程也要对传感器电缆提供保护作用；⑥要有足够的强度，不会被破坏、不影响观测结果。

图3-27　混凝土预制块

2）钢护筒表面计保护装置

综合考虑各种要求，采用角钢贴焊保护技术。角钢保护装置主要包含三大部分：电缆保护部分、传感器保护部分、尖角部分（如图3-28所示）。焊接顺序有固定的要求：①先焊尖角部分；②焊接电缆保护部分；③安装传感器；④焊接传感器保护部分。安装完成后的表面计保护装置如图3-29所示。

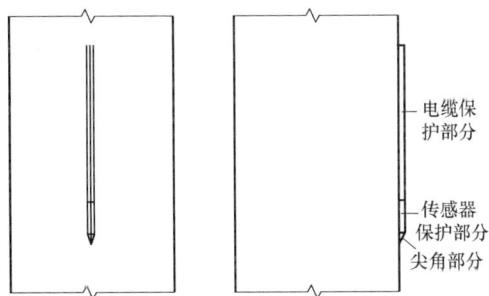

图3-28　表面计保护装置剖面图

图 3-29　表面计保护装置

3.静力水准系统保护系统

1）静力水准系统保护技术要求

静力水准测点布置于承台的表面。承台表面的施工环境极其恶劣，受施工因素影响大，不仅包含索塔施工，还包含承台表面一些临时结构的施工。因此，静力水准保护应具有以下技术要求：①保护静力水准传感器，防止高空掉落的一些建筑垃圾砸坏传感器；②静力水准系统的水力连通系统的安全才是最重要的，连通系统一旦损坏，整个系统都将瘫痪，再建起来也十分困难，代价较高，因此，需要保护静力水准连通系统；③由于苏通大桥所处位置一年四季温差大，冬季低温接近−10℃，因此，要防止水力系统因低温而发生冻结。

2）静力水准保护子系统实施细则

首先，考虑水力连通系统的保护，直接在外面加防护层的方式是行不通的，因为现场施工环境十分复杂，难免被一些大体积重物砸坏，并且会影响到上部结构的施工。因此，通过在承台内部预埋连通管，承台浇筑完成后，利用预埋连通管建立水力连通系统，不仅可以使连通系统受到保护，还能起到隔热作用，冬季不至于被冻结。需要指出的是：预埋的连通管必须要有足够的硬度，不至于被液态混凝土压扁。由于要防止连通系统因低温而被冻结，因此，静力水准测点基座也采用混凝土浇筑（如图3-30所示）。对于传感器的保护则采用金属保护罩，制作由角钢和合金板组成的保护罩，内部加一层泡沫等隔热材料，防止静力水准储液罐里的水因低温而冻结。静力水准系统建立完成后向储液罐加入防冻液。

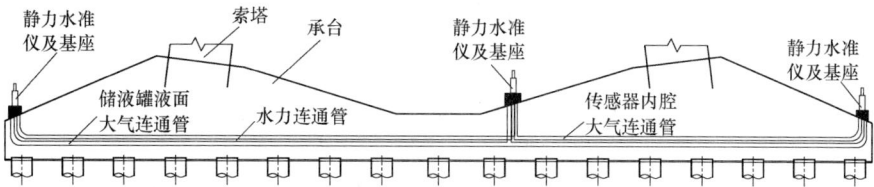

图3-30　静力水准水力连通系统示意图

4.水深传感器保护系统

由于桥位区水流湍急，受风暴潮影响强烈，因此水深传感器的保护重点应该在传感器电缆上。采用镀锌钢管保护电缆，与钢护筒表面计的电缆保护类似，预留在江底的电缆则采用钢丝绳固定保护，避免因水流冲击而损坏。镀锌钢管的上口固定在钢套箱底板上，下口由钢丝绳固定于钢护筒上，其方向利用角钢固定。传感器的平面位置也需要固定，否则传感器会在水流作用下反复振荡而损坏。传感器的平面位置利用套在钢护筒上的钢圈固定（如图3-31所示）。

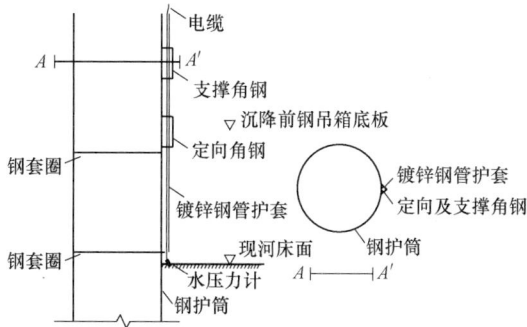

图3-31　水深传感器埋设示意图

3.6　传感器子系统

1.河床冲刷（有淤积测点）监测子系统

河床冲刷监测是保证大桥安全施工与营运的措施之一。其一，要监测河床形态的变化；其二，对于冲刷防护核心区[150]应实时监测河床的冲淤情况，尤其是洪水期河床的动态变化，为大桥安全运营提供数据支持。针对苏通大桥河床冲刷的特点选用多波束测深系统和水压力传感器（孔隙水压力计）系统相结合的方法来观测河床地形的变化情况。具体的监测方法是：在承台浇筑之前采用多波束测量系统进行河床地面形态的测量工作。在承台浇筑之后，通过埋设的水压力传感器进行承台内部河床的冲刷观测，而承台外围的冲刷监测则借助于多波束测深系统进行。最后把多波束测深数据和水压力传感器观测数据进行数据预处理和融合以更精确地反映河床的冲刷情况，研究河床在水流作用下的冲刷情况，为防护工程的设计和施工提供依据。

1）多波束测深系统

多波束测深系统是由多传感器组合的复杂系统。通过接收波束实现空间精确定向，利用回波信号的特征参量进行回波时延检测确定回波往返时间，从而确定斜距以获得精确的水深数据的观测技术[152-153]，能精确、快速地测出沿航线一定宽度条带内水下目标的大小、形状和高低变化，从而精确可靠地描绘出水下地形地貌的精细特征。多波束测深系统是目前世界上最先进的测深系统，由于其采取广角度定向发射和多通道信息接收，获得水下高密度具有上百个波束的条幅式地形数据，使水下测量技术呈现出前所未有的新思路和新方法，大大提高了水下尤其是海底地域勘测的精度、分辨率和工作效率。该项技术在探测河床的变化方面具有很好的效果，可实现：

（1）精密水下地形测量；

（2）大尺度、大范围近岸海床/河床演变形态监测；

（3）沿岸海床/河床的稳定性监测；

（4）小尺度、小范围水下精密工程监测。

附加潮汐、水流等水文因素，可分析造成不同期河床演变的成因或机理，结合已有的水文资料，可以预测未来一段时间内河床演变的趋势。

在苏通大桥主墩冲刷防护监测中，引进了美国RESON公司生产的SeaBat8101型高分辨率多波束测深系统完成对数据的采集，它是一套多传感器系统，由下列单元组成：多波束测深声学系统（MBES），多波束采集系统（MCS），多波束基本传感器（DGPS定位接收机、垂直参考单元、电罗经、声速剖面仪），数据处理系统及导航、编辑和绘图软件[154]。

2）水深传感器系统

为了准确地反映河床的冲淤情况，需要用精度较高的水压力传感器来进行河床面高程的实时测量。前人所采用的方法，如光栅传感器、微电机压力传感器等在群桩基础河床冲刷监测中实施起来都相对困难。因此，课题组在多次试验的基础上提出了水压力传感器河床冲刷监测法，通过监测仪埋设处的孔隙水压力的变化反映河床的起伏状态，研究河床的冲刷情况。

水深传感器测试河床冲刷的原理是：测得的传感器所处位置的水深H_w，潮位传感器同步测试潮位高程H_l，则传感器所处位置的河床高程为H_l-H_w，当冲刷发生时，传感器会在钢圈自重的作用下沉（如图3-9所示），这样就可监测到冲刷深度。而淤积监测则采用土压力盒测试淤积层的土压力，假定淤积层的密度和孔隙度已知，则可计算出淤积深度。这是一种新型的冲淤监测方法，国内外未见有相关研究报道。

根据测点布置原则，结合优化结果，参考施工影响等因素，南北两个墩各布置13个水深传感器，1个潮位传感器和1个淤积传感器。

2.桩身轴力监测子系统

苏通大桥2个主塔基础虽置于地层分布相对稳定及层厚较均匀的沉积地层中，但因基岩埋藏深，无法直接作为主塔基础的持力层，基础底面不能支承在强度大、变形小的岩石上。在如此深厚的软弱地层中修建世界第一的斜拉桥，国内外尚无先例，技术难度大；基础、索塔结构以及土层同属一个共同作用体，而传统建造方法难以模拟三者的共同作用，得到的结果与实际情况可能存在较大的差异。为了确保工程的安全施工和安全运营，进一步研究深水环境下超大型群桩基础的传力机理，提高信息化施工的水平，安全监控是必要的措施。

考虑苏通大桥主桥索塔群桩基础既要承受巨大的垂直荷载，也要承受一定的水平荷载和弯矩。所以，不同部位基桩的工作机理存在一定的差异。故监测桩位的选择不宜利用结构的对称性（而仅在半幅或1/4幅的基础进行桩位布置）。在监测桩位的选择和布置时，参考三维土工有限元计算结果，并遵循代表性原则、最不利原则和按剖面布置的原则。

为监测基桩轴力在平面分布上的均匀性，监控基桩轴力在平面分布均匀性的演变规律，桩顶轴力监控是群桩基础安全监控的重点之一。监测方法是：在-12m断面对称布置振弦式钢筋应力计和混凝土应变计各2套，这也是前述优化算法的结果。桩顶轴力以周边桩和承台横桥向中轴线为监测重点，桩顶轴力监测桩平面布置图如图3-32所示。

对桩身轴力开展监测（桩身轴力监测桩的平面布置图如图3-33所示），可以研究基桩轴力沿深度分布规律，验证深水环境中超长大直径钻孔灌注桩的传力机理及基桩与地基土的共同作用，通过对不同部位桩基传力机理的比较，并结合桩顶轴力平面分布均匀性的观测结果，研究群桩效应及其对群桩基础安全性的影响及表现形式，对各部位基桩轴力观测结果的比较以及变化趋势的分析，评价群桩基础承载力的安全储备，为建立、检验、修正和完善安全监控模型提供基本依据。

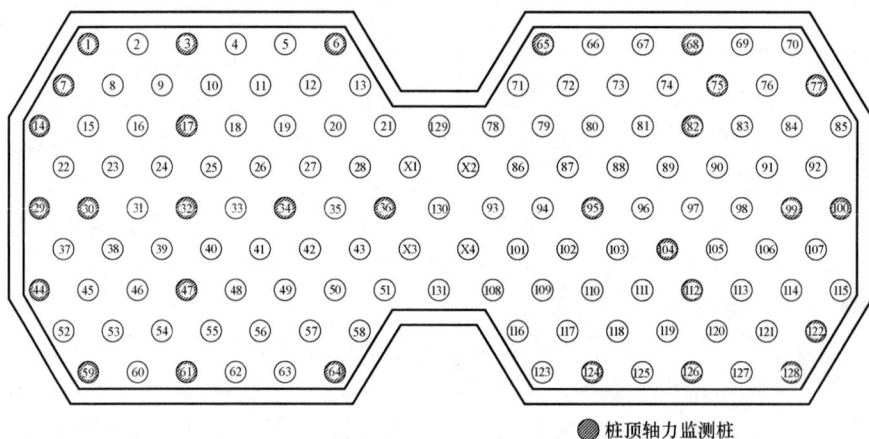

图 3-32　桩顶轴力监测点平面布置图

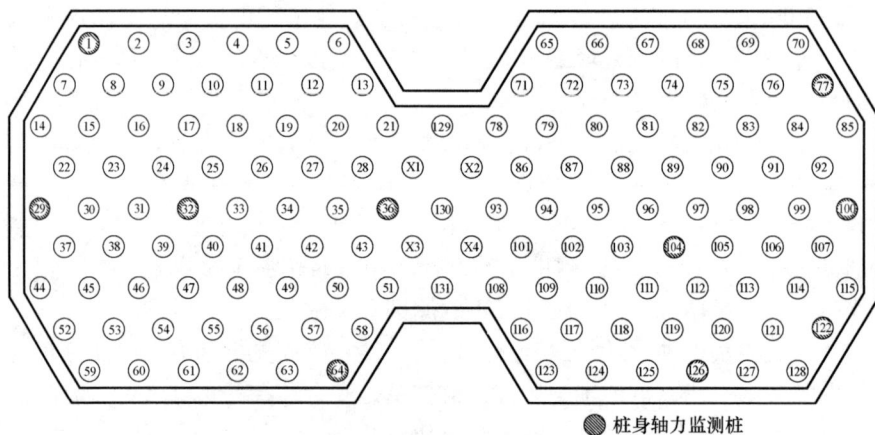

图 3-33　桩身轴力监测点平面布置图

　　北主墩各监测桩布置 6 类共 8 个监测断面，桩身轴力监测断面布置如图 3-34 所示。断面的选择应考虑最不利断面、反弯点断面、特征控制断面以及地基土层的分布。各监测断面的分布高程和测点布置分别为（如图3-34所示）：

（1）桩顶断面（高程为–12m），按对称原则分别布置振弦式钢筋应力计和混凝土应变计各2套；

（2）江底断面（高程为–25m），按对称原则布置钢筋应力计4套，混凝土应变计2套；

（3）追踪反弯点断面。考虑基桩的反弯点随河床冲刷深度作动态迁移，为了跟踪反弯点的迁移规律，共布置3个监测断面，高程分别为–35m、–45m和–55m，每断面均按对称原则布置振弦式钢筋应力计4套，混凝土应变计2套；

（4）第⑤层地基土（粉细砂）底部断面（高程为–75m），按对称原则布置振弦式钢筋应力计和混凝土应变计各2套；

（5）第⑦层地基土（粉细砂）底部断面（高程为–95m），按对称原则布置振弦式钢筋应力计和混凝土应变计各2套；

（6）桩底断面（高程为–124m），主要用作桩底土层应力监测，按对称原则分别布置振弦式混凝土应变计和顶式压力盒各2套。

根据上述原则，北主墩每根基桩的轴力监测共布置钢筋应力计24套，振弦式混凝土应变计18套和顶式压力盒2套。

除此之外，基桩轴力监控系统还包含钢护筒应力监测，仅选取有代表性的基桩，每根基桩的钢护筒布置4个断面。

3.承台内部应力监测子系统

工程前期的理论分析和离心模型试验结果表明：在施工过程和大桥运营期间，承台底部将长期处于不利的受力状态。此外，根据空间桁架理论，承台底部钢筋类似拉杆作用。为了准确评估承台的安全性，同时验证空间桁架理论，在承台的底部布置了大量横桥向和纵桥向的钢筋计。横桥向的钢筋计包括：南通侧、苏州侧和横桥向中轴线三个断面（底层横桥向钢筋应力计测点布置如图3-35所示）。

在承台顶面对顶层的钢筋轴力进行了监测，布置了多套钢筋应力计。同时，对拉压杆也选取了有代表性的位置进行监测。

为了弄清上部荷载的情况，在索塔根部布置了8个混凝土应变计，以便计算实际荷载。

4.沉降与不均匀沉降监测子系统

由于群桩基础规模巨大，群桩效应问题突出，加上索塔为倒"Y"形

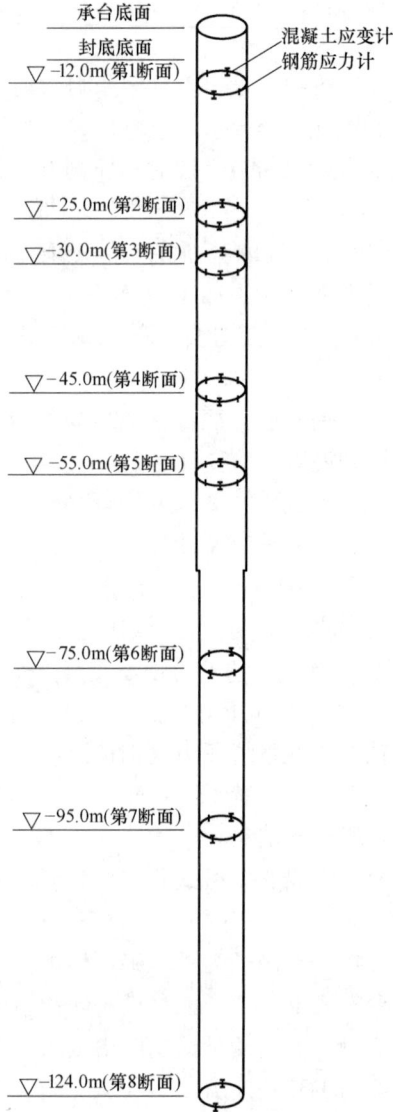

图 3-34　桩身轴力监测断面图

结构，加剧了基础的不均匀沉降，沉降与不均匀沉降的监测就异常重要了。沉降与不均匀沉降监测子系统包括三部分：微压传感器绝对沉降观测系统、静力水准差异沉降观测系统和剖面沉降观测系统。微压传感器绝对沉降观测系统的基本原理是连通器原理，由于其对水压力的测试精度很高，其沉降的监测精度也相对较高，最高可达0.1mm。需要指出的是：其观测基点设在承台周边的施工临时墩，对于运营期而言，可借助GPS观测结果。利用微压传感器可获得承台上某个静力水准点的高精度绝对沉降值，根据静力水准系统的观测原理，可以获取各个静力水准点的绝对沉降值；剖面沉降可以实现承台内各个剖面的不均匀沉降观测，利用剖面沉降中与静力水准点重合的测点的关系，就可以得到整个剖面的绝对沉降值；在此基础之上，利用D-InSAR沉降监测技术获取全桥位区的沉降和不均匀沉降分布规律。

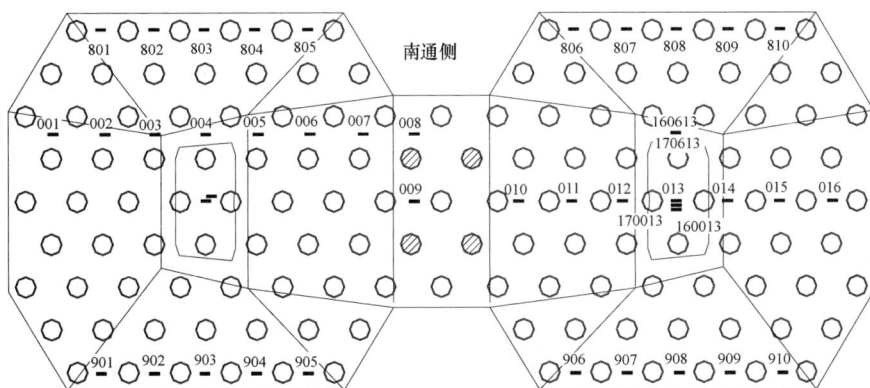

图3-35 底层横桥向钢筋应力计测点布置

3.7 本章小结

深入分析了苏通大桥深水群桩基础的控稳原因量和敏感响应量，具体包括：（1）沉降与不均匀沉降；（2）河床冲刷；（3）桩身轴力；（4）承台应力与挠度；（5）钢护筒应力；（6）基桩水平位移。由此确定了监控系统所需监测的主要项目。结合苏通大桥恶劣的施工环境，在多次现场试验的基础之上，对多项传感器保护技术进行研究，集合构成了传感器保护系统；对传统的选型优化模型进行改进，考虑了环境因素的影响，使得恶劣安装埋设环境下的多传感器系统可靠度得到保证；利用网络覆盖模型对河床冲刷测点位置进行了优化；系统介绍了传感器系统的各个子系统，包括：河床冲淤监测子系统、桩身轴力监测子系统、承台内部应力监测子系统和沉降与不均匀沉降监测子系统。

第4章 数据处理技术

数据处理系统是基础安全监控系统的重要系统之一。数据处理系统的基本技术要求是：快速、高效、准确。这就要求针对监测数据的特点，采用有针对性的技术方法，达到"快速、高效、准确"的基本要求，从而为监控模型的研究提供合理数据支持。

4.1 潮汐河段群桩基础安全监控数据特点

不同的监测系统具有不同的数据特点，苏通大桥主塔墩基础由于其特殊的地理位置与环境特点以及特殊的设计与施工工艺使得其监测系统具有特殊的数据特点。

1.数据不完整与数据异常并存

由于桩基础的施工是逐一进行的，现场施工条件也异常复杂，桩基础施工初期的数据采集主要以人工采集为主，这就使得初期的监测数据同步性与完整性较差。自动采集时，当对采集系统进行维护或者中断供电时，也会导致数据不完整。

异常值是不可避免的，人工采集时难免发生误读或者误记的情况。对于自动采集来说，现有的自动采集仪不能保证不出现错误信号，尤其是采集频度较高时，更易出现，加之，自动采集装置容易遭受电磁干扰，因此，数据处理系统需要合理的异常识别技术。异常测值示意图见图4-1。

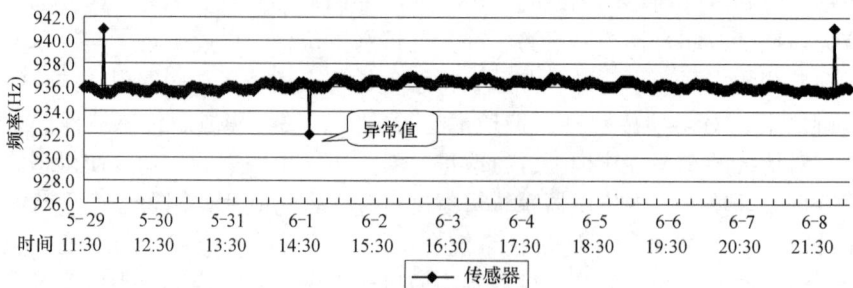

图4-1 异常测值示意图

2.监测网庞大数据量巨大

苏通大桥南、北主塔墩基础规模巨大，是世界上规模最大的群桩基础，相应的监测网也异常庞大，南、北主塔墩共布置了近千套传感器（不含温度传感器）。再加上采集频度也比较高，最密集时段为半小时一次。这就使得数据量异常庞大，给及时、有效、准确地提供信息反馈提出了新的技术要求。

3.受环境因素影响强烈

（1）潮位的影响

由于桥位区位于潮汐河段，受涨落潮影响，水位日变化显著。由于承台规模巨大，潮位每变化1m，作用在承台的浮力变化40000kN，这使得桩基础内部测点应力每天都处于动态变化之中（如图4-2所示，规定应变以压为正）。图中显示的是同一根桩不同断面实测应变与潮位的变化曲线，从图中可以看出9个断面除了第9断面，其他8个断面均和潮位存在相关性，并且越靠近桩顶，相关性越好，波动幅度也越大，随着深度的增加桩身应变受潮位的影响逐步减弱。这说明潮位的影响是显著的，除了−120m断面以外都广泛存在。

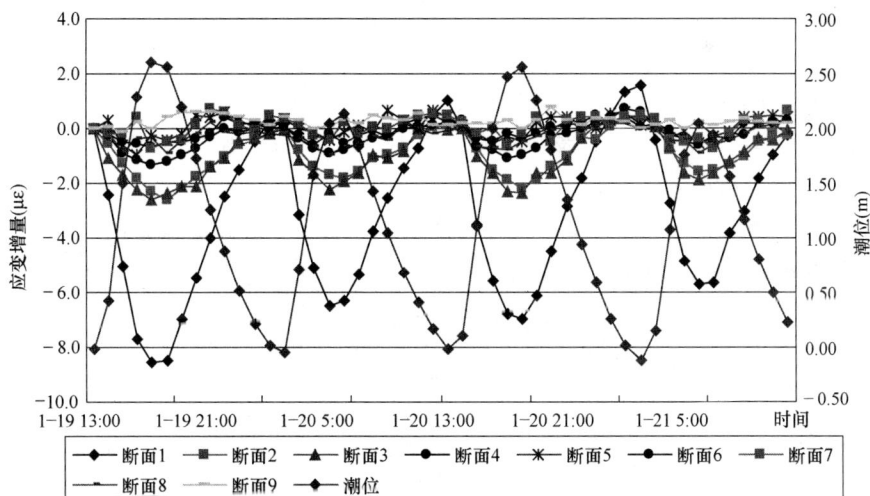

图4-2　桩身应变与潮位实测曲线

（2）温度的影响

温度的影响可分为两种情况：温度日变化的影响和季节性温度变化的影响。由于桥梁基础是埋设在水下，实测数据表明：一天当中水温的变化是很小的，夏季日温差仅为0.2℃，可以忽略不计。季节性温差的影响就广泛存在了，除了地下深处一年四季温度变化不明显的部位以外。如图4-3所示，第1断面桩身应变由于季节性温度变化产生了波动，使得桩身应变在夏季的时候出现极小值，而在冬季的时候出现极大值。桩身应变与温度呈负相关，第4断面由于一年温差较小，其应变的季节性变化幅度明显变小。而第8断面由于位于地下深处，其应变基本没有季节性波动。

（3）日照辐射的影响

由于索塔属于高耸建筑物，塔高300.4m，因此日照辐射会改变索塔的倾斜度，从而影响桩基础的受力状态。为研究日照辐射对基础受力的影响，选取受日照辐射影响最强烈的索塔根部测点进行分析（如图4-4所示）。从图中可以看出东侧、南侧、西侧的测点变化规律差异不大，而北侧的测点则截然相反，这是不难解释的，由于倒"Y"字形的索塔是东西向伫立的，每天太阳从东边升起的时候首先照射东侧，然后是南侧，和西侧。由于日照辐射的影响，使得南侧混凝土温度升高、发生膨胀，这样就导致索塔往北倾；而到了夜间温度降低，南侧混凝土又发生收缩，索塔又往南倾，南侧由于日照时间最长、温差最大，所以其应变波动幅度也就最大。图中还存在一段相对较平稳的数据，这是因为10月12日和10月13日现场为阴天，实测应变的波动就相对较小。索塔的倾斜方向不一样，各基桩分配的荷载也就不一样。

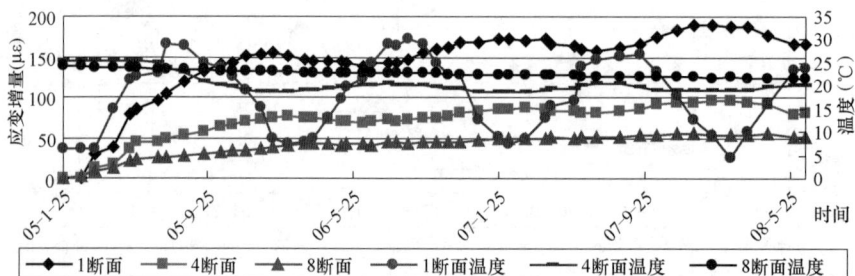

图4-3 桩身应变与温度实测曲线

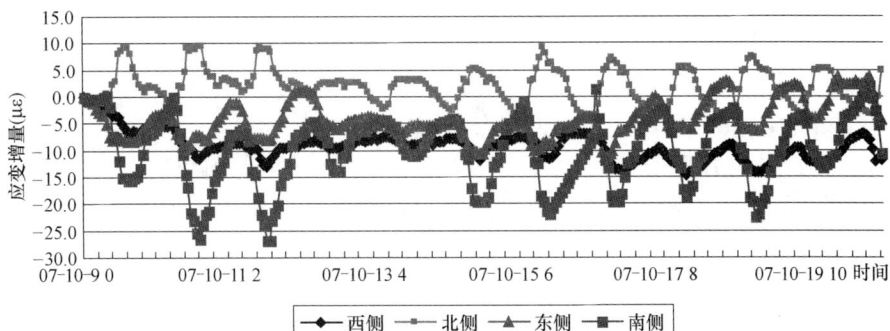

图4-4 索塔根部应力实测曲线

4.2 异常检出技术

1.异常属性分类

陈志坚介绍了岩土工程安全监测中的异常属性分类，将异常值分为真异常和假异常两大类。真异常是结构和岩土体内部异常状态的真实响应，而假异常则是由于人工、传感器或者采集设备故障等因素造成的读数异常。对于真异常可分为两类，一类是破坏失稳的征兆，称为征兆异常；另一类是由于不明环境因素造成的，称为表观异常。

对于大型基础工程来说，还有一类异常是不可忽视的，大型工程往往会由于一些特殊的工程需求而采取一些特殊设计形式（如江阴桥的摩擦失效桩，苏通桥的保留钢护筒的钻孔灌注桩），这样会出现大面积的有悖于常理的异常点，把这类异常称为表观"异常群"。

2.异常检出技术要求

对于大型群桩基础的安全监控系统而言，其异常检出技术也有着特别的要求。首先应该结合监测数据特点选择相应的异常检出技术；第二，能批量处理数据，便于编写计算机程序，并且程序的运行效率要高；第三，能够识别异常属性，发现征兆异常，要及时报警，而对于假异常则要通过合理方法进行补充，以保监测数据的完整性。

3.异常测值识别原则

目前，岩土工程监测异常识别的主要原则有：①非单点原则；②一致性原则；③累进性原则；④无因果原则；⑤可视性原则。目前常用的异常识别方法都是基于以上原则提出的。

4.常用异常检出方法

国内外常用的异常检出方法有：

（1）k 倍标准差法。其主要步骤有：计算一个时间窗口内（特指传感器实测数据可以假设为静态的时间窗口）的前 n 个测次平均值 μ 和方差 σ，如果某个测值 $|n_i-\mu|>3\sigma$，则认为 n_i 异常测值，可用均值 μ 替换。

（2）t 检验法。t 检验法假设一个样本总体（不包含疑似异常值）服从正态分布，如果某一新的测值 x_d 与其余测值属于一个总体，则 x_d 与样本总体的各测值之间就没有显著差异，如果具有显著差异，则判别 x_d 为异常值。

（3）自回归分析法。自回归分析法是利用前 k 次测值建立自回归模型对后续测值进行估计，如果估计值 $S_i(t)$ 与实测值 $S(t)$ 的误差超过±3倍误差的标准差，则认为该次测值为异常值。

5.四分位区间分析法

四分位区间是一个医学统计名词，是指上四分位数与下四分位数之差，用四分位数区间可反映各项医学指标变异程度的大小。四分位区间分析法在医学监测中有着广泛应用[155-157]，而在工程监测中的应用较少，Daniele Posenato 在《Methodologies for model-free data interpretation of civil engineering structures》一文中作了简要介绍[158]。其主要优点是便于程序实现，并且占用系统资源较少。

所谓分位值是指将一组数据排序后划分为若干相等部分的分割点数值。有一数据集 S，其数据总数为 N_s，其中待检测数据个数为 N_p；数据集 S_a 为数据集 S 的升序排列。设 m_1、m_2、m_3 分别代表第一四分位值、第二四分位值、第三四分位值，则它们在数据集 S_a 中的位次用公式表示为：

$$m_1 = \frac{N_s + 1}{4} \tag{4-1}$$

$$m_2 = \frac{2(N_s + 1)}{4} \tag{4-2}$$

$$m_3 = \frac{3(N_s + 1)}{4} \tag{4-3}$$

上限 $T_u=m_3+1.5(m_3-m_1)$，下限 $T_l=m_1-1.5(m_3-m_1)$，如果某个测值 N_i 大于 T_u 或者小于 T_l，则 N_i 为异常值。其程序流程如图4-5所示。

开始

载入数据集S

计算T_u、T_l

载入数据S_i

$T_l \leqslant S_i \leqslant T_u$　Y　N

异常值

$i=i+1$

$i>N_p$　N　Y

结束

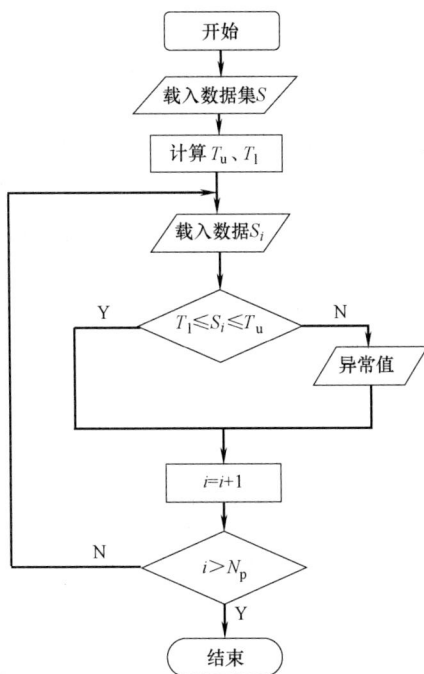

图4-5　四分位区间分析程序流程图

6.时空k倍标准差法

时空异常探测[159]是数据挖掘领域的一个重要方面，是探测在时间轴和空间轴上同时异常的数据，是一个新兴领域，在社会生活中也有着广泛的应用，如探测经济数据发生明显异常变化的时间与地点，探测银行存款猛增的时间和地区。而时空k倍标准差法则是由李光强提出[160]。由于真异常具有非单点原则、一致性原则，所以通过时空k倍标准差法不仅可以进行异常检出，还能进行异常属性识别。

1）时空k倍标准差法思路

对于大型工程，首先应该对监测网进行分区，对各个区域按时空k倍标准差法进行异常检测与属性识别，这样可以提高计算机运行的效率。

对于一个分区内的各个测点，首先，利用k倍标准差法对各个测点的时间轴上的数据进行异常检测，当发现某个时间点的数据异常时，再进行空间数据异常检测，即把同一时间不同测点的数据当做同一测点的数据进行异常识别，由于各个测点的数据量纲可能会不同，因此，在空间异常检测之前须进行数据标准化处理，如式（4-4）所示。异常属性识别准则如表4-1所示。对于表观异常，通常是由于外部环境因素引起，当外部环境因素恢复正常时，监测数据会恢复正常。设置一个参数y表示异常测值连续出现的次数，设定一个临界值y_0，当$y<y_0$测值恢复正常，则识别为表观异常；当$y>y_0$时，则为征兆异常。y_0可根据测点的数据特点，按经验确定。为避免计算机识别错误，设置记事板，记录每次异常识别事件，供决策者复查。

$$z_i = \frac{x_i - \bar{x}}{\sigma} \tag{4-4}$$

式中　z_i——标准化后数据；

　　　x_i——实测数据。

异常属性识别准则　　　　　　　　表4-1

时间轴	空间轴	异常属性
异常	异常	假异常
异常	正常	真异常
正常	异常(单个)	传感器故障
正常	异常(多个)	真异常

2）程序实现

时空k倍标准差法异常检测程序编写应遵循效率最优原则。若某个区域空间布置了m个传感器，第i个传感器的第j测次数据为x_{ij}，标准化后以z_{ij}表示，$\bar{x}_i$和σ_i分别表示第i个传感器某一时间窗口的均值和标准差，$\bar{z}_j$和σ_j分别表示第j测次的空间均值和空间标准差。程序流程图如图4-6所示。

7. 基于DTW距离的周期性数据异常识别法

潮汐河段群桩基础内部大部分测点的实测数据都具有很强的周期性或者伪周期性，这主要是由于潮位或温度作用的结果。周期性时间序列的波段与波段之间具有相似性，当出现异常数据时，其相似性就会减弱，利用相似性的强弱就可以进行波段异常识别。DTW距离是衡量周期性数据相似性的一种指标，在语音识别[161-162]和数据挖掘领域[163]有着广泛的应用。程文聪[164]首次应用DTW进行计算机数据流异常检测。在桥梁安全监控领域，未见相关应用的报道。

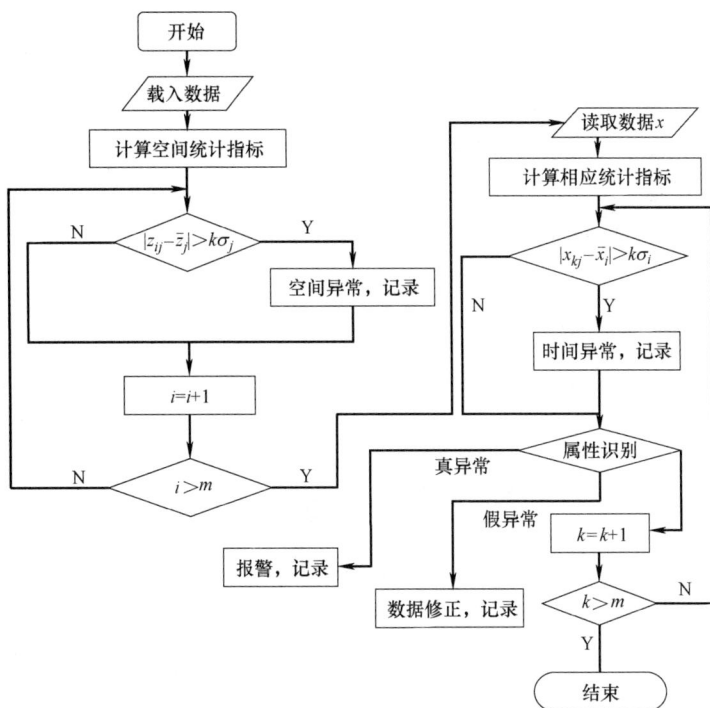

图4-6　时空 k 倍标准差异常识别程序流程

1）DTW算法原理

DTW是以线性方式衡量两个时间序列相似程度的一种算法，其核心思想是动态规划思想[161]。被衡量的时间序列可以等长或不等长。给定两个时间序列 $P=\{P_1,\ P_2,\ \cdots,\ P_n\}$ 和 $Q\{Q_1,\ Q_2,\ \cdots,\ Q_m\}$，则 P 和 Q 的DTW距离如式（4-5）~式（4-7）递推[164]：

$$D(P,Q) = \xi(n,m);\tag{4-5}$$

$$\xi(n,m) = dist(P_i,Q_j) + min\begin{cases} \zeta(i,\ j-1) \\ \zeta(i-1,\ j) \\ \zeta(i-1,\ j-1) \end{cases}\tag{4-6}$$

$$\xi(0,0) = 0, \xi(0,i) = \xi(j,0) = \infty\tag{4-7}$$

式中 $dist$ 函数可使用多种距离定义，如欧式距离、马氏距离等。

人工计算DTW距离，要构建动态时间弯曲距离矩阵，详细步骤参见文献［161］。计算机计算DTW距离则要定义两个矩阵 $M_{m \times n}$、$N_{m \times n}$，矩阵

M用于保存序列元素之间的距离即 $M=\{m_{ij}|m_{ij}=(P_i,\ Q_j)\}$；矩阵 $N=\{N_{ij}|N_{ij}=\xi(i,\ j)\}$。DTW算法的C#代码如下：

```
N[0,0]=M[0,0];
for(int i = 0; i < m; i++)
{
    for (int j = 0; j < n; j++)
    {
        if (i = 0 && j > 0)
        {
            N[i, j] = N[i, j – 1] + M[i, j];//首行计算公式
        }
        if (j = 0 && i > 0)
        {
            N[i, j] = N[i – 1, j] + M[i, j]; //首列计算公式
        }
        if (i > 0 && j > 0)
        {
            N[i, j] = min(N[i – 1, j], N[i, j – 1], N[i – 1, j – 1])
            + M[i, j];
            // min是最小值函数
        }
    }
}
```

2）周期性数据异常识别步骤

对于单个测点来说，周期性数据的异常识别，主要包含以下几个步骤：

（1）原始数据准备

原始数据必须要包含足够多的周期，这样才能保证训练处的DTW阈值的准确性。通过相应的子序列划分原则将周期性数据分段，可按波峰或波谷作为分界点，对于具有严格周期性的数据，在数据完整的前提下，可按固定时间段进行子序列划分。

（2）数据训练，确定阈值

如果某个时间序列 T，被分为 n 个子序列，选定一个子序列作为参照序列；分别计算各子序列与参照序列的DTW距离 D_i；计算各所有DTW

70

距离的均值 $\bar{D}$ 与标准差 σ；当后续序列与参照序列的DTW 距离 D_k 不满足 $\left| D_k - \bar{D} \right| < 3\sigma$ 则为异常序列。

（3）异常检测

对新增数据计算DTW距离，判断是否为异常周期，按时空异常思路进行空间DTW异常检测，识别异常属性。

3）应用实例

选取一段桩身应变的实测数据（应变实测曲线如图4-7所示），并对数据进行了序列划分，如图4-8所示。dist采用绝对值距离，即 $\mathrm{dist}(P_i, Q_j) = |P_i - Q_j|$，DTW 距离计算结果如表4-2所示。各子序列DTW均值为3.52，标准差为1.19，异常列的DTW距离不满足判定条件，故识别为异常。而采用3倍标准差等方法是无法识别该异常的。

DTW距离计算结果表4-2

序列号	序列1	序列2	序列3	序列4	序列5
DTW距离	4.41	4.73	3.30	4.72	23.22

8.异常识别技术小结

前文所介绍的多种方法中并不是每一种方法都可随意采用的，各种方法是相辅相成的。k 倍标准差法是一种基本的方法，但是，对于受环境因素影响十分强烈的测点，数据波动幅度较大、标准差偏大，就可能存在漏检的情况。如果该测点存在明显的周期性，可用DTW距离检测法辅助，如果不具备周期性，则用四分位区间分析法辅助。

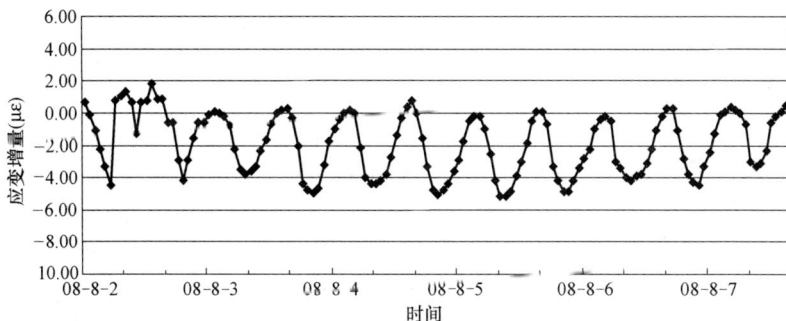

图4-7　应变实测曲线

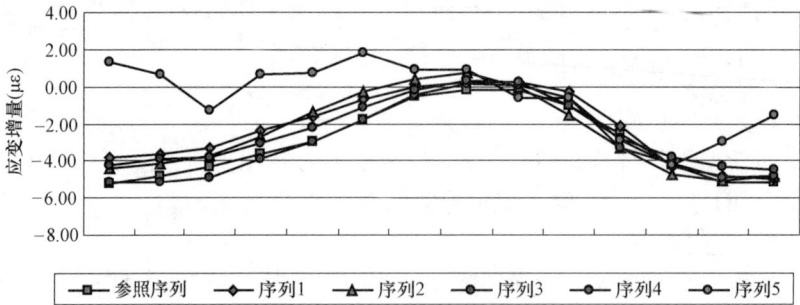

图4-8　序列划分

4.3　聚类分析数据融合技术

大型工程的传感器系统往往十分庞大，如瑞典的Gotaalvbron桥总共安装了超过7000个传感器，这样庞大的传感器系统所产生的数据量也是十分庞大的，给数据分析和安全评价带来了困难，这对于安全性评价的及时性要求是不利的。一个传感器系统中的各个测点并不是孤立的，彼此之间是存在联系的，并且这种联系具有明显的区域性。因此，可将测点进行分区，通过分区不仅可以提高数据分析的效率，而且在进行安全评价时，具有明显相关性的测点只需要考虑其中具有代表性的测点就可以了，这样就大大减少了工作量，使得安全评价可以及时进行，这实际是数据融合的思想，提取多传感器的共有特征，是一种特征级融合。区域划分的方法中，应用最广泛的就是聚类分析[165-166]，聚类分析能反应事物的内在联系。

1.聚类方法简介

聚类分析方法有划分法、层次法、密度法、模糊聚类法等[167]。可根据被分析事物的特点选择合适的方法，现以模糊聚类法为例阐述如何利用聚类分析进行传感器系统分区。

2.模糊聚类分析步骤

若要对桩顶轴力监测子系统进行分区，以所有参加分类的基桩作为1个样本集$X=\{x_1, x_2, \cdots, x_n\}$，以每个元素的$m$个测次作为分类依据。若以向量表示，则可表示为$X=\{x_{i1}, x_{i2}, \cdots, x_{im}\}$。此处$x_{ij}$表示第$i$个元素的第$j$个统计指标。

1）构建模糊相似矩阵

构建模糊相似矩阵R的方法很多，常见的有夹角余弦法、相关系数法、非参数法等[168]。因本文利用不同区域内部的关联程度进行分类，故选择相关系数法。相关系数计算公式为：

$$r_{ij} = \frac{\sum_{i=1}^{n}(x_{ik} - \overline{x_i})(x_{jk} - \overline{x_j})}{\sqrt{\sum_{k=1}^{m}(x_{ik} - \overline{x_i})}\sqrt{\sum_{k=1}^{m}(x_{jk} - \overline{x_j})}} \tag{4-8}$$

式中　$\overline{x_i}$——第i个指标的样本均值；

$\overline{x_j}$——第j个指标的样本均值。

2）相似矩阵的聚合

常用的聚合方法有2种，直接聚类法和传递包法。采用传递包法，并采用C#语言编写程序直接寻找$\phi(R)$使得$R^{2k}=R^k$，其中$\phi(R)$为传递包，R为相似矩阵。人工设定λ截距，通过程序可求得不同λ下的λ矩阵，得出聚类结果。

3.应用实例

以北索塔西半幅下塔柱浇筑期间桩顶轴力数据为例进行分析。

下塔柱施工期间的桩顶实测轴力曲线如图4-9示。通过这一段数据建立的R及$\phi(R)$分别为：

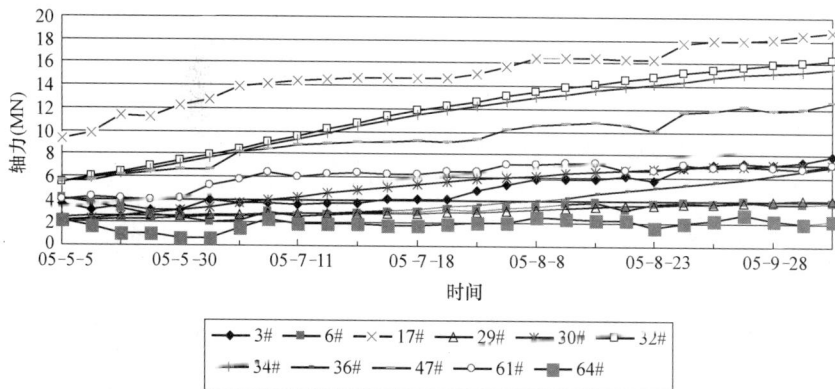

图4-9　下塔柱施工期间的桩顶实测轴力曲线

$$R = \begin{bmatrix} 1 & 0.677 & 0.896 & 0.977 & 0.899 & 0.920 & 0.917 & 0.976 & 0.922 & 0.755 & 0.640 \\ 0.677 & 1 & 0.411 & 0.631 & 0.524 & 0.546 & 0.542 & 0.640 & 0.522 & 0.389 & 0.677 \\ 0.896 & 0.411 & 1 & 0.911 & 0.966 & 0.969 & 0.969 & 0.904 & 0.986 & 0.915 & 0.618 \\ 0.977 & 0.631 & 0.911 & 1 & 0.905 & 0.928 & 0.924 & 0.996 & 0.925 & 0.739 & 0.587 \\ 0.899 & 0.524 & 0.966 & 0.905 & 1 & 0.998 & 0.999 & 0.901 & 0.973 & 0.918 & 0.667 \\ 0.920 & 0.546 & 0.969 & 0.928 & 0.998 & 1 & 1.000 & 0.925 & 0.978 & 0.903 & 0.663 \\ 0.917 & 0.542 & 0.969 & 0.924 & 0.999 & 1.000 & 1 & 0.921 & 0..977 & 0.905 & 0.664 \\ 0.976 & 0.640 & 0.904 & 0.996 & 0.901 & 0.925 & 0.921 & 1 & 0.921 & 0.725 & 0.581 \\ 0.922 & 0.522 & 0.986 & 0.925 & 0.973 & 0.978 & 0.977 & 0.921 & 1 & 0.916 & 0.712 \\ 0.755 & 0.389 & 0.915 & 0.739 & 0.918 & 0.905 & 0.905 & 0.725 & 0.916 & 1 & 0.741 \\ 0.640 & 0.667 & 0.618 & 0.587 & 0.667 & 0.663 & 0.664 & 0.581 & 0.712 & 0.741 & 1 \end{bmatrix}$$

$$\phi(R) = \begin{bmatrix} 1 & 0.677 & 0.928 & 0.977 & 0.928 & 0.928 & 0.928 & 0.977 & 0.928 & 0.918 & 0.741 \\ 0.677 & 1 & 0.677 & 0.677 & 0.677 & 0.677 & 0.677 & 0.677 & 0.677 & 0.677 & 0.677 \\ 0.928 & 0.677 & 1 & 0.928 & 0.978 & 0.978 & 0.978 & 0.928 & 0.986 & 0.918 & 0.741 \\ 0.977 & 0.677 & 0.928 & 1 & 0.928 & 0.928 & 0.928 & 0.996 & 0.928 & 0.918 & 0.741 \\ 0.928 & 0.677 & 0.978 & 0.928 & 1 & 0.999 & 0.999 & 0.928 & 0.978 & 0.918 & 0.741 \\ 0.928 & 0.677 & 0.978 & 0.928 & 0.999 & 1 & 1.000 & 0.928 & 0.978 & 0.918 & 0.741 \\ 0.928 & 0.677 & 0.978 & 0.928 & 0.999 & 1.000 & 1 & 0.928 & 0.978 & 0.918 & 0.741 \\ 0.977 & 0.677 & 0.928 & 0.996 & 0.928 & 0.928 & 0.928 & 1 & 0.928 & 0.918 & 0.741 \\ 0.928 & 0.677 & 0.986 & 0.928 & 0.978 & 0.978 & 0.978 & 0.928 & 1 & 0.918 & 0.741 \\ 0.918 & 0.677 & 0.918 & 0.918 & 0.918 & 0.918 & 0.918 & 0.918 & 0.918 & 1 & 0.741 \\ 0.741 & 0.677 & 0.741 & 0.741 & 0.741 & 0.741 & 0.741 & 0.741 & 0.741 & 0.741 & 1 \end{bmatrix}$$

取$\lambda=0.741$，分类结果为｛3号，17号，29号，30号，32号，34号，36号，47号，61号，64号｝，｛6号｝；取$\lambda=0.928$，分类结果为｛3号，17号，29号，30号，32号，34号，36号，47号｝，｛6号｝，｛61号｝，｛64号｝；取$\lambda=0.978$，分类结果为｛17号，30号，32号，34号，47号｝，｛3号｝，｛6号｝，｛61号｝，｛64号｝；取$\lambda=0.986$，分类结果为｛17号，47号｝，｛29号，36号｝，｛30号，32号，34号｝，｛3号｝，｛6号｝，｛61号｝，｛64号｝。

对于中上塔柱施工，通过一段时间的实测数据建立的R及$\phi(R)$分别为

$$R = \begin{bmatrix} 1 & 0.812 & 0.950 & 0.949 & 0.869 & 0.819 & 0.892 & 0.734 & 0.889 & 0.933 & 0.873 \\ 0.812 & 1 & 0.661 & 0.888 & 0.678 & 0.609 & 0.724 & 0.478 & 0.551 & 0.863 & 0.968 \\ 0.950 & 0.661 & 1 & 0.913 & 0.940 & 0.919 & 0.948 & 0.863 & 0.978 & 0.805 & 0.741 \\ 0.949 & 0.888 & 0.913 & 1 & 0.922 & 0.877 & 0.947 & 0.780 & 0.848 & 0.876 & 0.917 \\ 0.869 & 0.678 & 0.940 & 0.922 & 1 & 0.992 & 0.995 & 0.958 & 0.938 & 0.680 & 0.742 \\ 0.819 & 0.609 & 0.919 & 0.877 & 0.992 & 1 & 0.984 & 0.974 & 0.937 & 0.604 & 0.674 \\ 0.892 & 0.724 & 0.948 & 0.947 & 0.995 & 0.984 & 1 & 0.928 & 0.937 & 0.723 & 0.778 \\ 0.734 & 0.478 & 0.863 & 0.780 & 0.958 & 0.974 & 0.928 & 1 & 0.899 & 0.479 & 0.560 \\ 0.889 & 0.551 & 0.978 & 0.848 & 0.938 & 0.937 & 0.937 & 0.899 & 1 & 0.702 & 0.641 \\ 0.933 & 0.863 & 0.805 & 0.876 & 0.680 & 0.604 & 0.723 & 0.479 & 0.702 & 1 & 0.903 \\ 0.873 & 0.968 & 0.741 & 0.917 & 0.742 & 0.674 & 0.778 & 0.560 & 0.641 & 0.903 & 1 \end{bmatrix}$$

$$\phi(R) = \begin{bmatrix} 1 & 0.917 & 0.950 & 0.949 & 0.948 & 0.948 & 0.948 & 0.948 & 0.950 & 0.933 & 0.917 \\ 0.917 & 1 & 0.917 & 0.917 & 0.917 & 0.917 & 0.917 & 0.917 & 0.917 & 0.917 & 0.968 \\ 0.950 & 0.917 & 1 & 0.949 & 0.948 & 0.948 & 0.948 & 0.948 & 0.978 & 0.933 & 0.917 \\ 0.949 & 0.917 & 0.949 & 1 & 0.948 & 0.948 & 0.948 & 0.948 & 0.949 & 0.933 & 0.917 \\ 0.948 & 0.917 & 0.948 & 0.948 & 1 & 0.992 & 0.995 & 0.974 & 0.948 & 0.933 & 0.917 \\ 0.948 & 0.917 & 0.948 & 0.948 & 0.992 & 1 & 0.992 & 0.974 & 0.948 & 0.933 & 0.917 \\ 0.948 & 0.917 & 0.948 & 0.948 & 0.995 & 0.992 & 1 & 0.974 & 0.947 & 0.933 & 0.917 \\ 0.948 & 0.917 & 0.948 & 0.948 & 0.974 & 0.974 & 0.974 & 1 & 0.948 & 0.933 & 0.917 \\ 0.950 & 0.917 & 0.978 & 0.949 & 0.948 & 0.948 & 0.948 & 0.948 & 1 & 0.933 & 0.917 \\ 0.933 & 0.917 & 0.933 & 0.933 & 0.933 & 0.933 & 0.933 & 0.933 & 0.933 & 1 & 0.917 \\ 0.917 & 0.968 & 0.917 & 0.917 & 0.917 & 0.917 & 0.917 & 0.917 & 0.917 & 0.917 & 1 \end{bmatrix}$$

取 $\lambda=0.933$，分类结果为 {3号，17号，29号，30号，32号，34号，36号，47号，61号}，{6号，64号}；取 $\lambda=0.933$，取 $\lambda=0.948$，分类结果为 {3号，17号，29号，30号，32号，34号，36号，47号}，{6号，64号}，{61号}；取 $\lambda=0.950$，分类结果为 {3号，17号，47号}，{6号，64号}，{29号}，{30号，32号，34号，36号}，{61号}；取 $\lambda=0.950$，分类结果为 {3号}，{6号}，{29号}，{61号}，{64号}，{17号，47号}，{30号，32号，34号，36号}。

通过聚类分析结果不难发现以下规律：

（1）模糊聚类分析的结果具有大致对称性，如6号与64号，17号与47号。

（2）模糊聚类分析结果具有区域性，中心桩基本为一类，而边桩与角桩通常各自分为一类。

（3）通过对比不同施工阶段的分类结果可以发现：在下塔柱施工期间29号与36号桩被分为一类，而在中上塔柱施工期间，29号桩是孤立的，36号与30号桩等中心桩被分到了一起。这样的分类结果是不难解释的：①苏通大桥主塔墩基础本身具有很好的对称性；②对于密集群桩基础，总会存在群桩效应，群桩效应会使中心桩和周边桩的受力存在差异；③在下塔柱施工期间会在索塔根部产生一个弯矩，这个弯矩将29号与36号桩这对在索塔两侧的边桩与中心桩联系起来。

从聚类结果可以看出：聚类分析确实可以反映结构的内在联系，利用聚类分析对多传感器系统进行融合分区是合理的，能够达到提取多传感器共有数据特征的目的。

对于后续监测过程中的海量数据分析，仅需对每个分区选取有代表性的桩进行分析与安全评价。

4.4 小波与卡尔曼滤波技术

由于潮汐河段的群桩基础观测数据受多种因素的影响，并且这些环境因素对群桩基础的受力状态的影响是显著的，这给数据分析和安全评价带来了困难，因此，在数据分析与安全评价之前，需要将这些影响因素剥离。前人利用小波技术做了很多工作，并取得了良好的效果[169-170]。

1.小波技术

近年来，随着小波理论的完善和计算机技术的发展，小波技术已在工程领域得到了广泛应用。由于其在信号处理方面的强大功能，因此被广泛应用到信号的处理过程中。小波分析是将信号分解到不同尺度上，从而得到信号在某个尺度上分量值，并能进行不失真重构。传感器的监测信息包含了各种噪声，噪声在信息中主要以高频的形式表现出来，而有效信息则集中在低频段。因此，可以通过小波分析[171-172]将高频信息进行分离，保留有效信息，以获取传感器所在部位的真实物理力学状态。

2. 卡尔曼滤波技术

卡尔曼滤波技术是由卡尔曼在20世纪60年代提出的一种对动态系统进行实时数据处理的方法，随着计算机技术的发展，卡尔曼滤波技术在各个领域的应用逐步广泛起来[173-174]，近年来在工程安全监测领域也得到了相应的应用[175-177]。

1) 卡尔曼滤波原理

离散控制过程系统状态可用一个随机微分方程描述：

$$X(k) = AX(k-1) + BU(K) + W(k) \qquad (4-9)$$

系统观测方程可表示为：

$$Z(k) = HX(k) + V(k) \qquad (4-10)$$

其中，$X(k)$表示系统在k时刻的状态，$U(k)$为系统控制量，对于监测系统，不存在系统控制量，取零。A和B均为系统参数。$Z(k)$表示k时刻某传感器的测量值，H为测量系统的参数。$W(k)$和$V(k)$分别表示过程和测量的噪声，假设均为高斯白噪声，其协方差分别是Q和R。卡尔曼滤波技术就是利用这协方差进行递推估计最优化输出。

对于监测系统来说，由于其控制项为0，其状态预测方程可简单表示为：

$$X(k|k-1) = AX(k-1|k-1) \qquad (4-11)$$

式中　$X(k|k-1)$——利用$k-1$时刻的状态对k时刻状态的预测结果；

　　　$X(k-1|k-1)$——$k-1$时刻状态的最优估计值。

协方差递推更新方程为：

$$P(k|k-1) = AP(k-1|k-1)A' + Q \qquad (4-12)$$

式中　$P(k|k-1)$——$X(k|k-1)$对应的协方差；

　　　$P(k-1|k-1)$——$X(k-1|k-1)$对应的协方差；

　　　　　　A'——A的转置矩阵；

　　　　　　Q——系统过程协方差。

卡尔曼滤波的最优估算公式可表示为：

$$X(k|k) = X(k|k-1) + Kg(k)(Z(k) - HX(k|k-1)) \qquad (4-13)$$

式中　$Kg(k)$——卡尔曼增益。

$$Kg(k) = P(k|k-1)H'/(HP(k|k-1)H' + R) \qquad (4-14)$$

时刻k状态下的协方差更新方程可表示为：

$$P(k|k) = [I - Kg(k)H]P(k|k-1) \qquad (4-15)$$

卡尔曼滤波算法流程图如图4-10所示。

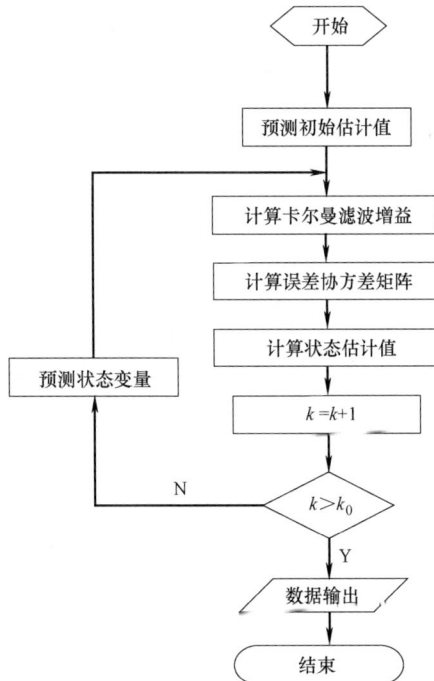

图4-10　卡尔曼滤波算法流程图

2）应用实例

以某一桩顶的应变计实测数据为例，原始数据如图4-11所示。在该时间段，大桥施工已完成，并无任何工况发生，实测应变的波动完全是由于各环境因素和相关噪声叠加导致。利用这一段连续实测数据对比小波技术和卡尔曼滤波技术的优劣性。

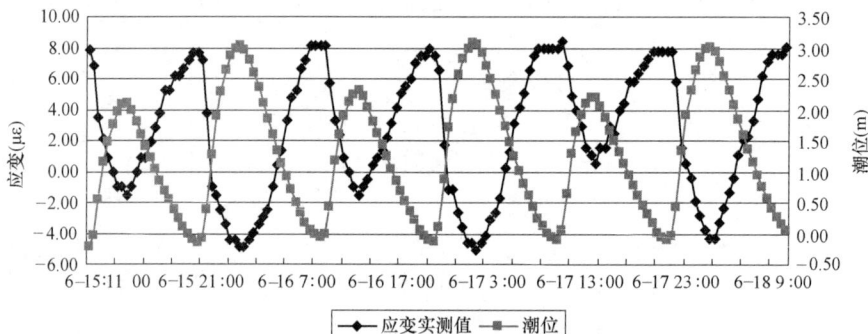

图4-11　原始数据

数据处理结果如图4-12所示。由于连续采集数据量有限，利用小波技术只能进行7层降噪处理。从图中可以看出，7层降噪处理并不能完全消除潮位等环境因素的影响，相反还出现了"数据失真"。而卡尔曼滤波技术处理的结果则是：随着迭代次数的增加，逐步向最优状态收敛，其噪声协方差也逐步向0（如图4-13所示）逼近，满足噪声分离的要求。

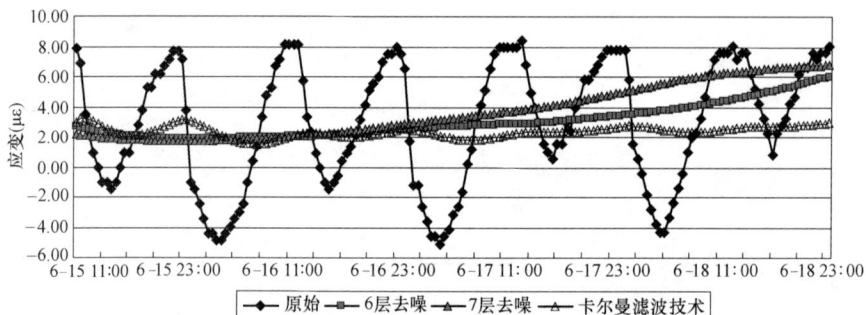

图4-12　数据处理结果

3.技术小结

从应用实例可以看出，利用卡尔曼滤波消除环境因素的影响是可行

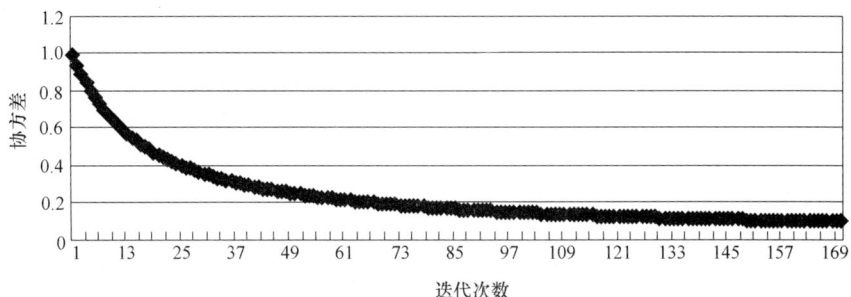

图 4-13 　噪声协方差收敛曲线

的，并且卡尔曼滤波技术是一个迭代过程，并不需要大量的观测数据进行训练。当后期出现新增数据时，仅需将新增数据加入到迭代过程即可，这也就大大提高了数据分析效率，更适合大桥运营期的数据分析。除此之外，由于卡尔曼滤波技术的数学原理并不复杂，不需要复杂的数值分析算法就能实现，能在可视化编程语言下实现，具有编程简单的特点。对于潮汐河段群桩基础的实测数据处理，应因地制宜，将小波技术与卡尔曼滤波技术结合使用。

4.5　本章小结

在深入分析大量实测数据的基础上，归纳得出潮汐河段群桩基础监测数据的主要特点有：①数据不完整与异常值并存，并且存在"异常群"；②数据量异常庞大；③受环境因素影响强烈。针对异常值和"异常群"，在现有常用方法的基础之上，有针对性地引入了时空 k 倍标准差法、四分位区间分析法和 DTW 技术；针对数据量庞大的特点，采用模糊聚类数据融合算法对传感器系统进行分区，通过分区可以提高数据分析的效率，缩短数据分析周期；针对数据不完整、采集频度不固定的特点，采用小波技术和卡尔曼滤波技术相结合的方法进行监测数据噪声处理。

第5章　资料解释及其影响因素

　　监测数据的分析与解释是安全监控的重要环节之一。安全监控的任务不仅仅是安全评价，还包含科研任务，这就给资料解释提出了更高的要求。所谓资料解释就是通过"响应量"寻找"原因量"的过程。对于潮汐河段的群桩基础来说，由于其规模巨大、结构复杂，受环境因素影响强烈，资料解释也就是十分关键的环节，合理的数据解释才能提取有用的数据信息，从而得出正确的安全评价结果。资料解释关键技术研究的重要性也就不言而喻了。

　　常用的资料解释方法有经验法、理论解释法、统计分析法等，如利用经验解释索塔根部应力的日变化，通过统计分析发现桩身应变和潮位高度相关性。除此之外，还有有限单元法，数值模拟在安全监控中是十分重要的，F. N. Catbas等指出：对于复杂结构或者在复杂环境下的结构，完全靠监测数据或者理论知识去进行异常检测和安全评价是有局限性的。他强调了有限元法在结构健康监测中的作用[178]。通过有限元计算不仅可以对数据规律进行合理的解释，还能与实测数据进行相互验证，在安全监控中应用也十分广泛。桥梁动态监测中，往往应用有限元法进行模态识别和结构损伤辅助判断[179-181]，John H. G.利用有限元法分析了环境因素对桥梁结构健康监测数据的影响[182]。刘泽佳等通过有限元法对混凝土徐变监测数据进行了验证与解释[183]。彭妍利用有限元法对实测数据的异常成因进行了分析[184]。本章主要介绍有限元法在潮汐河段群桩基础安全监控"异常群"识别的应用，在此之前，先研究了有限元法建模需考虑的因素。

5.1　土体本构模型及材料参数

　　土体本构关系是指土体在受力状态下的应力与应变之间的关系，这是前人在大量试验的基础之上提出的。常用的土体本构模型有：线弹性模型、弹性非线性模型、弹塑性模型。土体是一种特殊材料，与金属等材料不同，在其应力-应变图中，直线很短或者几乎没有直线段呈非线性特性[185]。在非线性模型中以邓肯-张模型为代表，由于其采用的双曲线模型最接近土体的真实应力-应变关系而被广泛采用[186-188]。

1. 邓肯-张模型简介

邓肯-张模型反映了土体非线性变形的主要规律，其材料参数可通过三轴实验获取。邓肯-张模型分为 $E-\upsilon$ 模型和 $E-B$ 模型两种。$E-\upsilon$ 模型是由邓肯和张金荣等人在20世纪70年代根据康纳关于土的应力—应变关系近似双曲线的假定推导出来的[189]。

土体中任一点的切线弹性模量 E_t 的数学表达式：

$$E_t = E_i(1-R_fS)^2 \tag{5-1}$$

式中　　　　　　　E_i——土体的初始切线弹性模量；

　　　　　　　　　R_f——破坏比；

　　　　　　$(\sigma_1-\sigma_3)_f$——破坏剪应力；

　　　　　　　　　S——应力水平。

E_i、R_f、$(\sigma_1-\sigma_3)_f$、S——可按式（5-2）、式（5-5）分别计算。

$$E_i = kPa\left(\frac{\sigma_3}{Pa}\right)^n \tag{5-2}$$

$$R_f = \frac{(\sigma_1-\sigma_3)_f}{(\sigma_1-\sigma_3)_u} \tag{5-3}$$

$$(\sigma_1-\sigma_3)_f = \frac{2c\cos\varphi+2\sigma_3\sin\varphi}{1-\sin\varphi} \tag{5-4}$$

$$S = \frac{(\sigma_1-\sigma_3)}{(\sigma_1-\sigma_3)_f} \tag{5-5}$$

式中　$(\sigma_1-\sigma_3)_u$——极值剪应力；

　　　　　　c——材料内聚力；

　　　　　　φ——内摩擦角。

将 E_i、R_f、S 代入式（5-1）可得

$$E_t = \left[1-R_f\frac{(\sigma_1-\sigma_3)(1-\sin\varphi)}{2c\cos\varphi+2\sigma_3\sin\varphi}\right]^2 kPa\left(\frac{\sigma_3}{Pa}\right)^n \tag{5-6}$$

若用 $(\sigma_1-\sigma_3)_0$ 表示历史上曾经达到的最大偏应力，S_0 为历史上曾达到的最大应力水平，当 $\sigma_1-\sigma_3 < (\sigma_1-\sigma_3)_0$，且 $S < S_0$ 时，采用回弹模量 E_{ur} 代替切线弹性模量 E_t，E_{ur} 的表达式为：

$$E_{ur} = k_{ur}Pa\left(\frac{\sigma_3}{Pa}\right)^{nur} \tag{5-7}$$

切线泊松比 v_t 按式（5-8）计算：

$$v_t = \frac{G - F\lg\left(\dfrac{\sigma_3}{Pa}\right)}{(1-A)^2} \tag{5-8}$$

式中 A 按式（5-9）计算：

$$A = \frac{D(\sigma_1 - \sigma_3)}{kPa\left(\dfrac{\sigma_3}{Pa}\right)^n \left[1 - \dfrac{R_f(1-\sin\varphi)(\sigma_1 - \sigma_3)}{2c\cos\varphi + 2\sigma_3\sin\varphi}\right]} \tag{5-9}$$

邓肯-张 $E-B$ 模型是邓肯于1981年对 $E-v$ 模型进行修正而提出来的。不同点在于用切线体积模量 B_t 代替 $E-v$ 模型中的切线泊松比 v_t。$E-B$ 模型不再详述，可参见文献［189］。

上述式子中的参数 c、φ、k、n、R_f、G、F、D、k_{ur}、nur、K_b、m 可由常规三轴试验获得。

研究表明，特别是在变形相对小的情况下，邓肯-张非线性弹性模型模拟桩基工程的变形性状效果较好，它通过调整弹性系数近似地考虑了土体的弹塑性变形的特性，并用于增量计算，能反映应力路径对变形的影响。并且模型的参数可以利用常规三轴试验测定，测试简单、经验比较成熟，这就使得邓肯-张模型的适用性相对广泛。不足的是该模型不能反映压缩和剪切的交叉影响，没有反映固结压力增加和降低的区别，也没有反映加荷、卸荷对 v_t 的变化，不能反映中主应力对 E_t、v_t 的影响，只考虑了硬化，不能反映软化等［190］。

2.土体材料参数

如前所述，桥位区位于长江下游潮汐河段，河床覆盖层深厚，以粉细砂、黏质粉土和中粗粒砂为主。勘察资料显示：桥位区共分为22个工程地质层，地质剖面图如图5-1所示。

在实际计算中，在现有的计算条件下，22个工程地质层是不能一一考虑的，必须进行概化，土层的概化按相似的原则进行，概化后的参数可按土层厚度进行加权平均。土体计算参数简表见表5-1。

土体计算参数简表   表5-1

序号	名称	埋深(m)	Γ (kN/m³)	C(kPa)	φ(°)	k	n	R_f	G	F	D	K_s (cm/s)
S0	河床防护	−26~−21	15	30	40	550	0.5	0.85	0.4	0.04	2.5	0.0009

序号	名称	埋深(m)	$\varGamma$ (kN/m³)	C(kPa)	φ(°)	k	n	R_f	G	F	D	K_s (cm/s)
S1	淤泥质粉细砂	−56~ −26	11	15.1	32	420	0.41	0.84	0.37	0.01	4.5	0.00045
S2	粉细砂	−65~ −56	11.1	11.5	32	350	0.7	0.8	0.35	0.01	4.5	0.0004
S3	中粗砂	−96~ −65	11.3	13.3	33.5	450	0.55	0.77	0.32	0.04	4.1	0.0009
S4	粉细砂	−120~ −96	11	15.7	34	400	0.62	0.91	0.4	0.03	4	0.0004
S5	中粗砾砂	−138~ −120	11	20	35	600	0.59	0.8	0.4	0.05	3	0.00058
S6	黏质粉土及黏土	−166~ −138	10.3	72.5	32	520	0.52	0.78	0.38	0.04	3.4	0.00026
S7	粉细砂	−220~ −166	10.6	20	32	450	0.57	0.82	0.4	0.04	4	0.0009

5.2 土体的固结

地基土的压缩与基础的沉降并不是瞬间完成的，而与时间有关。如果不考虑桩身混凝土的压缩，基础的沉降则是由于土体在上部荷载作用下，孔隙水压力缓慢渗出，基础持力层逐步压缩引起的。随着土体的固结，土体的压缩变形和强度逐渐增长。理想弹塑性模型由于未考虑水的作用以及土体强度随着土体固结的变化是有缺陷的，考虑土体固结是必要的。

常用的固结理论有太沙基固结理论和比奥固结理论。太沙基固结理论在一维情况下应用是精确的；而比奥固结理论则适用于三维固结计算，被广泛应用于土工有限元计算当中。其固结方程为（z坐标向上为正，应力以压为正）：

$$\left.\begin{aligned}
\frac{\partial \sigma_x}{\partial x} + \frac{\partial \tau_{xy}}{\partial y} + \frac{\partial \tau_{zx}}{\partial z} &= 0 \\
\frac{\partial \tau_{xy}}{\partial x} + \frac{\partial \sigma_y}{\partial y} + \frac{\partial \tau_{yz}}{\partial z} &= 0 \\
\frac{\partial \tau_{zx}}{\partial x} + \frac{\partial \tau_{yz}}{\partial y} + \frac{\partial \sigma_z}{\partial z} &= -\gamma
\end{aligned}\right\} \qquad (5\text{-}10)$$

式中　γ——土的容重，应力为总应力（kPa）。

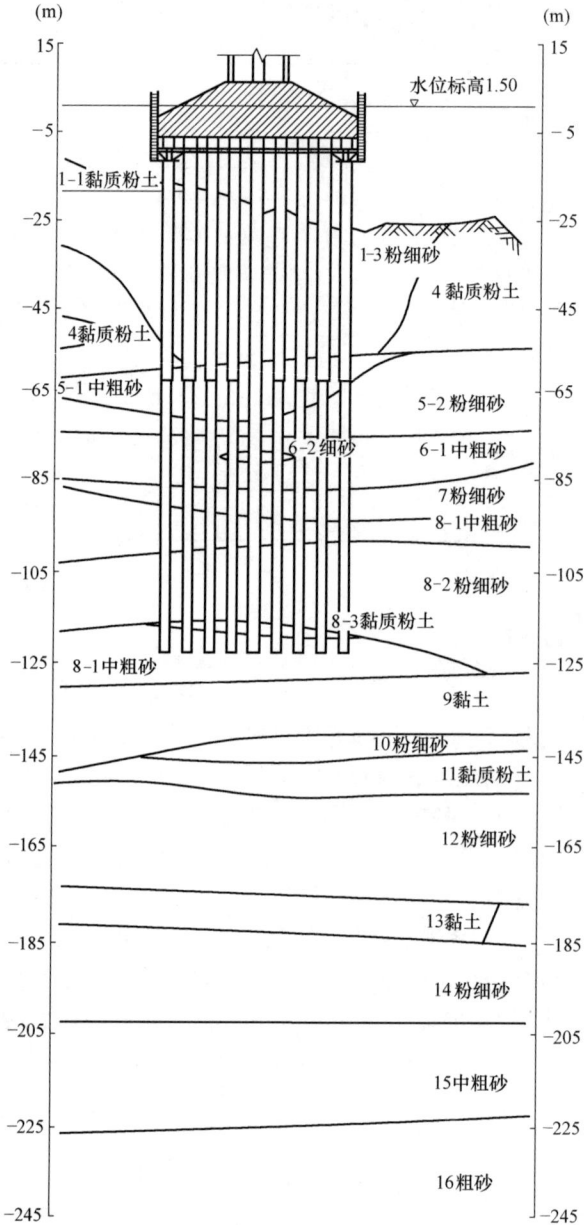

图5-1　地质剖面图

5.3　潮位波动的影响

苏通大桥所在河段距长江口约110km，所在河段为弯曲与分叉混合型中等强度的潮汐河段。潮汛为非规则半日浅海潮，潮位每日两涨两落，属典型的半日潮、日潮不等现象明显。受径流和河床阻力作用，潮波变形比较显著，前坡陡直、后坡平缓，自下而上，涨潮历时逐渐缩短，落潮历时延长，潮差递减。桥位区河段以落潮流为主，涨落潮流共同作用的河段。每年春分至秋分为夜大潮，秋分至次年春分为日大潮。潮流在一日内有两个变化周期，每个周期历时一般为12h25min，流息（即涨、落潮流速为0的时刻）发生在最高和最低潮位20～40min之后。潮位和潮流的日变化周期及相关关系如图5-2所示。地基土在承受着因潮汐变化而产生的低频循环荷载。研究潮汐变化对地基和基础的影响，尤其对土体固结的影响是有必要的。利用比奥固结理论，建立非线性弹性模型，以研究潮汐变化对土体固结的影响。

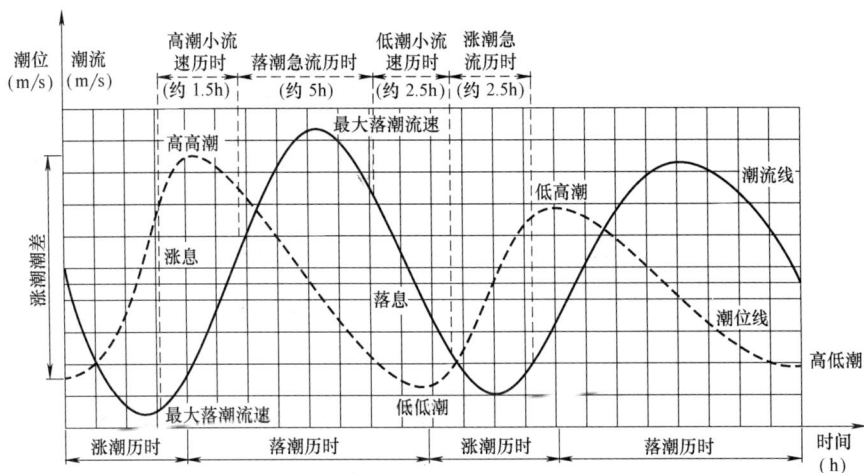

图5-2　潮位和潮流的日变化周期及相关关系

1.模型建立

由于桩的横截面是圆形，给计算带来了难度，故利用周长等效将其简化为正六边形，不考虑钢护筒和桩身变径的影响，桩的本构模型采用线弹性模型。土体范围取一300m见方的正方形，厚度取174m，边界条件：表层和周边排水，底部不透水。土体表面作用22m的水头压力，以余弦函数简化潮汐的变化，水位波动4m。建立两个模型：一个含桩，一个不含桩，两个模型均未考虑前期土体的固结。含桩模型网格如图5-3所示。

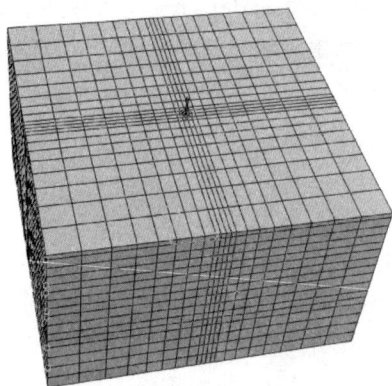

图5-3　含桩模型网格

2.计算结果

1）不含桩模型

不含桩模型在经过300d固结后，土体表面位移随时间变化如图5-4所示，土体表层单元孔隙水压力变化曲线如图5-5所示。

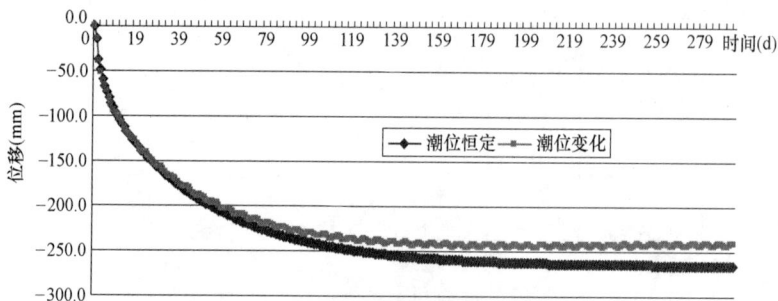

图5-4　土体表面位移随时间变化曲线

从图5-4中可以看出潮位对土体固结是有影响的，潮位波动时，土体沉降稳定时间约160d。而潮位恒定时，土体沉降稳定则需200d左右，这说明潮起潮落具有加速土体固结的作用。

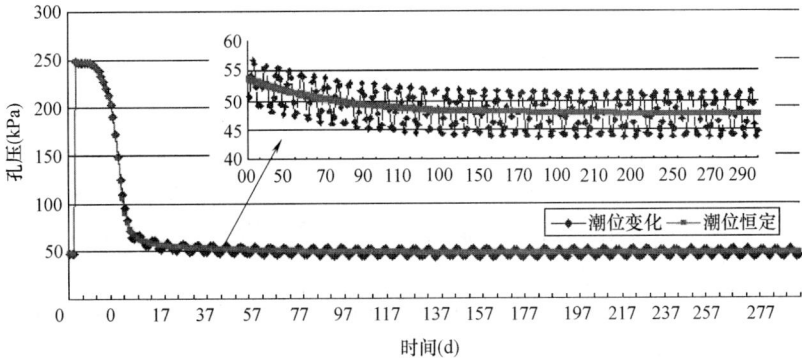

图 5-5　土体表层单元孔隙水压力变化曲线

2）含桩模型

对于有桩的情况，孔压变化和不考虑桩的规律一致，着重研究桩端土体位移，桩端土体位移变化如图 5-6 所示，竖向位移云图如图 5-7 所示。从图中可以看出，潮位变化时，桩端土体沉降相对较小，并且沉降值要先趋于稳定。这说明潮汐波动对土体固结和硬化是有利因素，需要指出的是，由于未考虑成桩前期土体的固结，所以沉降的计算结果均偏大。

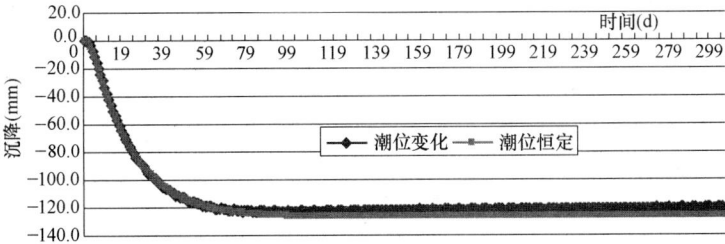

图 5-6　桩端土体位移变化曲线

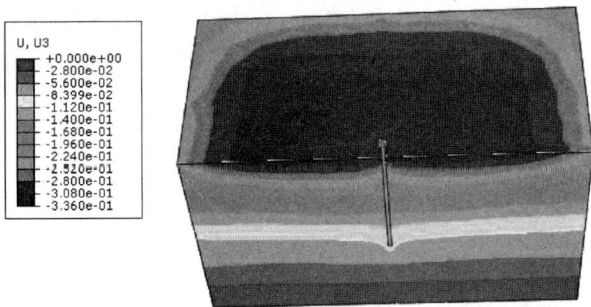

图 5-7　竖向位移云图

5.4　钢护筒的影响

由于设计上保留了钢护筒，使得钢护筒和钻孔灌注桩共同受力，与传统的钻孔灌注桩是有区别的。目前关于钢护筒参与受力的钻孔灌注桩的研究并不多，管桩的研究相对多一些，但是由于钢护筒长度相对较短，从结构上来看，跟管桩是有区别的。因此，研究钢护筒对桩身传力的影响是有必要的。对此笔者分别建立了含钢护筒和不含钢护筒的有限元模型，对比了二者荷载传递的差异。由于不同桩的钢护筒插打深度不一致，其荷载传递也是有差异的，因此特意建立了不同护筒长度的有限元模型，以研究钢护筒插打深度不同，其荷载传递的差异。除此以外，还分别建立了5根桩和9根桩的模型，以研究钢护筒对于群桩基础受力的影响。

1.模型的建立

由于封底混凝土和承台第一层混凝土的重量均通过拉压杆传递，因此，封底混凝土的模拟是必要的。封底混凝土与钢护筒之间采用绑定约束，钢护筒与土体之间则设成摩擦接触。土体平面上取长20m、宽20m，钢护筒长度49m。由于钢护筒较薄，厚度仅25mm，给计算带来了难度，采用带厚度的壳单元模拟（如图5-8所示）。在钢筋笼位置处，材料参数按钢筋和混凝土的等效参数设置，径向厚度取10cm。计算工况仅选取封底混凝土浇筑和承台第一层混凝土浇筑。

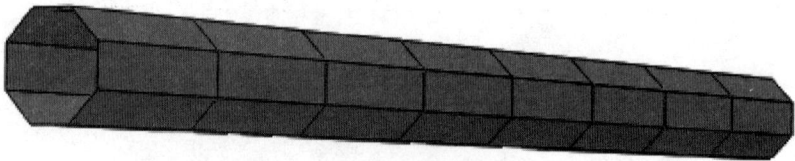

图5-8　带厚度的壳单元模拟

2.单桩计算结果

1）荷载传递规律

计算值和实测值对比表明模型是合理的（如图5-9所示）。考虑钢护筒与不考虑钢护筒差异较大。轴力传递规律如图5-10所示。从图中可以看出，钢护筒是参与受力的，在入土的界面承担了近20%的荷载。钢护筒通过摩擦将力传给土体的同时，还传给桩身，到钢护筒底部，钢护筒所承担的荷载则全部传递给桩身，这就使得过了变径处，轴力出现增大。钢护筒的轴力竖向分布如图5-11所示。

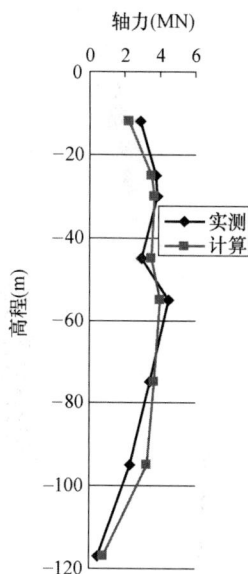

图5-9　桩身轴力变化图

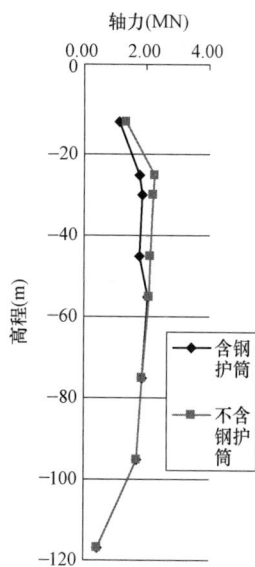

图5-10　钢护筒轴力变化图

除了对比有钢护筒和没钢护筒的情况，还对比了钢护筒长度不同的情况，分别取长度25m、49m、117m，计算结果如图5-12所示。从图中可以看出，钢护筒长度不同，轴力分布规律也就不同——轴力拐点的高程不一致。当钢护筒的长度与桩长一致时，其荷载传递规律与管桩相似。

2）承载力

含钢护筒和不含钢护筒的计算 *P-S* 曲线如图5-13所示。计算结果表明，相同荷载条件下，不含护筒的模型桩顶沉降值略微偏大，随着荷载的增加，不含钢护筒模型的桩顶沉降增量也相对较大，当加载到50MN时，两种模型计算沉降差达到4mm。这说明钢护筒的存在对控制桩身沉降，提高承载力是有利的。

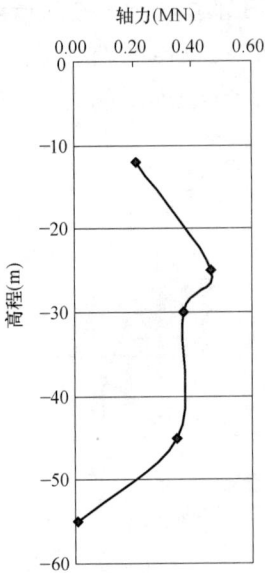

图 5-11　实测值与计算值

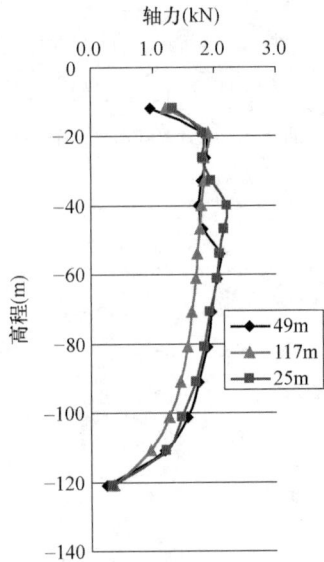

图 5-12　轴力分布对比

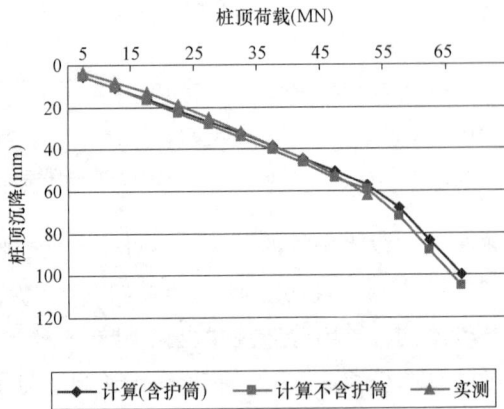

图 5-13　*P-S* 曲线对比图

3. 群桩的计算结果

因计算条件所限，群桩模型不考虑桩身变径段的影响。群桩模型主要研究钢护筒对荷载分配是否存在影响。5根桩模型网格如图5-14所示。计算结果显示，含钢护筒的模型其桩顶轴力分布更平均。用*l*表示最大、最小轴力之比，对于5根桩含钢护筒模型，$l=1.06$；不含钢护筒模型，$l=1.24$，桩身竖向应力等值线图如图5-15所示（截取部分），不含护筒模型与含护筒模型相比，其中心桩与边桩竖向应力差异相对较大。9根桩含钢护筒模型，$l=1.15$；不含钢护筒模型，$l=1.31$。可见钢护筒参与受力，对减弱群桩效应的影响，使荷载分布更均匀，提高群桩基础的整体性是有利因素。

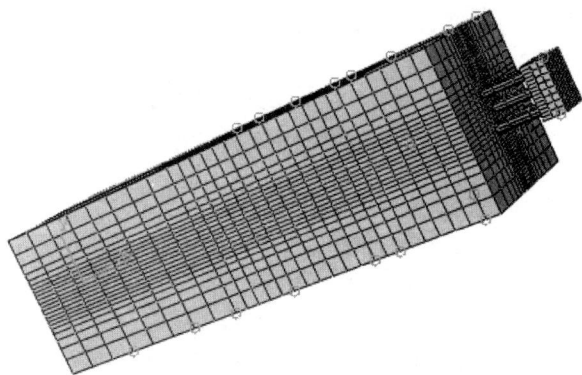

图5-14　5根桩模型网格

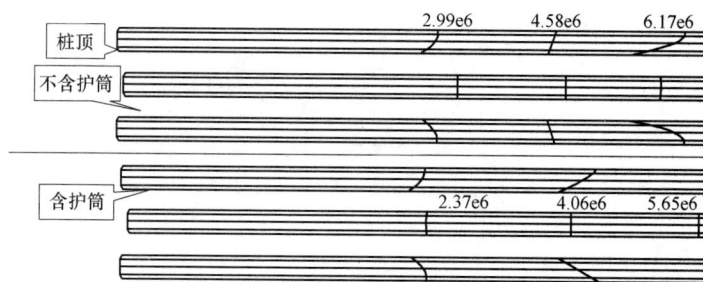

图5-15　桩身竖向应力等值线图（单位：Pa）

5.5　其他影响因素

其他因素包含：封底混凝土的影响[191]，桩底后注浆的影响[192]，桩身混凝土的挤土作用[193]。

5.6 异常群的属性识别及成因分析

从已积累的实测数据中，发现有异常群存在，这些异常群的成因及是否影响桥梁的安全性是决策者关注的问题。异常群的识别也是潮汐河段安全监控的关键技术之一，其意义重大。

1. 桩顶应变异常群识别

桩顶应变的实测数据（图 5-16）表明，桩顶存在一部分测点是处于受拉状态，DTW 异常识别技术将这部分测点识别为异常群。这样的异常群是否影响桥梁安全性，其产生的原因是什么，都是决策者非常关心的问题。

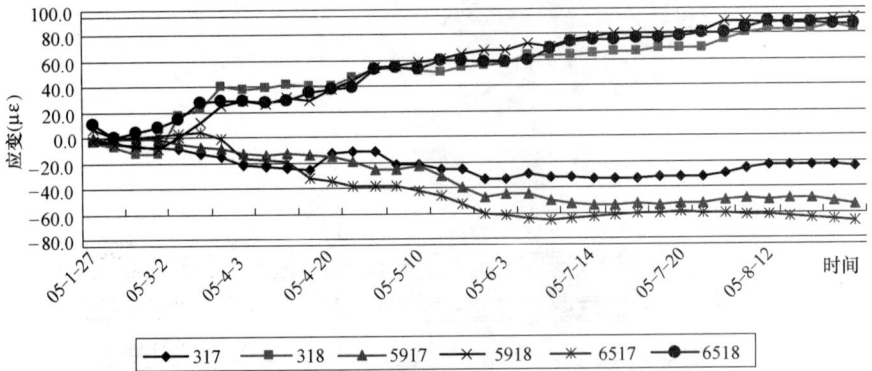

图 5-16　桩顶应变的实测数据

1）有限元模型

从实测数据可以看出，受拉测点是随着承台的浇筑而逐步产生的，而承台是"哑铃形"厚承台，厚度在平面上分布是"中间大、周边小"，初步判定是荷载分布不均所致。为了提高计算效率，仅建立 5 根桩的群桩模型（模型网格如图 5-14 所示），不考虑桩身变径，并假定土体已经固结完成，在其第一层混凝土上作用沿 Y 方向线性分布的荷载（三角形荷载），斜率为 2，荷载分级加载。

2）计算结果

加载完成以后桩身竖向应力云图如图 5-17 所示。荷载较小一端桩顶两侧对应节点（节点位置如图 5-18 所示）应力变化如图 5-19 所示。从图中可以看出随着非均布荷载的增加，节点1处于受拉状态，并且随着荷载的增加，拉应力逐步增大。这就不难解释桩顶应力异常群产生的原因了，这是由于承台对荷载的应力分配不均导致。这同时也说明桩顶轴力的分配是"中间大、周边小"。

为了验证计算结果的有效性，选取更多的桩顶应变测试结果，并且研究异常群是否存在"区域性"。图5-20均为中心桩测点，异常群的分布具有"区域性"。这同时也从反面说明了，群桩基础的轴力分布特点是"中间桩大，周边桩小"。

图5-17　桩身竖向应力云图

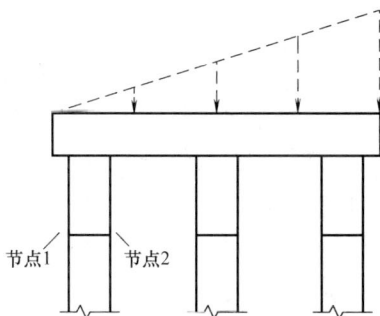

图5-18　节点位置示意图

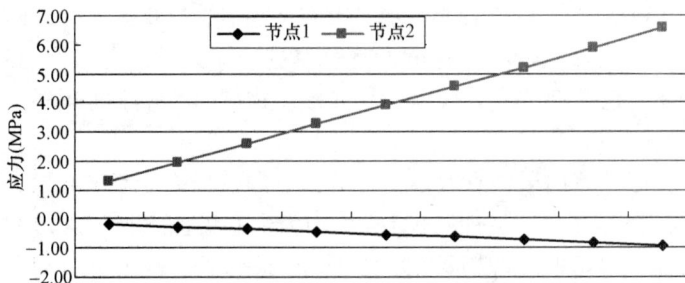

图5-19　对应节点应力变化

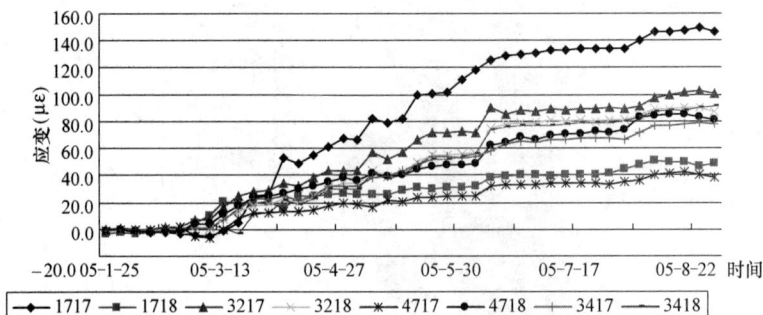

图5-20　中心桩测点

从有限元的计算结果来看，受拉段主要集中在桩顶一小段，实测数据也同样体现了这一规律，并且受拉段相对集中在距钢护筒较近的区域，直径方向厚度较小，由于有钢护筒和钢筋笼的存在，拉应力是在允许的范围之内的。由于有钢护筒的存在，即使混凝土开裂，也不影响其耐久性，故将该异常群识别为"假异常"。

3）异常群引发的问题

由于监测点的数量是有限的，而同一根桩两侧的测点应变变化规律完全不同，这给实测轴力计算带来了麻烦，因此，有必要研究在非均布荷载条件下，桩顶应变的分布规律。在线性分布荷载作用下，受拉桩桩顶沿径向应变分布如图5-21所示。其应变沿荷载梯度方向呈线性分布，假定其应变分布为$y=ax+b$，若不考虑钢筋的影响，其轴力可按式（5-11）计算。

$$F = E \cdot \int_{-r}^{r} (ax + b) \cdot \sqrt{r^2 - x^2}\, \mathrm{d}x \tag{5-11}$$

式中：F——轴力；

E——混凝土模量；

r——桩的半径。

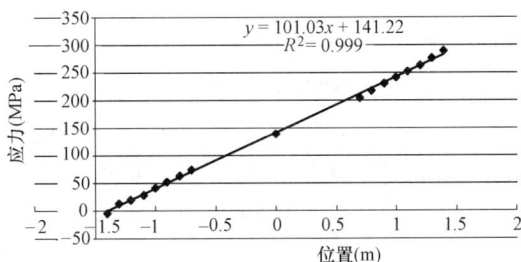

图5-21　线性分布荷载作用下，受拉桩桩顶应变分布图

对式（5-11）积分得 $F=E\pi b^2$。可见计算结果仅与 b 有关，而 b 表示的是桩中心处的应变，其值是两个实测应变的平均，而与监测测点布置位置无关。由于钢筋笼的竖向筋呈中心对称布置，若假设应变协调，最终总轴力计算公式为：

$$F = A_c{\cdot}E_c{\cdot}b + A_s{\cdot}E_s{\cdot}b \tag{5-12}$$

式中　A_c 和 E_c 分别表示混凝土的截面积和模量；

　　　A_s 和 E_s 分别表示钢筋和钢护筒总截面积和钢的模量。

当上部所加荷载沿一个方向呈二次函数分布时，受拉桩应变分布规律如图5-22所示，从图中可以看出，仍然可按线性分布近似处理。对于整个基础而言，由于单根桩的直径相对于整个基础的长度或宽度而言都是很小的，根据泰勒展开定理，作用在桩顶上部的荷载无论是什么形式，都可近似成二次函数分布或线性分布，对计算结果的影响是不大的。故按式（5-12）计算桩身轴力是合理的。

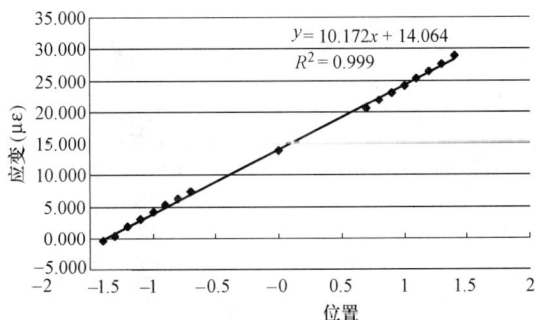

图5-22　二次函数分布荷载作用下桩顶应变分布规律

2.桩身轴力异常群解释

29号桩部分测次的桩身轴力如图5-23所示。从图中可以看出，桩身的

轴力存在着明显的增大端，也就是存在负摩擦力。负摩擦力的产生是由于土体过于松散，土体在固结中的沉降速率比桩快，通常负摩擦力都是产生在靠表层一定深度范围内，与一般的钻孔灌注桩的荷载传递是不一致的，对于桩施工已经完成了近200d来说，土体的主固结也基本完成，并且还产生在桩身中段，土体较密实，这是一个异常群。按照常理，根据异常属性的判别原则，这属于"征兆异常"，应进行技术报警并提出相应对策。

通过5.4节3.的分析，可知，桩身轴力的增加是由于钢护筒所分摊荷载的一部分传到了桩身中段，使得桩身中段轴力增大，造成负摩擦的"假象"。因此，该异常群应属于"假异常群"。加上钢护筒所分摊的荷载后，利用钢护筒表面应变计总轴力沿深度变化曲线如图5-24所示。从图中可以看出，含钢护筒的钻孔灌注桩，研究其桩身轴力应以总轴力为研究对象。

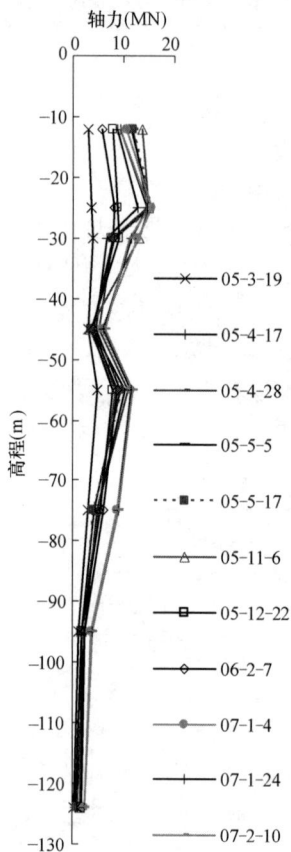

图5-23　29号桩部分测次的桩身轴力　　图5-24　总轴力沿深度变化曲线

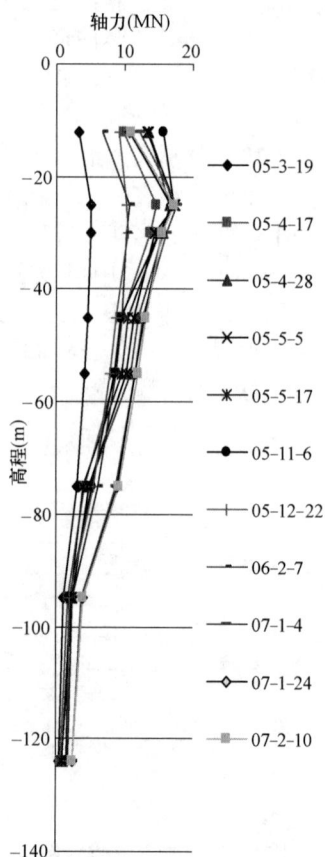

5.7 本章小结

本章着重研究的是利用有限单元法对异常群的属性和成因进行判别，并介绍了潮汐河段群桩基础有限元建模需考虑的影响因素，包括：土性、桩-土-水共同作用、潮汐波动的影响。这些因素并不是一并考虑的，要根据模型研究的重点，而选择影响最大的因素。

潮汐这种低频循环荷载，对土体固结是有利的，能够加速土体的固结，减小桩的沉降。

保留钢护筒的钻孔灌注桩是一种新型桩基础形式，由于钢护筒的存在而改变了灌注桩的荷载传递规律，并且钢护筒的存在对于控制基础沉降，提高承载力是有利的，对于群桩基础而言，钢护筒的存在还能使各桩的荷载分布更均匀，对于降低群桩效应的影响是有利的。

利用有限元法解释了苏通大桥群桩基础安全监控中的两大异常群：桩顶应变异常和桩身轴力异常，并判别了这两大异常群的异常属性，均为"假异常"。桩顶应变异常群给桩顶轴力计算带来了麻烦，通过计算不同荷载形式下的桩顶应变分布规律，对桩顶轴力计算公式进行了推导。

第6章 安全监控警戒模型

对于一个服务于运营期的桥梁监控系统来说，最终的目的就是评价基础的安全性。然而，评价安全性必须有据可依，不能任凭主观臆断。问题的关键就在于这个依据，换个角度讲，具体到一个监控物理量而言，比如桩顶轴力，当单桩的轴力超过多少时，基础就不安全了，又如河床冲刷，当河床冲刷方量达到多少时，基础就不稳定了。这就是安全警戒值问题。如何确定安全警戒值，就要建立相应的安全监控警戒模型。安全监控警戒模型在监控系统中的作用就不言而喻了，安全监控警戒模型构建得是否合理直接关系到安全评价结果是否正确。因此，研究群桩基础的安全监控警戒模型构建的关键技术是十分必要的。

对于任何一个桥梁而言，河床冲刷都是影响其运营期安全性的最突出因素，在全世界失事的桥梁中，一半以上是由于河床冲刷引起的。曾经发生在四川境内的因河床冲刷而导致桥梁垮塌，从而引发列车坠入江中的事故再次给我们敲响了警钟。桥位区位于感潮河段，水文条件复杂，近年来一系列的桥梁和港口工程的兴建，使得水文条件处于动态的变化之中，冲淤的监控变得异常重要。下面以苏通大桥的河床冲淤为例，研究如何构建河床冲淤安全监控警戒模型及相关的技术。

6.1 河床冲淤实测分析

1.冲淤数据处理

1）多波束扫测数据处理

如前文所述，河床冲淤监控系统包括两部分：多波束测深系统和水深传感器冲刷监测系统，这两个系统的数据不能孤立分析，应该使用到数据融合技术分析。同时，两类系统的数据特点不同，应区分对待。

多波束测深系统是一个多传感器组合的复杂系统，在测量过程中，需要实时积累各种相关的数据资料，包括波束到达角、声速数据、传播时间、涌浪数据、大导航数据等，通过合理的变换和修正，能够反演真实的水下地形。其监测数据中不可避免地含有粗差和噪声，主要是由于其运动的监测平台导致。这些记录的数据中，客观地、不可避免地会存在各种因素影响，其中主要的误差源有：多波束本身测距的精度影响、运动传感器、传播介质的影响及罗经测量精度的影响、探头安装参数校准的影响、定位系统时延的影响、测船震动的影响、噪声的影响、数据处理软件的影响、水位观测（验潮）精度的影响。这些误差直接影响着测深数据对水底的反映，会给测深数据处理带来很大误差。上述误差源中，可因地制宜，对不同的误差源采取不同的对应措施来加以控制乃至消除。实际上，只要能全面认清各个误差来源及其不利影响，绝大部分的误差是可以减弱甚至基本消除的。但仍有少数的误差需要借助科学的、合理的方法来加以减弱，只要在能够满足工程和科研需要的精度范围之内即可。

多波束测深数据处理流程如图6-1所示。主要包含数据格式转换、异常数据检测与识别、水位修正、数据融合几大环节。由于多波束测深所得的数据是其系统本身所能识别的数据格式，需要将其转换为便于快速处理的数据格式；异常数据是任何一种传感器都不可避免的，为了提高监测精度，保证实测结果的有效性，异常数据的检测与识别是必不可少的环节，异常数据检测所采用的主要方法有卡尔曼滤波和局部方差检测；由于水位的测量会受波浪等噪声的影响，因此水位的修正也是必要的，可通过滤波的方法将噪声消除。经过处理的河床地形数据如图6-2所示。

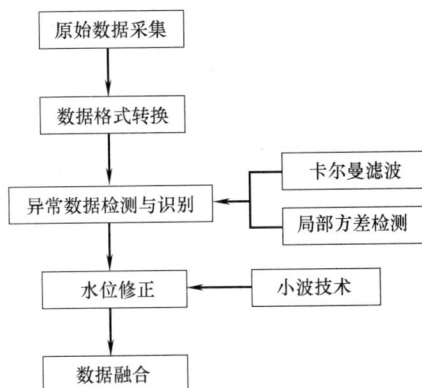

图6-1 多波束测深数据处理流程

2）水深传感器数据处理

由于施工现场的情况比较复杂，会存在各种电磁干扰，要完全屏蔽这类干扰是非常困难的，这类干扰对传感器和采集仪器的正常工作会产生一定的影响，当干扰比较强时，会使观测结果严重失真，因此，要对数据进行预处理。针对水深传感器监测数据的噪声的特点，利用小波理论，逐步进行去噪，尤其是潮位传感器的观测数据，这一个传感器的观测精度直接影响到整个系统的精度，确保去噪后的数据能反映观测点处的真实水深。

水深传感器特殊的安装埋设工艺确保了传感器在高度方向可自由移动。但是，也正是由于这特殊的安装埋设工艺使得传感器在复杂的底流作用下，不可避免地存在随机性跳跃，而且，传感器在平面上存在一定的移动范围。此外，波浪对传感器的观测结果也存在较大影响。这些影响因素，均可对水深和潮位观测结果产生噪声。事实上，当根据水深数据换算河床面高程时，潮位的涨跌是一种可测的规律性噪声。因此，在进行数据融合时，必须分别对各水深传感器和潮位传感器的原始数据进行信噪分离，并确保去噪后的数据能真实反映各监测点处的水深和潮位。

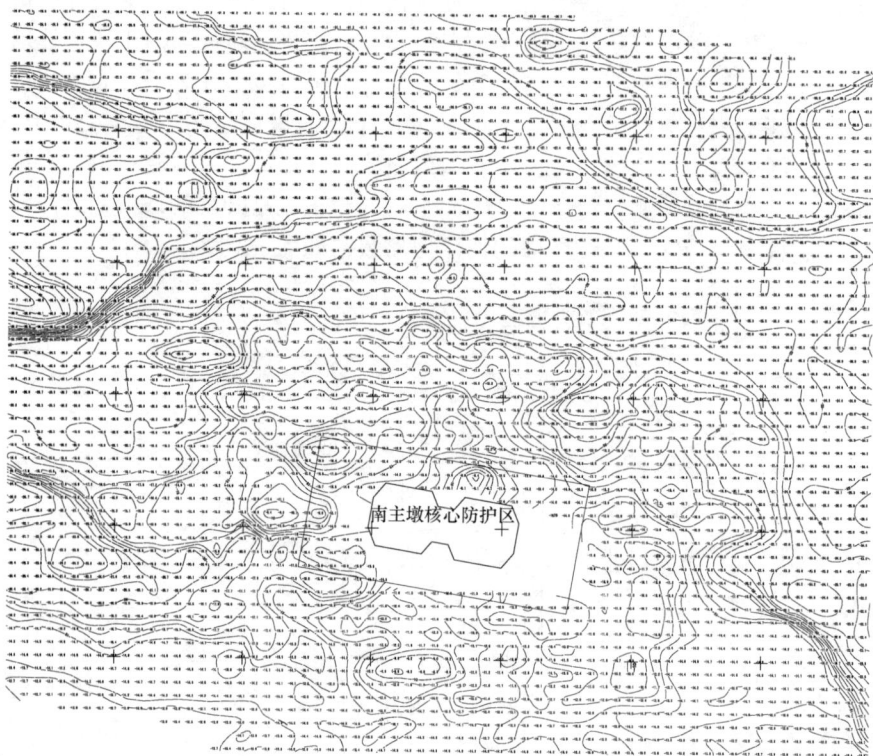

图6-2　经过处理的河床地形数据

2.施工期桥位区河床冲淤分析

1）钢套箱施工期河床冲淤分析

在整个施工阶段，对河床冲淤条件影响最大的工况当属钢套箱沉放，这是由于钢套箱体积巨大，占据河道，将使水流速加快，尤其是桥位区附近，水文条件改变较大。因此，研究钢套箱沉放对河床冲淤的影响是必要的。南北主墩钢套箱施工工艺并不相同，南主墩采取的是整体下沉施工，对河道水文条件改变更剧烈，故钢套箱施工期以南主墩为主要研究对象。对地形的研究应遵循相关原则，具体而言，应从整体到局部，先从整体上把握河床冲刷的总体形貌，对于局部冲刷比较剧烈的区域，应进行有针对性的、详细的分析，包括冲刷凹槽和淤积坡的范围、冲淤的方量、冲刷的深度等。

钢套箱沉放前的大尺度河床三维地形如图 6-3 所示，图中 A—A′和 B—B′剖面的剖面图如图6-4和图6-5所示。

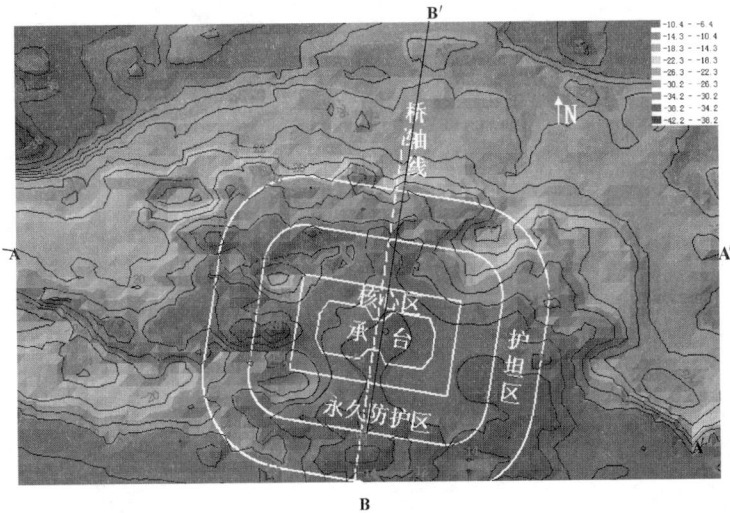

图6-3　钢套箱沉放前河床面三维地形（单位：m）

从图中可以看出，整个防护区域河床面总体起伏不大，但在局部区域有明显的冲刷凹槽，如在永久防护区的西北角和西南角和护坦区的东北角，凹槽深度为5~7m。整个桥位区的高程差接近30m，但坡度较大的区域在冲刷防护区域外侧的主航道附近，对桥墩基础稳定起至关重要的承台区域地形起伏相对较小，从图中并未看出明显的冲刷形态。

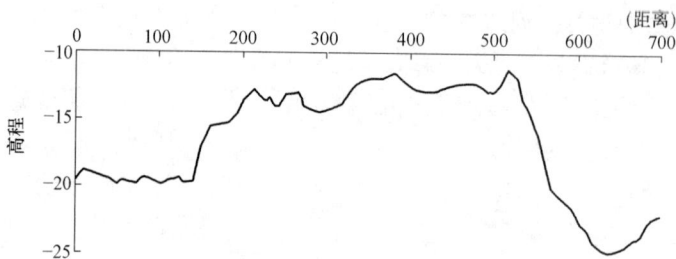

图6-4　钢套箱沉放前A—A′剖面图（单位：m）

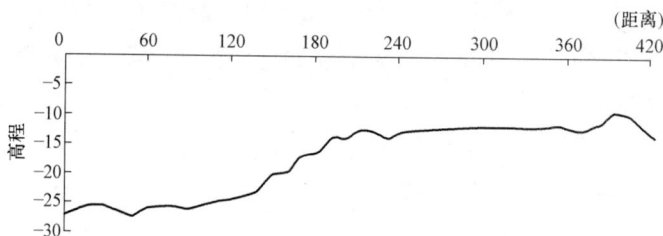

图6-5　钢套箱沉放前B—B′剖面图（单位：m）

　　钢套箱沉放后的河床三维地形如图6-6所示。由于尺度偏大，从图中并未看出桥位区有明显的冲刷和淤积发生。桥位区的局部三维地形图如图6-7所示。从图中可以看出整个河床面大致的冲刷与淤积情况，沿曲线abcd形成了一条冲刷线。冲刷淤积方量如表6-1所示。在整个南主墩被测区域，总体上还是呈冲刷趋势，冲刷方量为1854cm³，最大冲刷深度约2.8m，最大淤积深度约4.4m。大范围的河床冲刷集中在永久防护区的西北角和西侧，冲刷面积约4773.1m²，冲刷最大深度约2.3m。最大的淤积区域则出现在永久防护区的东北角，淤积面积约3736.3m²，最大淤积高度约4.4m。总体而言，河床冲刷防护效果显著，并未出现试桩实验的大规模冲刷的现象。

冲刷淤积方量　　　　　　　　　　　　表6-1

项目	投影面积(m²)	表面积(m²)	体积(m³)
淤积统计	135206.76	135767.95	38989.29
冲刷统计	143012.59	143565.97	40843.63

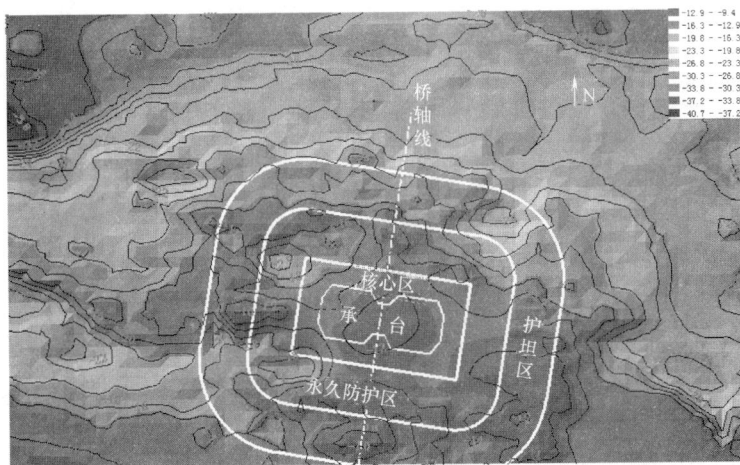

图 6-6　钢套箱沉放后的河床三维地形图（单位：m）

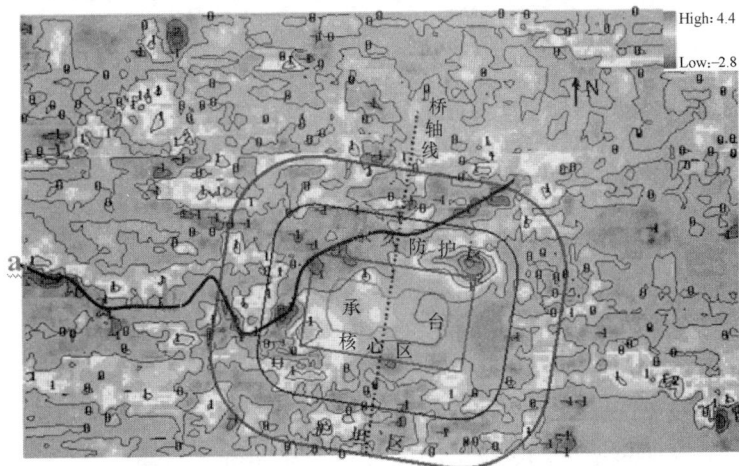

图 6-7　桥位区的局部二维地形图（单位：m）

2）北主墩施工期河床冲淤分析

2005 年 10 月北主墩河床三维地形图如图 6-8 所示，桥位区小尺度地形图如图 6-9 所示。2007 年 2 月河床三维地形图如图 6-10 所示，桥位区小尺度地形图如图 6-11 所示。从图中可以看出桥位区下游有一凹槽，并且有向北发展的趋势。护坦区外侧的深坑有扩大趋势，而桥位区内部的淤积坡则有冲刷趋势，整体而言桥位区河床较为稳定，处于长期的冲淤平衡中。

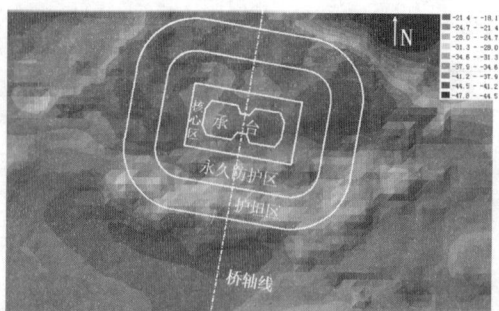

图6-8　2005年10月北主墩河床三维地形图（单位：m）

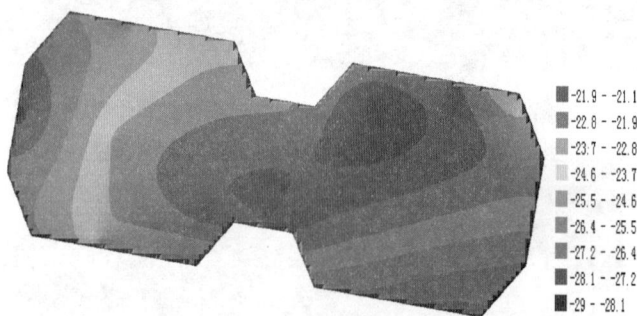

图6-9　2005年10月北主墩桥位区小尺度地形图（单位：m）

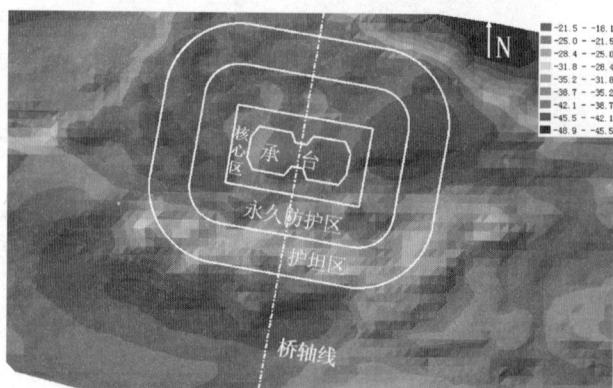

图6-10　2007年2月河床三维地形图（单位：m）

3）南主墩施工期河床冲淤分析

2007年6月南主墩河床三维地形图如图6-12所示，桥位区小尺度三维地形图如图6-13所示，与钢套箱沉放后相比，整个冲刷防护区都呈淤积趋势。在上游承台的北侧和南侧都有明显的淤积坡存在，永久防护区和护坦区都出现了不同程度的淤积，在护坦区以外也发生了淤积，与钢套箱沉放以后相比，靠南侧的整个河床面都淤积了将近1m。

图6-11　2007年2月桥位区小尺度地形图（单位：m）

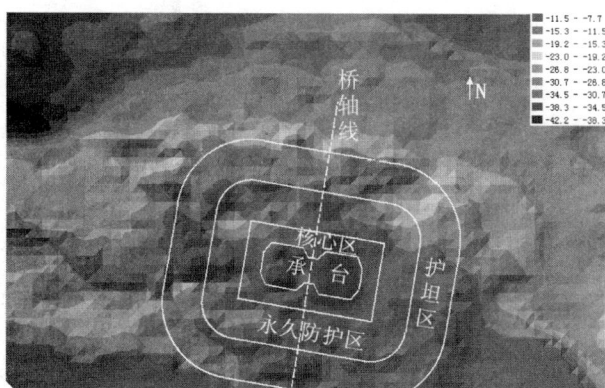

图6-12　2007年6月南主墩河床三维地形图（单位：m）

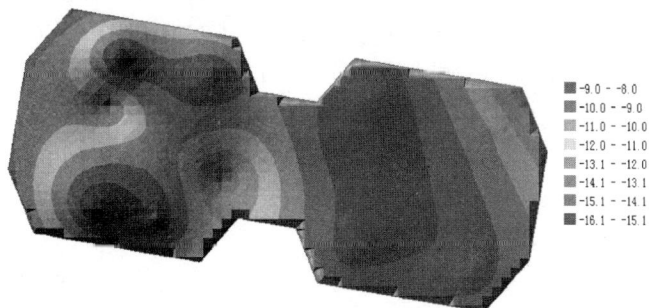

图6-13　2007年6月南主墩桥位区小尺度三维地形图（单位：m）

4）运营期河床冲淤实时监测分析

对于运营期而言，对河床冲淤监测的要求就不仅仅是单纯的冲刷或淤积趋势了，大桥的管理者希望得到实时的监测数据，尤其是洪水、台风等恶劣天气的时候，以便采取必要的安全维护措施。大桥运营期南主墩的单个冲刷实时曲线如图 6-14 所示，从图中可以看出，整个 2008 年下半年到 2009 年上半年该测点所在部位呈冲刷趋势，在 2009 年 5 月中旬有明显的冲刷发生，约 0.2m。其他测点也具有类似规律，主要原因是由于在大桥北岸，一个新的码头正在修建，占据了河道，改变了河水的水流条件。

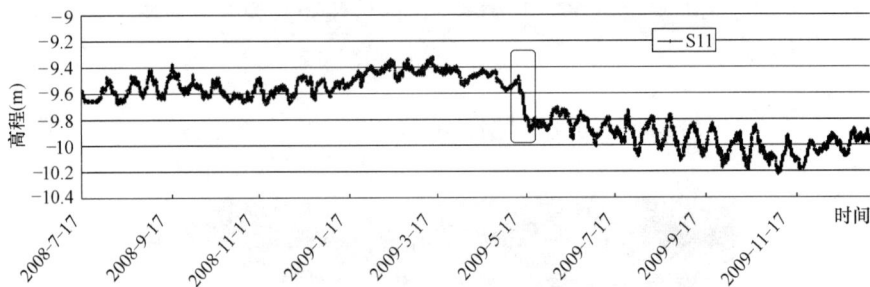

图 6-14 大桥运营期南主墩的单个冲刷实时曲线

6.2 河床冲刷警戒模型

相关研究表明[193-195]，对于高围压下的土体而言，卸荷后会发生吸水固结，产生回弹变形。苏通大桥桥位区地基土层均是含水率较高的土层，当河床冲刷发生后，下部土体内部将产生负孔压，周边地区的孔隙水将会向孔压低的区域入渗，致使土体回弹变形。对于北主墩而言，位于承台下游侧，存在一冲刷凹槽，冲刷凹槽向上游发展，会引起基础的不均匀沉降，这会影响桥梁的安全性，应建立相关安全警戒模型。本文利用有限元法建立了河床冲刷警戒模型。

1.模型的建立

1）计算范围选取

由于河床冲刷不具备对称性，因此，必须采用完整的计算模型。由于承台的平面尺寸为 102.7m×48.1m，根据有限元计算经验，计算范围取基础平面尺寸的 2.5~4 倍。故土体横桥向方向取 400m，纵桥向方向取 200m，竖直方向的深度通过试算确定,以不影响桩端沉降为原则,竖直方向取174m。承台模型尺寸与实际一致。

2)单元类型与网格划分

由于需考虑土体固结,故土体单元采用六面体八节点实体孔压单元,基桩首先按周长等效原则,等效为正六边形截面,单元则采用六面体八节点实体单元。对于承台而言,由于其形状不规则,并不能全部采用六面体单元划分,顶部斜面部分采用四面体单元,下部采用六面体八节点单位,上下部分采用绑定约束。基础和土体之间存在相对滑移,故在两者之间设置了接触。土体网格划分本着疏密相间的原则,近桩部分较密,远离基桩部分逐步稀疏。剖分网格如图6-15所示。单元总数100987个。

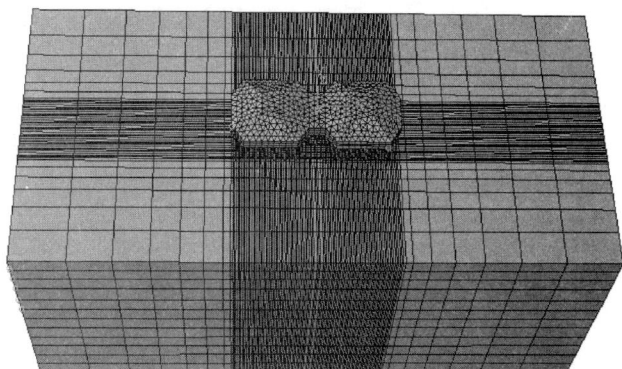

图6-15 群桩基础模型剖分网格

3)计算参数取值

土体计算参数与前文相同。桩的弹性模量为35.6GPa,泊松比为0.167,密度取2400 kg/m³。承台各部分参数按照体积等效原则确定,参数统计见表6-2。

承台各部分参数统计表 表6-2

分层	高程(m)	厚度(m)	弹性模量(GPa)	泊松比	密度(kg/m³)
封底	−10~−7.0	3.0	28.5	0.200	2400
第一层(含七层钢筋)	−7.0~−4.7	2.3	纵桥向36.8 / 横桥向39.8	0.167	2990
第二层	−4.7~−2.4	2.3	31.5	0.167	2400
第三层	−2.4~−0.4	2.0	31.5	0.167	2400

续表

分层	高程(m)	厚度(m)	弹性模量(GPa)	泊松比	密度(kg/m³)
第四层	-0.4~2.6	3.0	31.5	0.167	2400
第五层	2.6~6.3	3.724	31.5	0.167	2400

4）边界条件与初始条件

4个侧面的水平位移为0，边界条件为位移约束，即x方向位移u_x=0；y方向位移u_y=0。土体底面固定。排水边界包含两处，土体表面为完全排水边界，周边土体不完全排水，边界孔隙水压力随深度变化，按静水压力设置。

初始条件包含孔压初始条件和应力初始条件，初始孔压按静水压力设置，沿土体深度方向线性变化；应力初始条件设为自重应力，即在固结计算前先进行一次静力分析，以静力分析结果作为应力初始条件。

5）计算工况

由于重点在于河床冲刷的相关研究，再加上模型相对较大，为了缩短计算周期，只设承台浇筑和成桥后两个工况，成桥工况施加总荷载为1032MN。采用多次计算的方法来计算不同的冲刷方量对基础沉降的影响。

2.计算结果与分析

初次计算的冲刷土体约13000m³，最大冲刷深度30m，平面冲刷范围如图6-16所示（虚线框部位为冲刷范围）。在成桥后，河床未冲刷前，承台沉降如图6-17所示，从图中可以看出，承台的沉降主要规律是：中轴线较南北两侧大，系梁区较东西两侧大，最大沉降值约7.45cm，位于系梁区，最小沉降约5.61cm，差异沉降约18mm。土体竖向位移云图如图6-18所示，从图中可以看出，土体沉降与承台沉降规律是对应的，位于系梁区的桩端土体沉降最大约7.2cm，周边桩区域沉降相对较小，约5.8cm。

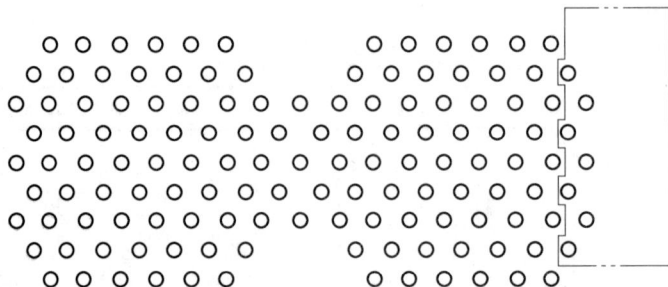

图6-16 平面冲刷范围示意图（线框范围内）

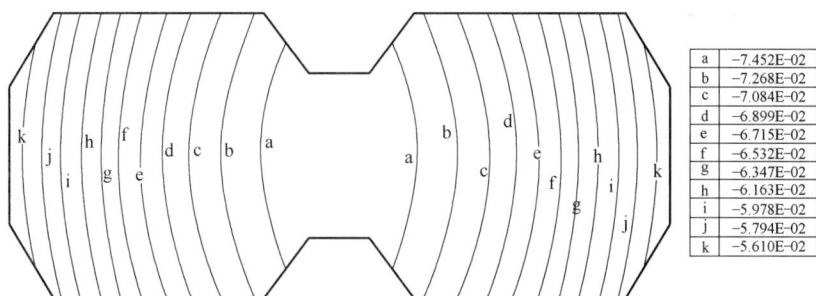

图6-17　冲刷前承台沉降图（单位：m）

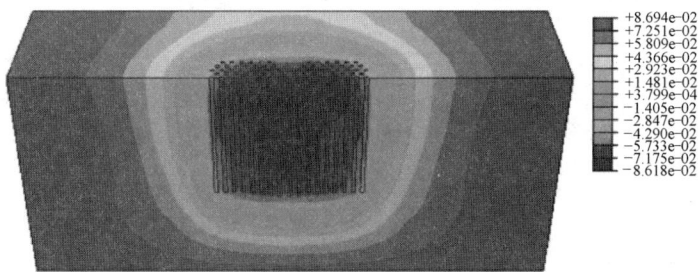

图6-18　土体竖向位移云图（单位：m）

对于河床冲刷，不仅要关注由冲刷引起的回弹变形及其引起的基础不均匀沉降，还应关注不均匀沉降随时间的变化规律。冲刷后1d、15d、120d、1400d的承台的沉降等值线图如图6-19~图6-22所示。

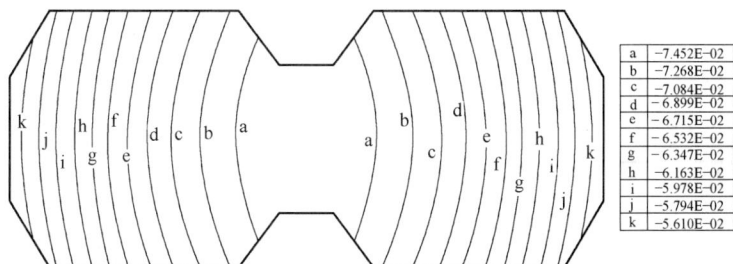

图6-19　河床冲刷后1d承台沉降等值线图（单位：m）

从图中可以看出河床冲刷后，地基土吸水固结是非常缓慢的，15d以后回弹变形不到1mm，到120d以后承台东侧向上隆起约8mm，两侧差异沉降9mm。到1400d时差异沉降大于11cm。

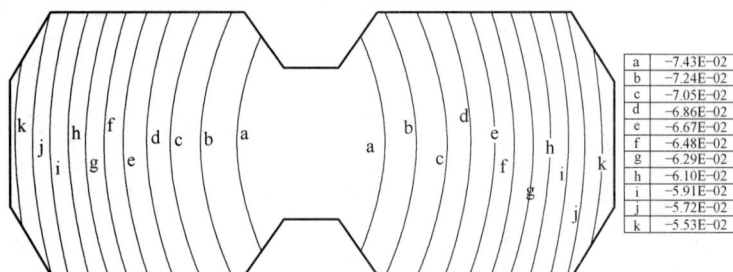

图6-20 河床冲刷后15d承台沉降等值线图（单位：m）

a	−7.43E−02
b	−7.24E−02
c	−7.05E−02
d	−6.86E−02
e	−6.67E−02
f	−6.48E−02
g	−6.29E−02
h	−6.10E−02
i	−5.91E−02
j	−5.72E−02
k	−5.53E−02

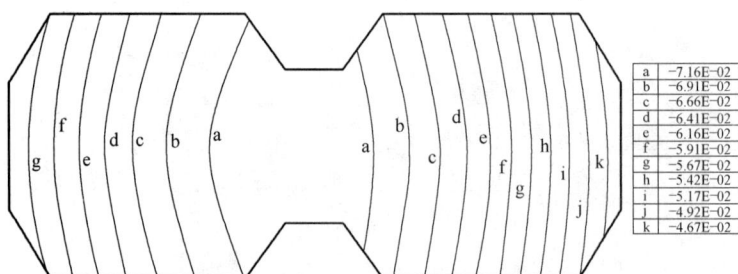

图6-21 河床冲刷后120d承台沉降等值线图（计算工况一）（单位：m）

a	−7.16E−02
b	−6.91E−02
c	−6.66E−02
d	−6.41E−02
e	−6.16E−02
f	−5.91E−02
g	−5.67E−02
h	−5.42E−02
i	−5.17E−02
j	−4.92E−02
k	−4.67E−02

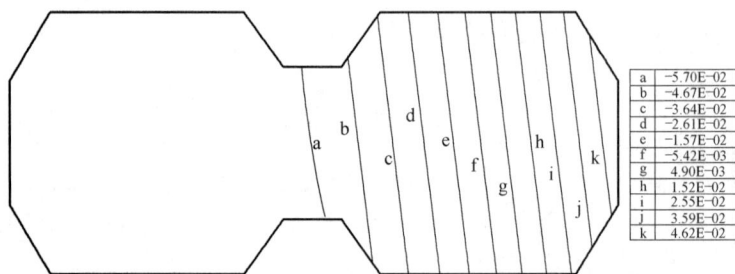

图6-22 河床冲刷后1400d承台沉降等值线图（计算工况一）（单位：m）

a	−5.70E−02
b	−4.67E−02
c	−3.64E−02
d	−2.61E−02
e	−1.57E−02
f	−5.42E−03
g	4.90E−03
h	1.52E−02
i	2.55E−02
j	3.59E−02
k	4.62E−02

当冲刷方量达到94500m³，最大冲刷深度30m时（冲刷范围如图6-23所示），河床冲刷后120d和1400d的承台沉降等值线图分别如图6-24和图6-25所示。尽管冲刷方量已经很大，但是土体回弹变形仍然十分缓慢，直到1400d后超过不均匀沉降警戒值20cm。

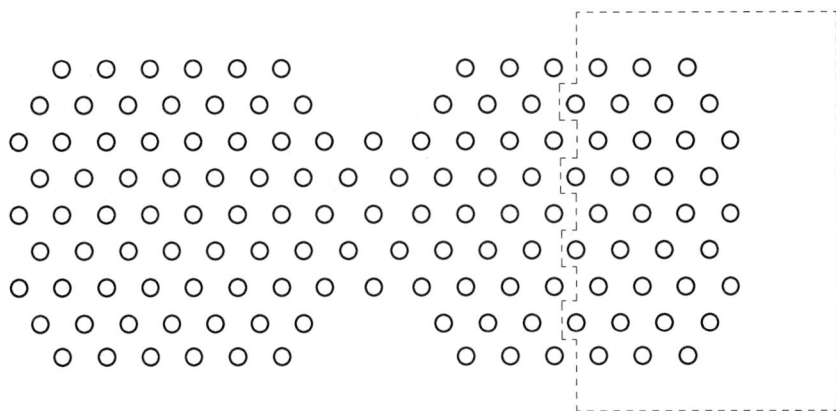

图6-23 河床冲刷范围（线框范围内）

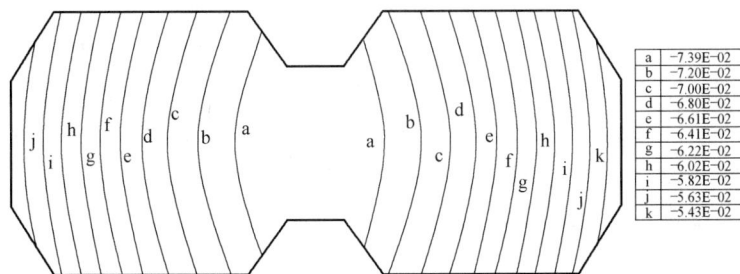

a	-7.39E-02
b	-7.20E-02
c	-7.00E-02
d	-6.80E-02
e	-6.61E-02
f	-6.41E-02
g	-6.22E-02
h	-6.02E-02
i	-5.82E-02
j	-5.63E-02
k	-5.43E-02

图6-24 河床冲刷后120d承台沉降等值线图（计算工况二）（单位：m）

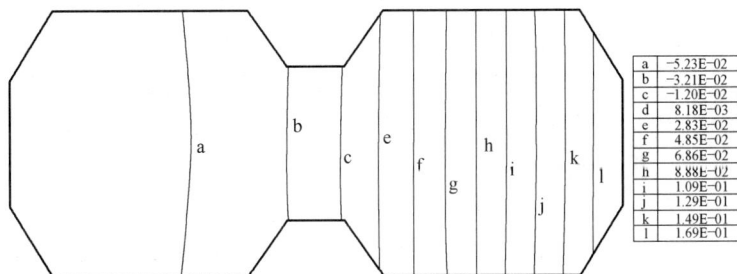

a	-5.23E-02
b	-3.21E-02
c	-1.20E-02
d	8.18E-03
e	2.83E-02
f	4.85E-02
g	6.86E-02
h	8.88E-02
i	1.09E-01
j	1.29E-01
k	1.49E-01
l	1.69E-01

图6-25 河床冲刷后1400d承台沉降等值线图（计算工况二）（单位：m）

3. 数学模型

从计算结果来看，影响不均匀沉降的主要因素包含两方面，冲刷方量和平面位置。当冲刷远离桥位区时，对基础的影响基本可以忽略，因此，河床冲刷安全警戒模型的一般表达式应该是一个二元表达式。以 V_c 表示冲刷方量，以 L 表示冲刷西边缘线距承台下游测得距离，其一般表达如式（6-1）所示，最大冲刷方量 V_m 取 90000m³，L_m 取 25m。从沉降随时间的变化规律看，冲刷引起的不均匀沉降变化速率相对较慢，冲刷发生以后，有足够的时间进行河床的修复，问题的关键就在于监测，及时地将监测信息反馈到安全管理部门就显得非常重要了。

$$\left.\begin{array}{l} V_C < V_m \\ L < L_m \end{array}\right\} \tag{6-1}$$

6.3 河床淤积警戒模型

河床淤积相当于在地基土表面加载，会引起地基土固结[196-197]，从而导致基础沉降。沉降太大会影响桥梁的线形，不利于整个结构的稳定。实测数据表明，南主墩桥位区河床具有淤积趋势，因此，建立河床淤积的安全监控警戒模型是十分必要的。以承台浇筑以后，基础沉降不超过 10cm 作为极限值。根据河床冲淤监测结果，河床淤积的警戒模型考虑两种情况：一种是桥位区的淤积，而另一种情况则是桥位区南侧整个河床区域的淤积。

1. 模型的建立

有限元模型与冲刷模型基本一致，材料参数、边界条件等均相同，只是桩长不一样，南主墩桩长为 124m。通常对淤积的处理有两种方式：一种是采取加单元的方式，另一种是采取加荷载的方式。由于群桩基础模型已经十分复杂，加单元方式不易收敛，故采取在土体表面加荷载的方法来实现淤积作用，淤积土层的浮重度按 9kN/m³，不考虑淤积过程的影响。

2. 计算结果与分析

由于淤积过程是难以模拟的，故仅仅分析最终结果，土体固结的中间过程就不再详述。计算表明当整个承台覆盖区域淤积深度达 6m 时，沉降已接近控制沉降值 10cm。从承台浇筑以后到淤积固结完成，承台沉降增量等值线图如图 6-26 所示。土体总沉降云图如图 6-27 所示。从图中可以看出系梁区沉降偏大，超过 9.6cm，接近警戒值，而东西两侧仅为 8.6cm，承台浇筑后的差异沉降大 10mm，土体沉降规律与承台沉降相对应，周边土体出现了"隆起"现象，这主要是考虑三维固结，中间土体向四周挤压所致。

计算结果表明，桥位区南侧平均淤积厚度达到5m时，基础的沉降接近工程允许的沉降极限值，承台沉降等值线如图6-28所示，土体总沉降云图如图6-29所示。从图中可以看出，南侧淤积仍然是梁区沉降值最大，加强对系梁区的沉降监测十分必要。

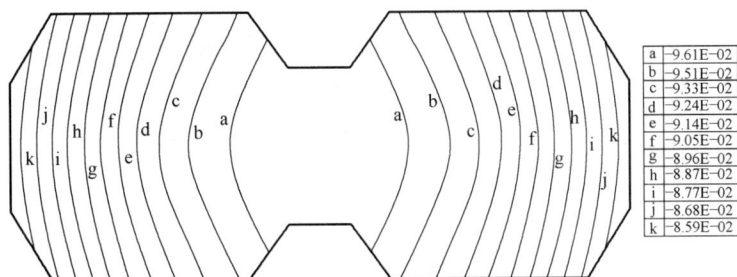

图6-26　承台沉降增量等值线图（单位：m）

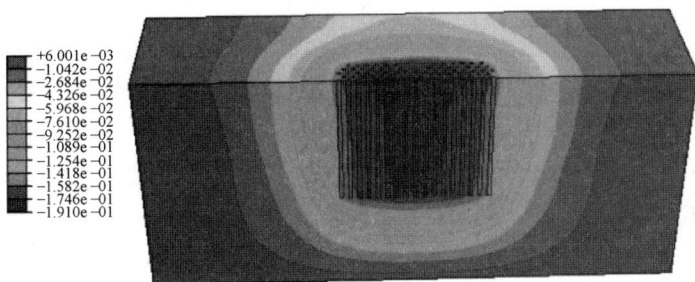

图6-27　淤积固结完成后土体总沉降云图（单位：m）

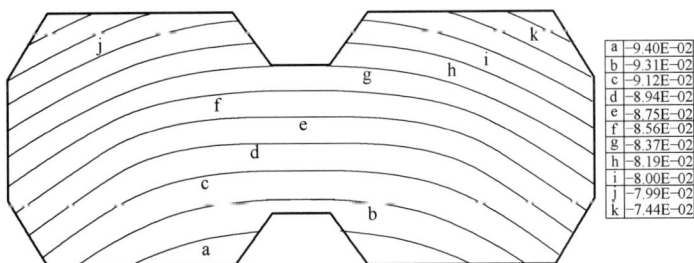

图6-28　承台沉降等值线图（单位：m）

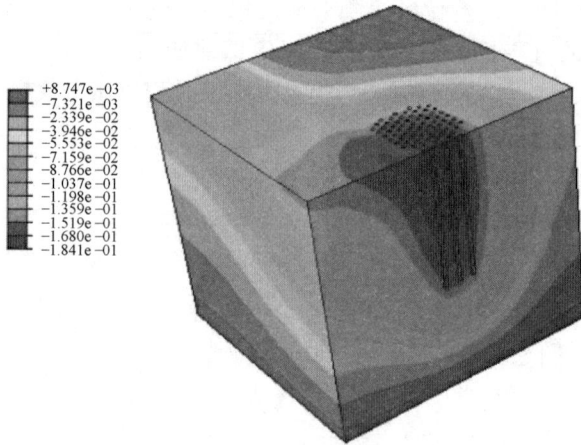

图6-29 土体总沉降云图（单位：m）

3.数学模型

从计算结果来看，河床淤积对基础沉降的影响是很大的，应该结合监测结果及时清淤。河床淤积的安全警戒模型仍然以二元方程表示，包含两方面，淤积方量 V_s 和淤积高度 h ，通用表达式如式（6-2）所示。之所以包含淤积高度，是为了避免淤积荷载过于集中，使得局部沉降过大，从而加剧基础的不均匀沉降。对于桥位区而言，警戒值 V_m 取 64000m³， h_m 取 6m。对于桥位区南侧大范围淤积而言，其平均淤积厚度极限值取5m。

$$\left. \begin{array}{l} V_s < V_m \\ h < h_m \end{array} \right\} \tag{6-2}$$

6.4 本章小结

在深入分析苏通大桥河床冲淤监测结果之后，发现北主墩桥位区呈冲刷趋势，南主墩桥位区及整个南侧河床呈淤积趋势，同时实时监测数据表明，桥位区北岸新建港口码头，对水流条件有重要影响，会改变河床的冲淤平衡。而河床冲刷与淤积对大桥安全性具有重要影响，遂利用有限单元法，并结合比奥固结理论计算出河床冲刷与淤积的警戒值，给出了安全监控模型的一般表达式。计算结果同时表明：河床冲刷造成的吸水固结是非常缓慢的，有足够的时间对河床进行修复，进一步说明了运营期的冲淤监控的必要性。

第7章　预测预报监控模型

不管是哪类工程的监控，其宗旨都是一致的，即为安全而监控。对于苏通大桥的群桩基础而言，由于其规模前所未有，很多设计都是超规范的，其安全性就显得尤为重要了。安全监控是掌握桥梁基础状态的有效方法，为了掌握基础的安全状态，就必须对监测资料进行分析与统计，建立相关监控模型，并利用监控模型对基础的状态进行合理的预报。

对于潮汐河段的群桩基础而言，由于其监测数据受环境因素的影响突出，研究重点应该是建立最优的精度最高的监控模型。

7.1　安全监控模型概述

安全监控模型是指借助数学工具和物理力学原理建立的监测效应量（如位移、应变、渗透压力等）与原因量（温度、潮位、荷载等）的关系式，并可据此对监测物理量进行定量分析与评价。其主要依据原则是：实测效应量与模型预测效应量两者应基本符合某种数学关系，并以此来判断构筑物与地基基础的工作状态和稳定性。

一般而言，安全监控模型可分为三大类：统计模型、确定模型和混合模型。其中统计模型由于其具有容易建立，使用方便的优点，应用相对广泛。常用的有多元回归模型、灰色模型、模糊数学模型等，近年来，由于计算机技术的发展，一些基于学习理论的统计模型得到迅速发展，其中以神经网络模型和支持向量机模型为显著代表，这类模型具有精度高，计算简单的特点。

本章的重点在于对比各种模型在潮汐河段群桩基础监控中的适用性，寻找出最适合的监控模型。为了对比各模型的适用性，均以相同的数据样本进行建模。

7.2 多元回归模型

1. 多元线性回归的建模原理

设 Y 与 $X=(X_1, X_2, \cdots\cdots, X_n)$ 存在相关关系，假定 X 固定时，Y 服从正态分布[198]，且

$$(X_{1i}, X_{2i}, \cdots\cdots, X_{ni}, Y_i) \quad i=1, 2, \cdots\cdots, m \quad m>n$$

取其中 m 组数据就可建立一个 n 元方程组。总共可建立 $k=C_m^n$ 个方程组。现在需要解决的问题是求出 n 元方程的 n 个系数，并使此方程能尽量与观测数据相符合。很显然，用最小二乘法能很容易解决这个问题。对于非线性关系，如指数、对数、三角函数等，可以通过换元的方法，将一些非线性关系变成线性关系。

2. 桩顶应变多元回归模型

桩顶应变的影响因素很多，如潮位、温度、日照辐射等，然而能够通过监测捕捉到的信息仅有潮位、温度，并且这两种因素也是主要影响因素，选取 2008 年 2 月的一段监测数据作为回归测试数据（如图 7-1 和图 7-2 所示）。需要指出的是后续分析均是针对 2008 年 2 月 24 日以后的实测数据进行预测，在此之前的均为拟合结果。

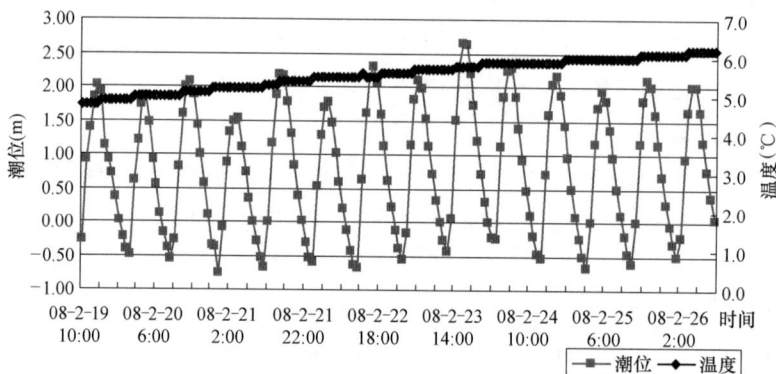

图 7-1 温度与潮位实测曲线

通过建立的回归模型预测值与实测值对比曲线如图 7-3 所示，需要说明的是，为了便于和其他模型进行对比，所有数据都经过归一化处理。

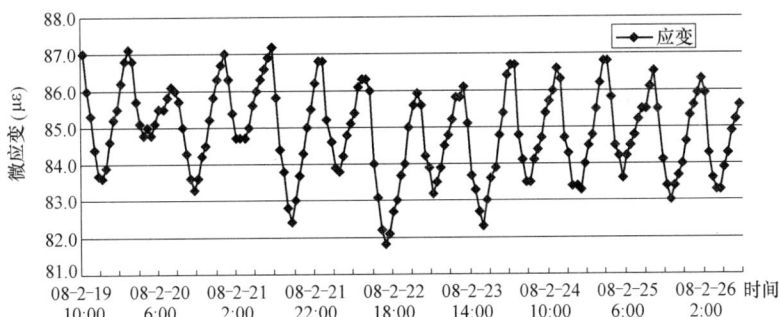

图 7-2　桩顶应变实测曲线

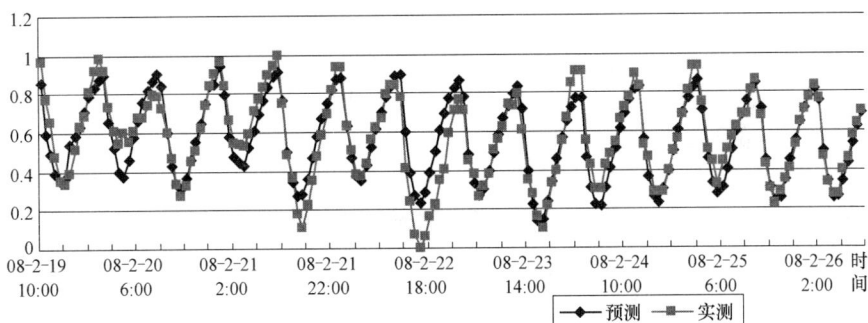

图 7-3　回归模型预测值与实测值对比

7.3　支持向量机模型

1.支持向量机简介

支持向量机简称 SVM，这是一种新的基于学习理论的统计方法，是由 Corinna Cortes 和 Vapnik 等于 1995 年首先提出的，由于它在解决小样本非线性高维模式识别中表现出许多特有的优势，并能够推广应用到函数拟合等其他机器学习问题中。

支持向量机方法是建立在统计学习理论的 VC 维理论和结构风险最小原理基础上的，根据有限的样本信息在模型的复杂性（即对特定训练样本的学习精度）和学习能力（即无错误地识别任意样木的能力）之间寻求最佳折中，以期获得最好的推广能力。

支持向量机将向量映射到一个更高维的空间里，在这个空间里建有一个最大间隔超平面。在分开数据的超平面的两边建有两个互相平行的超平面。建立方向合适的分隔超平面使两个与之平行的超平面间的距离最大化。其假定为，平行超平面间的距离或差距越大，分类器的总误差越小。

支持向量机的主要特点有：

（1）是专门针对有限样本的情况，将得到现有信息条件下的最优解作为学习目标。

（2）由于算法将分类问题最终转换为二次型寻优问题，从理论上说可以得到全局最优解。

（3）算法通过在高维空间中构造线性判别函数，巧妙地解决了高维数问题，算法复杂度与维数无关。

支持向量机的理论最初来自对数据分类问题的处理，随着计算技术的发展，支持向量机的应用逐步扩展到其他领域，被广泛应用到工程实际中[200-201]，如今支持向量机已是一种应用成熟的分类、回归、预测工具。

2.支持向量机模型原理

支持向量机是基于统计学习理论的机器学习方法，尤其是对于样本数量有限情况下的统计学习问题，推广能力较强。Vapnik是统计学习理论的创立者之一，也是支持向量机方法的主要发明者。其基本思想是通过某种预先设定的非线性映射，将输入向量映射到一个高维特征空间，在这个空间中构造最优分类超平面。其训练过程如图7-4所示。

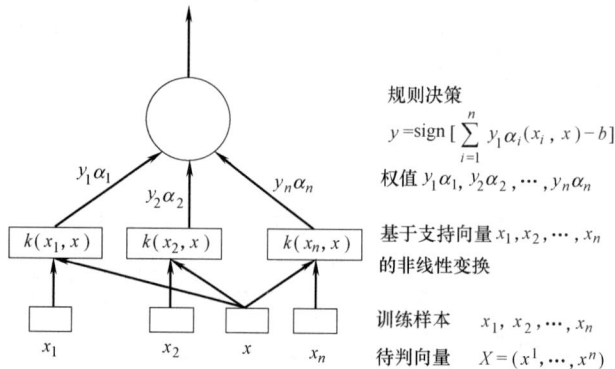

图7-4 支持向量机模型训练过程

由图7-4可知，支持向量的数目决定了SVM构造的复杂程度，与空间维数无关。

假设训练样本为：

$$(x_1, y_1), (x_1, y_1), \cdots (x_1, y_1) \in X \times Y \qquad (7\text{-}1)$$

式中 X——输入空间向量；

     $X \subset R^n$； n——训练样本数；

          Y——模式空间，$Y = \{+1, \quad -1\}$。

分离超平面为：

$$y = \text{sign}\,[(w \cdot x) + b] \tag{7-2}$$

式中 x——输入向量；

       w——权值向量；

       b——阀值。

对可分的超平面分类器，无训练误差的分类条件为：

$$\cdots \qquad y_i[(w \cdot x_i) + b] \geqslant 1, (i = 1, 2, \cdots\cdots, n) \tag{7-3}$$

针对采用线性函数来分类，在实际应用中结果不理想的情况，采用先对输入变量进行非线性变换。通过式（7-4）的风险性映射把输入空间 R^n 中的数据映射到一个特征空间 F 中，如：

$$\left. \begin{array}{l} \Phi : R^n \to F \\ x \to \Phi(x) \end{array} \right\} \tag{7-4}$$

这样，分类超平面就变为：

$$y_i(w \cdot \Phi(x_i) + b) \geqslant 1 (i = 1, 2, \cdots\cdots, n) \tag{7-5}$$

学习的目标是寻找标量 b 和 $w \in F$ 来满足期望风险最小。根据 VC 理论，最小化经验风险和模型复杂度的一个上界可以用如下的二次规划问题来表示，即：

$$\min_{w, b} \frac{1}{2} \|w\|^2 \tag{7-6}$$

对于特征映射未知时，不能直接求解式（7-4）的情况，可对隐含的特征映射来求解。对二次规划问题，对式（7-3）的每个约束条件引入拉格朗日乘子 $\alpha_i \geqslant 0$，$i = 1, 2, \cdots\cdots, n$，得到下面的拉格朗日函数：

$$L = (w, b, \alpha) = \frac{1}{2}\|w\|^2 - \sum_{i=1}^{n} \alpha_i [\, y_i(w \cdot \Phi(x_i) + b) - 1] \tag{7-7}$$

任务变为关于 w、b 最小化和关于 α_i 最大化。在最优点，根据 $K-T$ 条件有 $\frac{\partial L}{\partial b} = 0$ 和 $\frac{\partial L}{\partial w} = 0$。计算可得：

$$\left. \begin{array}{l} \displaystyle\sum_{i=1}^{n} \alpha_i y_i = 0 \\ \displaystyle w = \sum_{i=1}^{n} \alpha_i y_i \Phi(x_i) \end{array} \right\} \tag{7-8}$$

把式（7-6）代入式（7-4）中，可得到如下对偶二次规划问题：

$$\left.\begin{array}{l} \max \sum_{i=1}^{n}\alpha_i - \frac{1}{2}\sum_{i,j=1}^{n}\alpha_i\alpha_j y_i y_j(\Phi(x_i)\bullet\Phi(x_j)) \\ s.t. \quad \alpha_i \geqslant 0, \quad i=1, 2, \cdots\cdots, n \\ \qquad \sum_{i=1}^{n}\alpha_i y_i = 0 \end{array}\right\} \tag{7-9}$$

由对偶二次规划问题可知，$\Phi(x_i)$之间仅仅通过内积相互作用。根据 Mercer 定理可知，满足 Mercer 条件的函数 $k(u, v)$ 称为 Mercer 核函数（简称 Mercer 核、正定核）。那么存在一个空间 H 和映射 $\Phi: R^n \to H$，使得 $k(u, v) = \Phi(u)\bullet\Phi(v)$。所以，通过相应的核技巧，特征空间中像的内积可以用输入空间中的数据直接计算。系数 α_i 则可以通过解对偶问题得到，$i=1, 2, \cdots\cdots, n$。$\alpha_i \neq 0$ 所对应的向量 x_i 称为支持向量，这样就导致了一个非线性的决策函数：

$$f(x) = \text{sign}\left[\sum_{i=1}^{n}y_i\alpha_i(\Phi(x)\bullet\Phi(x_i)) + b\right] = \text{sign}\left[\sum_{i=1}^{n}y_i\alpha_i k(x, x_i) + b\right]$$
$$\tag{7-10}$$

当处理噪声数据时，引入松弛变量 ξ_i 放宽约束为，这是 SVM 有别于其他模型的关键。

$$y_i(w\bullet\Phi(x_i) + b) \geqslant 1-\xi_i \quad \xi_i \geqslant 0 \quad i=1, 2, \cdots, n \tag{7-11}$$

允许一定的分类误差。此时式（7-6）和经验误差的上界 $\sum_{i=1}^{n}\xi_i$ 的和为

$$\min_{w, b}\frac{1}{2}\|w\|^2 + C\sum_{i=1}^{n}\xi_i \tag{7-12}$$

式中　C——惩罚参数，它是经验误差和模型复杂度之间的一种折中。这就导致对偶问题：

$$\left.\begin{array}{l} \max \sum_{i=1}^{n}\alpha_i - \frac{1}{2}\sum_{i,j=0}^{n}\alpha_i\alpha_j y_i y_j(\Phi(x_i)\cdot\Phi(x_j)) \\ s.t. \quad 0 \leqslant \alpha_i \leqslant C, \quad i=1, 2, \cdots, n \\ \qquad \sum_{i=1}^{n}\alpha_i y_i = 0 \end{array}\right\} \tag{7-13}$$

3. 支持向量机模型建立步骤

（1）选择训练样本，要求对训练样本进行归一化处理，对于桩顶应变来说须将每一次测次的数据以向量表示 (ε, t, h)，其中，ε 表示桩顶应

变；t表示温度；h表示潮位。

（2）选择核函数及参数。参数的选择往往决定着模型的精度和预报效果，可利用优化算法（如遗传算法、模拟退火算法）进行参数寻优，本书利用前文介绍的遗传算法进行参数寻优。

（3）根据核函数求解式（7-10）。

（4）根据得到的参数建立非线性关系并进行模型训练。保存结果，利用遗传算法进行变异，交配等运算，判断是否收敛，不收敛执行第二步。

（5）训练结果输出。

4.桩顶应变支持向量机模型

数据样本仍然采用本书6.2节的数据，利用遗传算法求得的最优参数为$C=512$，$\varepsilon=2.0$，$\sigma=4.0$。利用这三个参数进行训练，得到的预测结果如图7-5所示。从图中可以看出，与统计模型相比，支持向量机模型的逼近效果更好。

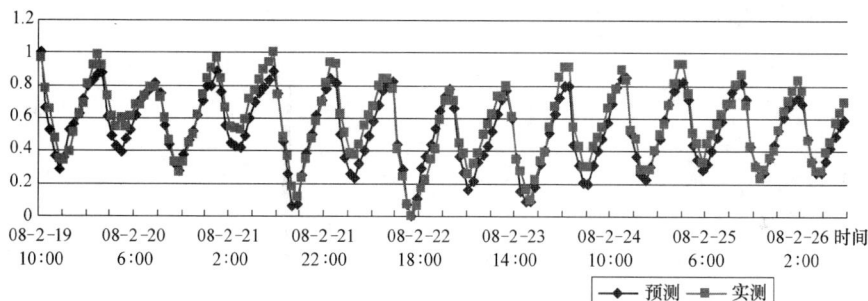

图7-5　利用三个参数得到的预测结果

7.4　神经网络模型

1.神经网络简介

神经网络是一种新的信息处理系统[202]，是由大量简单的基本元件——神经元相互连接，是仿照人的大脑神经处理信息的方式，进行信息并行处理和非线性转换的复杂网络系统。神经网络不仅具有大规模并行处理的特性，还具有高度的鲁棒性和容错性。正是由于这些优点，使得神经网络被广泛应用解决工程的实际问题，如预测预报、故障诊断、图像处理等。

1）神经元模型

神经元模型传递信息的过程具有一个共同点：由神经末梢感受外界刺激，通过神经元传递到神经中枢，再传递到大脑。如果从输入输出的角度讲，神经元模型就是一典型的多输入单输出模型，其模型结构如图 7-6 所示。

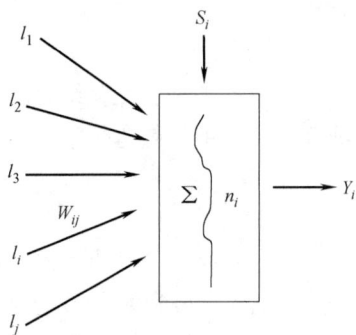

图中，l_j 表示有 j 个输入信号，W_{ij} 表示各信号分量的权值，n_i 为权值，S_i 为外部控制信号，Y_i 为输出信号。

神经元的输出函数一般可用三种函数表示非线性特征。

图 7-6　神经元模型结构示意图

（1）线性型

$$f(u_i) = \begin{cases} 1 & u_i \geqslant u_2 \\ au_i + b & u_i \leqslant 0 < u_2 \\ 0 & u_i < u_1 \end{cases} \qquad (7\text{-}14)$$

（2）阈值型

$$f(u_i) = \begin{cases} 1 & u_i \geqslant 0 \\ 0 & u_i < 0 \end{cases} \qquad (7\text{-}15)$$

（3）S 型

$$f(u_i) = \frac{1}{1 + e^{(-\frac{u_i}{c})^2}} \qquad (7\text{-}16)$$

式中　u_i——神经元 i 的内部状态。

2）神经网络的分类

按连接方式的不同，神经网络可分为以下几类：

（1）前向型网络

前向型网络的主要特点是：神经元分层排列，按输入输出顺序分别有输入层、中间层和输出层。信号是单向传输，即每一层的神经元只接受前一层的神经元的输入，对前一层无反馈信号。这是一种顺序模式，网络结构如图 7-7 所示。感知器网络和 BP 网络均属于前向型网络。

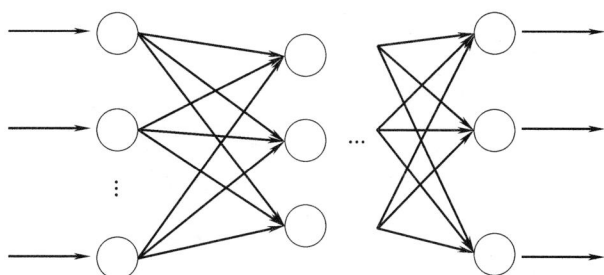

图 7-7　前向网络结构示意图

（2）有反馈前向型网络

有反馈前向型网络与前向型网络的区别在于输出层对输入层有反馈信息，其优点在于可用于存储某种模式序列。需要指出的是：输出层对输入层有反馈信息，而中间层对输入层是无反馈信息。有反馈前向型网络结构示意图如图 7-8 所示。

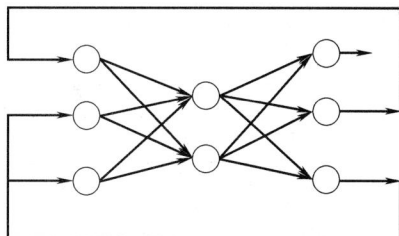

（3）层内有相互结合的前向网络

其结构图如图 7-9 所示。与前面两种类型相比，主要区别在于：可以实现同一层内神经元之间的信号传输。这样可以限制每层内可以同时动作的神经元素。

图 7-8　有反馈前向型网络结构示意图

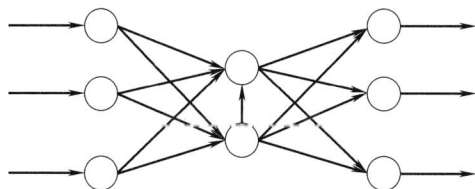

图 7-9　层内有相互结合的前向网络结构示意图

（4）相互结合型网络

相互结合型网络在任意两个神经元之间都有信号传递。其主要特点是：信号需在神经元之间反复传递，网络状态在不断改变，直到达到某种平衡状态，其网络结构如图 7-10 所示。

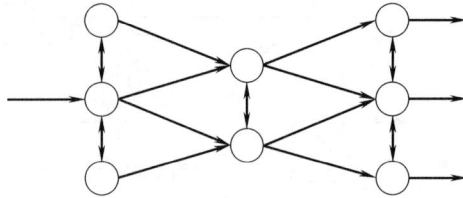

图7-10　相互结合型网络结构示意图

3）神经网络的学习方式与学习函数

神经网络的学习方式分为有监督学习和无监督学习两种。有监督学习的训练样本通常由输入矢量和目标矢量组成，在学习和训练过程中，会根据实际情况，对连接权值和域值进行调整；而无监督学习则不存在教师信号提供给网络，网络根据特有的学习规则进行权值和域值的调整。

神经网络的学习函数有多种，如表7-1所示。

神经网络的学习函数表 表7-1

名称	英文表达式	传输函数
硬极限函数	Hardlim	$n<0, a=0; n\geq0, a=1$
对称硬极限函数	Hardlims	$n<0, a=-1; n\geq0, a=-1$
线性函数	Purelin	$a=n$
饱和线性函数	Satlin	$n<0, a=0; 0\leq n\leq1, a=n; n>1, a=1$
对称饱和线性函数	Satlins	$n<-1, a=-1; -1\leq n\leq1, a=n, n>1, a=1$
对数 S 型函数	logsig	$a = \dfrac{1}{1 + e^{-n}}$
双曲正切 S 型函数	tansig	$a = \dfrac{e^n - e^{-n}}{e^n + e^{-n}}$
正线性函数	poslin	$n<0, a=0; n\geq0, a=n$
径向基函数	radbas	$a = e^{-n^2}$

在众多训练函数中，硬极限函数、对称硬极限函数、线性函数、饱和线性函数、对称饱和线性函数、正线性函数以及径向基函数是早期使用的隐式神经元传输函数，常用于模式分类。对数 S 型函数、双曲正切 S 型函数是多层感知器网络中最常用的，适用于函数逼近问题。

2.径向基函数神经网络

径向基网络将权值向量和阈值向量的距离 d 作为自变量，d 可以通过输入向量和加权矩阵的行向量的乘积得到。其传递函数原型为：

$$radbas(n) = e^{-n^2} \tag{7-17}$$

从式（7-17）可以看出，当输入自变量为0时，传递函数取得极大值1。当权值与输入向量之间距离减小，网络输出是递增的。常利用径向基神经元和线性神经元建立广义回归神经网络，被广泛用于函数逼近，一般情况下，逼近效果胜过BP神经网络。

1）径向基函数的学习过程

径向基函数网络包含三层前向网络，由输入层、隐含层和输出层构成。通常将高斯函数作为隐含层的激励函数。对于一个桩顶应变径向基网络模型来说，其径向基函数网络结构如图7-11所示，输入序列是包含应变、温度、潮位的向量，第 i 个神经元的输入为：

$$k_i^q = \sqrt{\sum_j (W1_{ji} - x_j^q)^2} \cdot bl_i \tag{7-18}$$

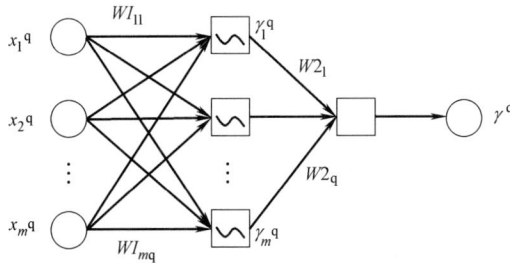

图7-11　径向基函数网络结构

第 i 个神经元的输出为：

$$r_i^q = \exp(-(k_i^q)^2) = \exp(\sqrt{\sum_j (w1_{ji} - x_j^q)^2} \cdot bl_i) = \exp(-(\|wl_i - X^q\| \cdot bl_i)^2) \tag{7-19}$$

利用径向基函数的阈值和参数 C 可以调节函数的灵敏度，阈值和 C 为反比关系，两者调节一个即可，C 值越大，隐含层神经元对输入矢量的响应范围将越大，并且各神经元之间的平滑度也较好。

径向基神经网络的训练过程可分为两步：第一步为无教师学习，确定权值 $W1$；第二步为有教师学习，确定权值 $W2$，$W1$ 作用于输入层与隐含层之间，$W2$ 作用于隐含层与输出层之间。

2）桩顶应变的径向基函数神经网络模型

数据样本与数据格式均与支持向量机模型相同，由于径向基函数预测精度与分布精度有关，采用搜寻法搜寻发现，分布密度取1误差最小。输出结果与实测结果对比如图7-12所示。

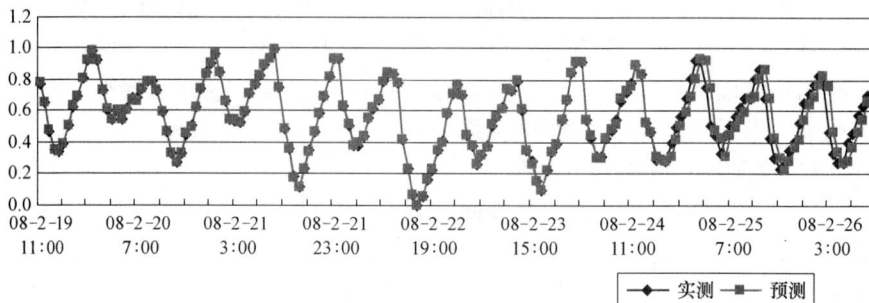

图7-12　径向基函数神经网络预测与实测曲线

从图中可以看出，对于桩顶应变的实测数据来说，径向基函数神经网络模型的逼近效果要胜过支持向量机模型。

3.Elman神经网络

Elman神经网络是Elman在1990年提出的。Elman神经网络在前馈网络的隐含层中增加一个承接层，以达到延时，便于存储记忆的目的，也就使得系统具有适应时变特性的能力[202]。

1）Elman神经网络结构

如前所述，Elman神经网络结构（图7-13）分为四层：输入层、中间层、承接层和输出层。各层单元作用很明确，输入层单元起传输训练样本作用，输出层单元则是起加权平均的作用，其连接权可以进行学习修正；反馈连接由一组"结构"单元构成，用来记忆前一时刻的输出值，其连接权值是固定的。

与图7-13对应，Elman神经网络的非线性状态空间表达式为：

$$y(k) = g(w^3 x(k))$$
$$x(k) = f(w^1 x_c(k) + w^2(u(k-1)))$$
$$x_c(k) = x(k-1)$$

(7-20)

式中　　　y——m维输出结点向量；

　　　　　x——n维中间层结点单元向量；

　　　　　u——r维输入向量；

　　　　　x_c——n维反馈向量；

　　w_1、w_2、w_3——中间层、输入层、承接层、输出层之间的连接权值；

　　　　　$g(x)$——神经元的传递函数；

$f(x)$——中间层神经元的传递函数。

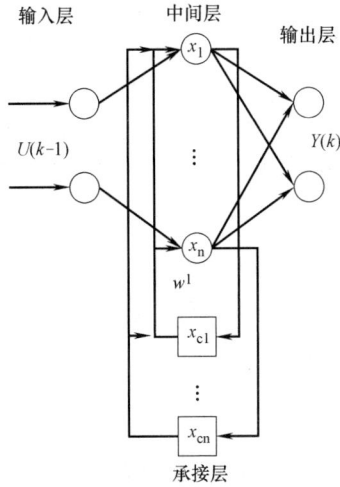

图7-13 Elman神经网络结构

2）桩顶应变Elman神经网络

与前文类似，采用一段时间的桩顶应变、潮位、温度数据作为训练样本。输出结果与实测结果对比如图7-14所示。从图中可以看出，Elman神经网络模型的逼近效果还是不错的，并且Elman具有自适应特点，收敛速度相对较快。

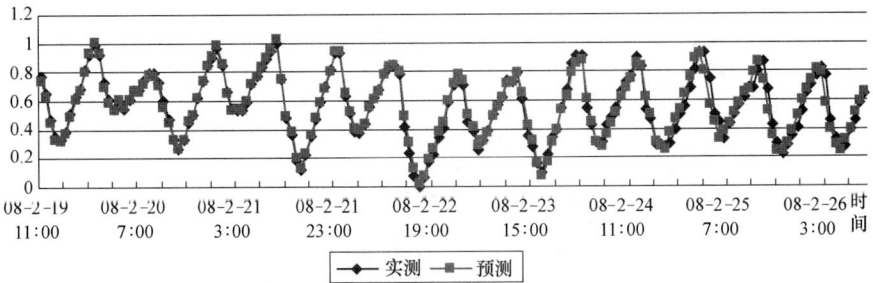

图7-14 Elman神经网络预测与实测曲线

4.BP神经网络

BP神经网络是一种多层前馈神经网络。自BP网络问世以来，BP网络以其结构简单，可调参数多，训练算法多，可操作性好的特点而获得了广泛应用。

1）BP网络结构与学习步骤

BP网络结构是一种具有三层或三层以上神经元的神经网络，如图7-15所示，由输入层、隐含层和输出层组成。其主要特点是：上下层直接全连接，可以实现信号交互传递，而每层神经元之间无连接。当输入信号（学习样本）进入网络后，神经元的激活值经中间层向输出层传递，网络的输入响应发生在信号经过输入层时。然后，按照输出误差的方向，信号从输出层返回到输入层，从而逐层修正连接权值，这就是BP算法的过程。

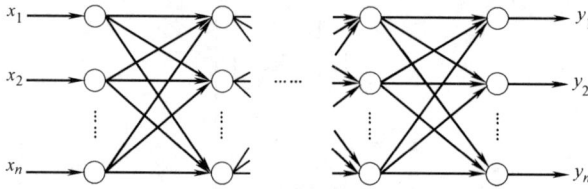

图7-15　BP网络结构

BP网络结构的学习流程如图7-16所示：

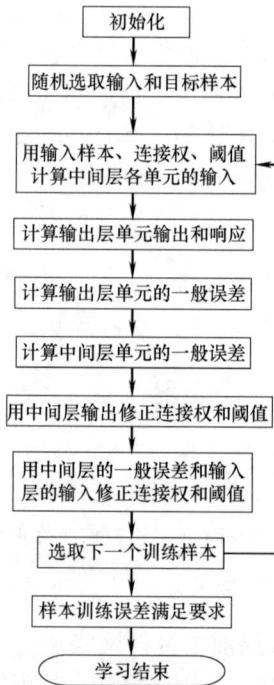

图7-16　BP网络结构学习流程

2) 桩顶应变 BP 神经网络

训练样本与前面一致, 对于 BP 网络而言, 隐含层的数量不仅关系到训练精度, 还关系到收敛速度。可采用 Kolmogorov 定理判断隐含层的数量区间, 如式 (7-21)。

$$n_1 = \sqrt{n + m} + a \qquad (7\text{-}21)$$

式中 m——输出神经元数;

n——输入单元数;

a——[1, 10] 之间的常数。

可通过循环语句进行隐含层数量寻优。其 matlab 寻优代码如下:

```
p=[ ];%输入训练样本P,数据需归一化
t=[ ];%输入训练样本t,数据需归一化
for i=3:12
net = newff(minmax(p),[i,1],{'tansig' 'purelin'},'trainscg');
net.trainParam.epochs = 10000;
net.trainParam.goal = 0.0001;
net = train(net,p,t);
%对训练后的网络进行仿真
    y(i,:)=sim(net,p);
end
for j=1:12
    plot(1:169,y(j,:)-t);
hold on;
end
hold off
```

桩顶应变的 BP 神经网络模型预测与实测对比如图 7-17 所示。

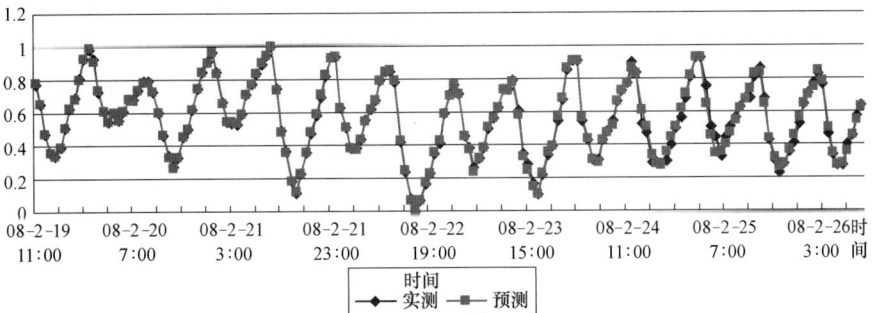

图 7-17 BP 神经网络预测与实测曲线

7.5 各统计模型对比

为了选择最适合潮汐河段桩顶应变预测的监控模型，将各模型预测残差进行对比（如图7-18所示）。从图中可以看出，由于桩顶应变的影响因素相对较多，多元回归模型和支持向量机模型的残差相对较大，不适合采用。神经网络模型的残差相对较小，但是三种神经网络模型的残差仍有差异，Elman神经网络模型预报误差相对较大，径向基则是在后期出现了大的波动。由于能够捕捉到的影响桩顶应变的因素是有限的，可能在后期出现了某种新的影响因素，相对而言，BP神经网络模型的适应性是最好的，故在潮汐河段群桩基础安全监控预测预报建模时最好采用BP神经网络模型。

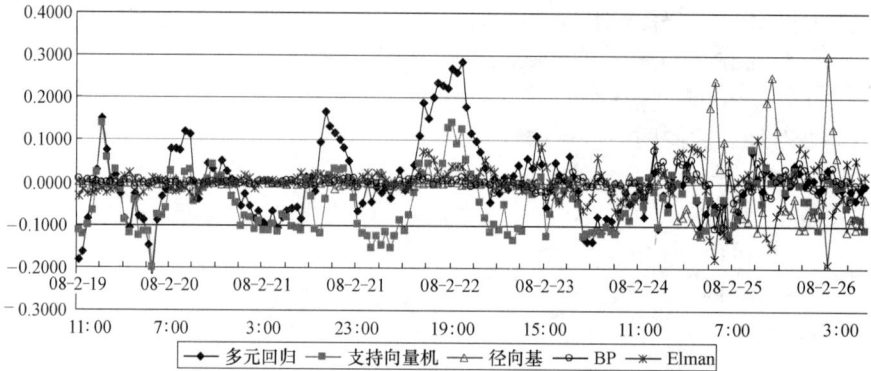

图7-18　各模型预测残差进行对比

各模型的预测平均相对误差如表7-2所示。一般认为，预测平均相对误差不超过15%都是合格的，从表7-2中可以看出多元回归是不合格的，支持向量机模型的误差也相对较大，BP神经网络模型的预测精度最高。

各模型的预测平均相对误差表　　　　　　　　　表7-2

项目	多元回归	支持向量机	BP	Elman	径向基
相对误差	17.30%	13.60%	3.26%	8.69%	5.32%

7.6 承台底层钢筋应力多测点预测模型

对于一个大型群桩基础来说，承台内部应力与桩顶轴力同样重要，当基础状态朝着不安全方向发展时，承台内部应力也必然发生相应的改变。承台内部应力也是安全评判的重要指标。因此建立内部应力监控模型也是必要的，当预测值与实测值出现较大差异时，这也是异常报警的一项重要参考指标。由于监测点较多，为了提高效率，考虑以多测点的数据序列作为训练样本，构建多测点预测模型。

1. 数据准备

以承台底部钢筋应力为例，阐述承台内部应力BP神经网络模型的建立步骤。首先承台的内部应力与传感器埋设位置、荷载、索塔形态、温度等因素有关。对于运营期而言，静荷载是恒定的，而动荷载则是随时间变化的，索塔形态也是一天24h处于动态变化的，对于建立长期预测预报模型，是困难的。然而，每天的夜间，过往车辆相对较少，索塔形态也可以近似看做相同，故训练样本数据全部选择凌晨的数据。由于传感器位置只与横桥向方位有关，故只准备横桥向数据（如表7-3所示，以承台中心为原点，Y轴指向南通方向），训练数据如表7-4所示，以前面12次数据用作训练，最后一次数据用于检验模型的外推预测能力。

横桥向数据（单位：m）　　　　　　　　　表 7-3

编号	1号	2号	3号	4号	5号	6号	7号	8号	9号	10号	11号	12号	13号
X轴位置	-51.1	-44.3	-37.5	-30.7	-23.9	-17.0	-10.3	-3.5	3.2	17.3	24.1	30.7	37.5

2. 数据训练与预测

数据训练之前首先需对数据进行归一化，数据格式 $\{N_1, N_2, \cdots\cdots, N_{13}, X_1, X_2, \cdots\cdots, X_{13}, t\}$。其中 N_i 表示 i# 传感器实测轴力，X_i 表示 i# 传感器的横桥向坐标，t 表示该测次温度。数据网络训练结果如图7-19所示。从图中可以看出，模型的收敛速度很快，迭代不到500次就满足精度要求，说明模型隐含层的寻优结果是合理的。

2009年6月18日的预测数据与实测数据对比如图7-20所示，从图中可以看出，预测精度较高，平均绝对误差只有0.68kN，平均相对误差3.5%，最大绝对误差12.1%，满足工程要求。

表7-4

数据训练样本表（钢筋轴力单位：kN，以压为正；温度单位：℃）

日期	1号	2号	3号	4号	5号	6号	7号	8号	9号	10号	11号	12号	13号	温度
08-6-18	-16.0	-21.1	-14.2	-24.6	-36.8	-14.5	-7.8	-12.5	-20.7	6.4	-22.6	-7.3	-2.2	18.0
08-7-18	-17.1	-22.7	-14.7	-24.7	-36.8	-20.4	-13.7	-18.4	-23.4	4.8	-37.6	-8.9	-3.8	19.0
08-8-18	-14.3	-21.8	-14.4	-24.2	-36.4	-18.2	-13.8	-18.5	-20.5	6.0	-31.2	-8.3	-3.3	20.6
08-9-18	-11.5	-18.9	-12.6	-21.8	-33.9	-15.4	-8.6	-13.0	-14.6	8.3	-28.8	-6.2	-1.2	21.9
08-10-18	-10.4	-17.5	-12.0	-20.5	-32.6	-13.5	-4.8	-9.0	-9.9	9.2	-27.3	-5.2	-0.2	22.3
08-11-18	-10.0	-16.8	-12.1	-19.5	-31.6	-11.6	-1.3	-5.3	-5.4	9.4	-26.3	-5.3	-0.4	22.0
08-12-18	-9.4	-16.7	-12.0	-18.5	-30.6	-9.9	2.2	-1.6	-1.2	9.2	-25.2	-5.1	-0.1	20.8
09-1-18	-9.4	-16.9	-12.8	-18.9	-31.0	-9.0	3.8	0.0	0.7	8.1	-25.0	-5.9	-0.9	19.2
09-2-18	-11.0	-17.7	-13.9	-20.4	-32.4	-11.0	0.6	-3.3	-3.7	6.5	-27.2	-7.4	-2.4	17.5
09-3-18	-12.1	-17.4	-13.9	-20.8	-32.9	-11.7	-2.8	-7.0	-7.4	5.8	-27.3	-7.1	-2.1	16.4
09-4-18	-13.6	-17.9	-14.4	-21.9	-34.0	-13.9	-8.3	-12.7	-14.5	5.0	-29.1	-7.1	-2.1	15.8
09-5-18	-15.9	-19.7	-14.8	-23.5	-35.6	-16.6	-13.8	-18.4	-19.8	4.4	-31.0	-7.5	-2.4	16.0
09-6-18	-16.7	-21.4	-15.3	-24.6	-36.8	-18.6	-16.2	-21.0	-22.5	3.9	-32.1	-8.6	-3.5	16.6

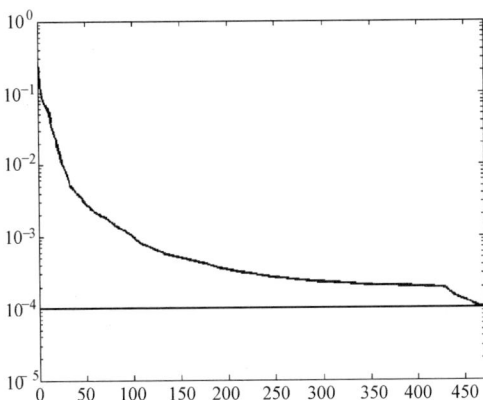

图 7-19 网络训练结果

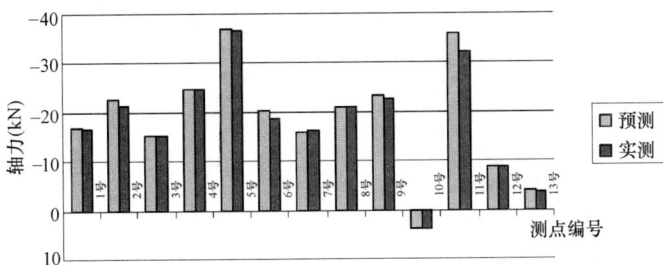

图 7-20 预测数据与实测数据对比

7.7 本章小结

针对潮汐环境下的群桩基础的实测数据受环境因素影响大的特点，分别建立了多种监控模型，包括：多元回归、支持向量机、径向基神经网络、Elman 神经网络和 BP 神经网络。对比发现，BP 神经网络的对潮汐环境的适应性最好，预测精度最高，Elman 神经网络模型虽然精度也较高，但对不确定的偶然因素适应性差。一般情况下，支持向量机的拟合预测精度都高于神经网络模型，但是在潮汐河段，预测效果相对较差，而多元统计模型则不满足工程要求。在此基础之上，利用 BP 神经网络建立了承台底层应力分布安全监控模型，并对后续监测数据进行了外推预测，其预测结果具有较高的精度，满足工程需求。

第8章 桥梁基础安全评价模型

监控的宗旨是：为安全而监控。前面所有的工作都是为了一个目的，评价基础的安全性。具体而言，就是建立合理的安全评判模型，对基础进行安全评价。目前使用最广泛的安全评价模型是模糊综合评价模型，且都是针对现有的数据进行及时评价，而决策者不仅仅关心桥梁现在的安全性，更关注其未来的安全性。如果把运营期的桥梁看作一个混沌体的话，可以应用混沌数学的思想对桥梁的安全性进行评价。分形学作为混沌数学的重要分支，目前已经广泛应用于工程实际当中，并具有一定的预测能力，本书通过计算大量实测数据的分维数，提出一种基于分形理论的基础安全评价模型。

8.1 分形学基本理论

分形理论是现代非线性科学研究中十分活跃的一个数学分支，在物理、地质、材料科学以及工程技术中都有广泛的应用。随着电子技术的快速发展，分形的思想和方法被相继应用到模式识别、自然图像的模拟、信号的处理以及艺术的制作等方向。

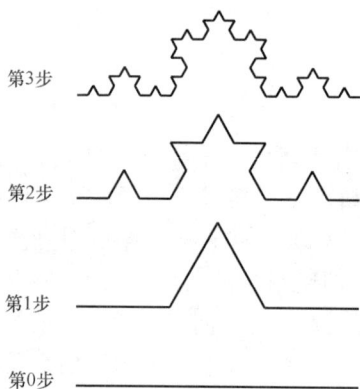

图8-1 冯·科赫曲线

引用冯·科赫曲线的过程来形象的解释分形的过程。设E_0是单位长直线段，E_1是由E_0除去中间1/3的线段、而用一边长与去除段相等的等边三角形的两边与剩下两段线段相连，构造一新的图形，它包含4个线段。对E_1的每一个线段再进行一次同样的构造得到E_2，依次类推，逐级构造下级曲线，这种曲线序列的构造过程就是著名的冯·科赫曲线（如图8-1所示）。

我们可以称第3步构造出的曲线是第2步构造出的曲线的分形。

1. 豪斯道夫测度与维数

豪斯道夫测度与维数是分形理论中最基本也是应用最广泛的一种[203]。

设 $F \subset R^n$ 是一个非空的集合，δ 是一个非负实数，$\{U_i\}$ 是 R^n 中的一个可数的或有限的集合；如果 $F \subset \bigcup_I U_i$，并且对于每个 i，$0 < |U_i| \le \delta$，则称 $\{U_i\}$ 是 F 的一个 δ 覆盖。其中 $|U_i|$ 是集合 U_i 的直径，定义为 $|U_i| = \sup\{|x-y|: x, y \in U_i\}$。给定一个非负实数 s，对于任何 $\delta > 0$，定义

$$H^s_\delta(F) = \inf\left\{\sum_{i=1}^\infty |U_i|^s: \{U_i\} \text{是} F \text{的} \delta \text{覆盖}\right\}$$

很明显，对于给定的 F 和 S，$H^s_\delta(F)$ 是 δ 的一个减函数，当 $H^s_\delta(F)$ 随着 δ 减少而增加，同时当 $\delta \to 0$ 时，$H^s_\delta(F)$ 趋于一个极限，其极限值可能是 0 和 ∞，也可能为非零实数。记为：

$$H^s(F) = \lim_{\delta \to 0} H^s(F) \tag{8-1}$$

称 $H^s_\delta(F)$ 是 F 的 s 维豪斯道夫测度。

维数就是描述空间中一个点的位置所需要的独立坐标数目或连续参数的最小数目。豪斯道夫维数是建立在豪斯道夫测度基础之上的，是最基本的一种分形维数。

设 $F \in R^n$ 是一个非空集合，s 是一个非负实数，$H^s_\delta(F)$ 是 F 的 n 维豪斯道夫测度。

定义 F 的豪斯道夫维数 $\dim_H F$ 为：

$$\{\dim\}_H F = \inf\{s: H^s(F) = 0\} = \sup\{s: H^s(F) = \infty\}$$

可以得出，F 的 s 维豪斯道夫测度应满足：

$$H^s(F) = \begin{cases} \infty, & s < \dim_H F \\ 0, & s > \dim_H F \end{cases} \tag{8-2}$$

如果把 $H^s_\delta(F)$ 看成 s 的一个函数的话，对于给定的集合 F，其豪斯道夫维数 $\dim_H F$ 是使 $H^s_\delta(F)$ 从 ∞ 跳跃到 0 的一个临界点。若 $\dim_H F$ 是有限数，$H^s_\delta(F)$ 可能等于 ∞ 或者 0，还可能是一大于 0 的实数。

通常情况下，在一个平面中的一条光滑曲线的豪斯道夫维数为 1，空间的一光滑曲面的豪斯道夫维数为 2，而不光滑曲线的豪斯道夫维数则介

于1和2之间。豪斯道夫维数反应了系统的复杂程度，是刻画分形结构自相似特征的定量参数。

2.Hurst 指数

若有一实测数据序列 $\{m_i\}$（$i=1$，2，$\cdots$，n），可将该观测序列分成 k 个子序列，每个序列的时间跨度 $\Delta t = t_n - t_1$，在这段时间内的子序列的平均值为：

$$\bar{x}_{\Delta t} = \frac{1}{n}\sum_{i=1}^{n} x_{ti} \tag{8-3}$$

定义时刻 t_j 观测量的累积偏差能性，如式（8-4）所示：

$$A(\Delta t,\ t_j) = \sum_{i=1}^{j}(x_{ti} - \bar{x}_{\Delta t}) \tag{8-4}$$

则在该时间内，累积偏差的值域 $R(\Delta t)$

$$R(\Delta t) = \max_{1 \leqslant j \leqslant n} A(\Delta t,\ t_j) - \min_{1 \leqslant j \leqslant n} A(\Delta t,\ t_j) \tag{8-5}$$

若以 $S(\Delta t)$ 表示累积偏差的标准差

$$S(\Delta t) = \left| \frac{1}{\Delta t}\sum_{i=1}^{n}(x_{ti} - \bar{x}_{\Delta t})^2 \right|^{1/2} \tag{8-6}$$

学者 Hurst 进行了大量的数据后发现

$$R/S = (an)^H \tag{8-7}$$

式中：a 为常数，通常取 1/2；

H 即为 Hurst 指数[205]，对式（8-7）两边取对数，即可求得。

大量研究表明[206]，H>0.5 时，各观测量之间呈正相关，观测值在过去一段时间内增大在未来一段时间内也会增大，若观测值在过去一段时间呈减小趋势，其在未来一段时间内会继续减小；H<0.5 时，各观测量之间呈负相关。

Hurst 指数 H 与豪斯道夫维数 $\dim_H F$ 之间具有如下关系：

$$\dim_H F = 2 - H \tag{8-8}$$

8.2 实测数据自相似性及可行性验证

1.实测数据自相似性验证

潮汐河段群桩基础的实测数据受各种环境因素的影响，在时间轴上表现出很好的自相似性。如潮位和气温，潮位和气温在时间轴上本身就具有自相似性。如图 8-2 和图 8-3 所示。图 8-2 是潮位在一天当中的变化曲线，

图8-3是潮位在半年中的变化曲线。从图中可以看出，潮位在一天当中两涨两落，具有明显的周期性，在一月中又有两次大潮，满足自相似的特征。图8-4和图8-5是索塔根部应力实测曲线，由于日照辐射的影响，索塔根部应力在一天当中存在明显周期性的波动，同时由于季节性气温的影响，在一年中也存在周期性波动，具有较好的自相似性。

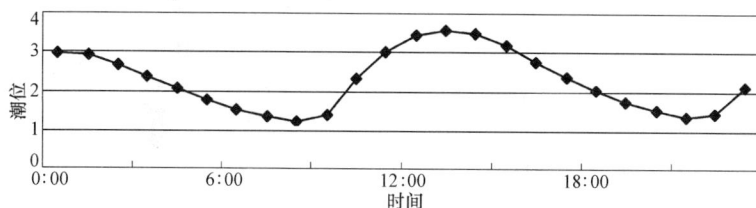

图8-2　小尺度潮位实测曲线

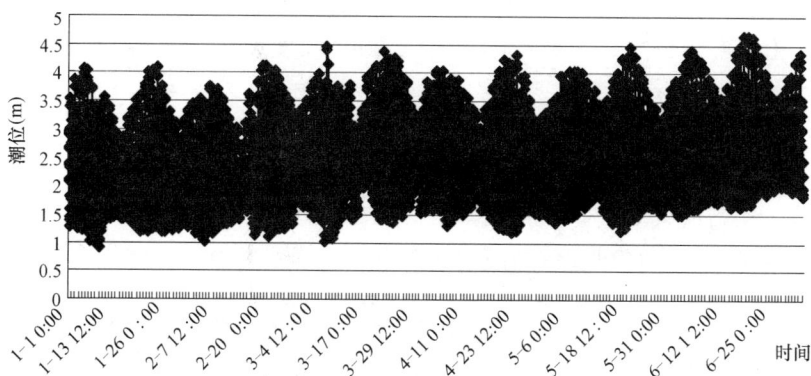

图8-3　潮位在半年中的变化曲线

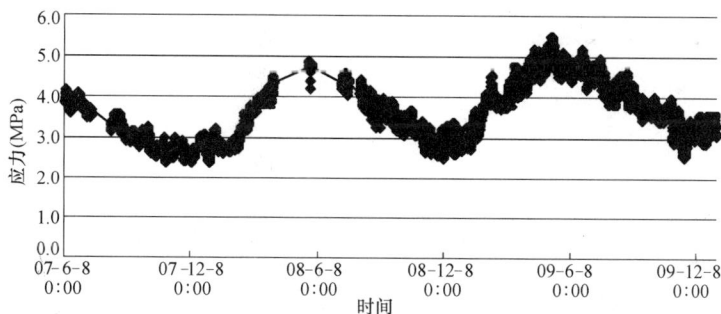

图8-4　索塔根部大时间尺度应力实测曲线

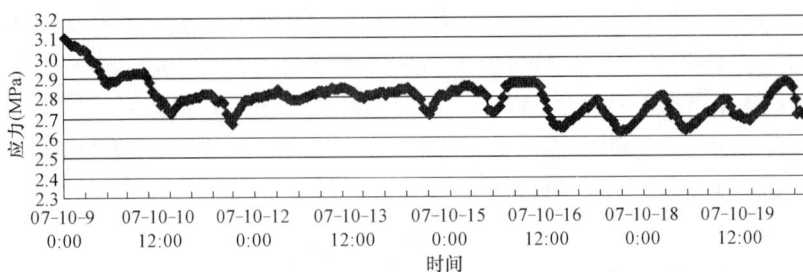

图 8-5　索塔根部小尺度应力实测曲线

从以上的分析中可以看出，潮汐河段的实测数据，在时间轴上是满足自相似性的。

2.数值模拟数据验证

为验证 Hurst 指数和豪斯道夫维数在潮汐河段的实测数据分析的可行性，由于实测数据受环境因素影响大，故采取数值模拟试验的方法，对试验数据进行分析。

仍然采用 5.3 节 1.的模型，使用同样的参数和边界条件，荷载在原模型的基础之上在桩顶加一个逐级加载的荷载，荷载在土体固结基本完成时加载，初始荷载增量逐步加大，加到 3MPa 时停止加载。计算完成后，土体固结 180d 以后的桩顶位移曲线如图 8-6 所示。

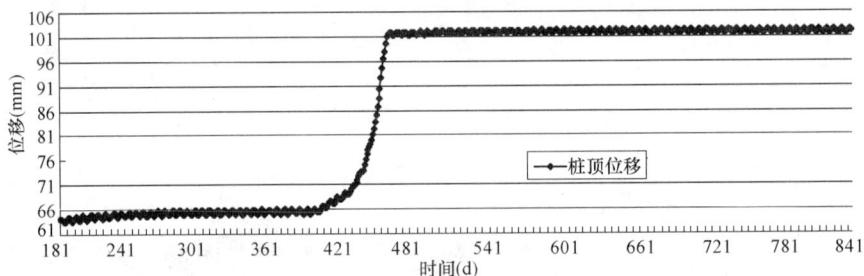

图 8-6　数值试验桩顶位移曲线

将所有数据分成 34 个子序列，每个子序列包含 19 个位移数据。按照8.1 节 2.的有关公式求得各子序列的 Hurst 指数和豪斯道夫维数（如图 8-7所示）。从图中可以看出，在曲线的初始段，由于土体还未固结完成，位移还有一小段上升段，Hurst 指数在 0.6~0.7，相应的 Hausdorff 维数在 1.3~1.4，当固结基本完成后，位移仅随潮位波动而变化，Hurst 指数基本稳定在0.5左右，Hausdorff维数在1.5附近波动。到第12个序列，也就是第390~408天这个时间段，其Hurst指数突升到0.9以上，尽管位移在该时间段只上升了2mm，当加载完成后，Hurst指数逐步回落到0.5之下。这说明Hurst指数和Hausdorff维数对数据突变的反应非常灵敏，能够在数据发生异常初期识别出来，以便与决策者采取相应措施。同时也反映了一个规律，当Hurst指数大于0.9时，意味着后期将要发生幅度较大的异常变化，是不安全的。不仅如此，由于数值实验考虑了潮位的变化，这说明Hurst指数与Hausdorff维数不受潮位波动的影响。

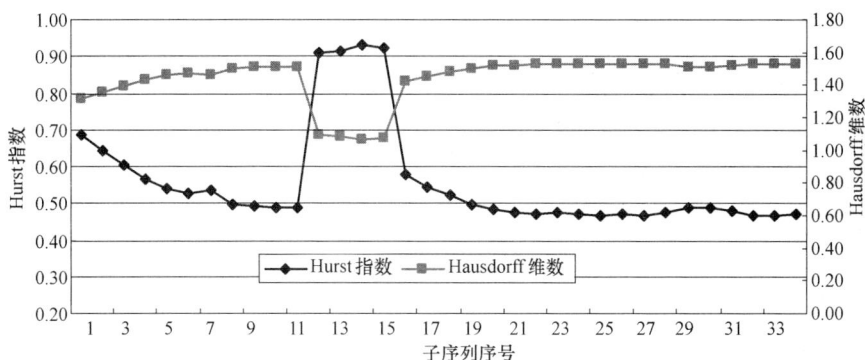

图8-7　Hurst指数与豪斯道夫维数曲线（下沉为正）

3.实测数据验证

数值实验数据只是说明了用Hurst指数去判别实测数据的稳定性是可行的，但是数值实验考虑的因素相对较少，而实测数据则受多种环境因素的影响，是否也具有类似的规律是需要验证的。

选取6号桩顶应变测点在主桥合拢后的一段数据，由于实测数据受低频噪声影响强烈，利用第三章所述方法消除噪声影响（桩顶应变实测曲线如图8-8所示），实测数据主要受潮汐变化和季节性温度变化影响。子序列时间间隔取一个月，分别计算各子序列的Hurst指数与Hausdorff维数，桩顶过程曲线如图8-9所示。从图中可以看出，Hurst指数在0.5附近波动，最大值约0.6，最小值约0.4；还有一个大致的规律，每年7月都会存在一个极小值，在8月和9月基本是连续升高，这种变化主要是受温度影响。对于桩顶而言，由于其位于水下，温度日变化不明显，只受季节性温度影响，而7~9月则是温度变化幅度相对较大的时间，在每年4月左右也会出现一个极值，其原因也是一样的。Hurst指数的整体变化规律说明：Hurst

指数是可以用于评价潮汐河段群桩基础稳定性的。

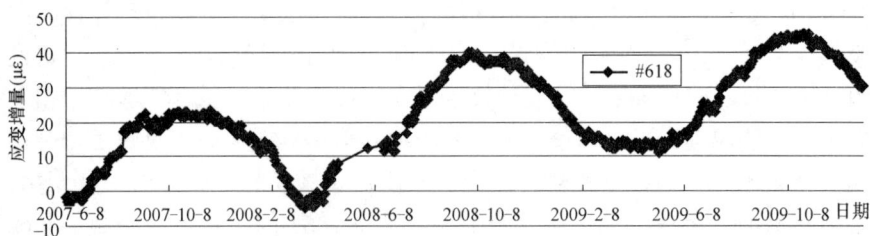

图 8-8　桩顶应变实测曲线

从原始数据可以看出，由于系统维护、电源中断等原因，数据并不完整，而 Hurst 指数并未受数据完整性的影响，这表明 Hurst 指数具有很强的适应性。需要指出的是：低频噪声对 Hurst 指数和 Hausdorff 维数有较大影响，计算之前的噪声消除是必不可少的环节。

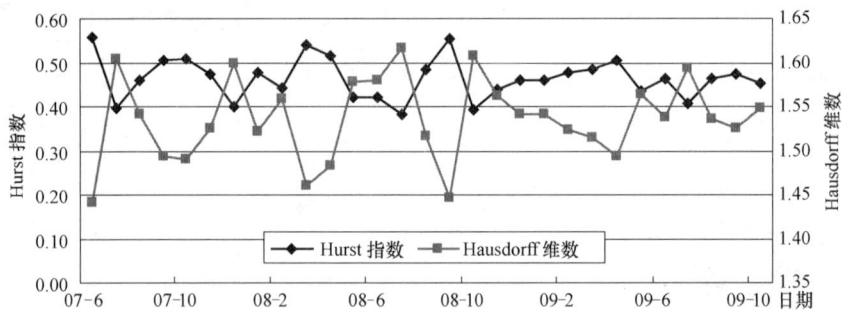

图 8-9　桩顶应变过程曲线

为了再次确认 Hurst 指数的变化规律，以前文的河床冲刷实测数据计算其 Hurst 指数，如图 8-10 所示。从图中可以看出，河床冲刷监测数据的 Hurst 指数仍然在 0.5 附近波动，大致在 0.4~0.55 波动。

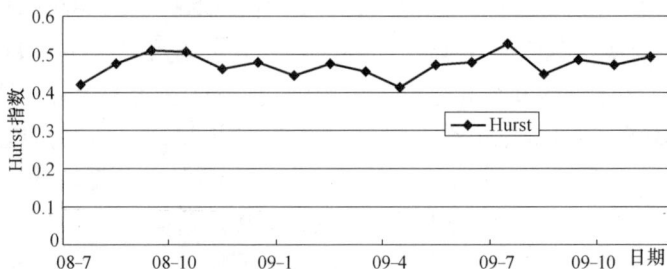

图 8-10　河床冲刷 Hurst 指数变化曲线

8.3 安全评价模型

传统的综合评价模型通过隶属函数确定某一因素的安全性，然而在结构具有向不安全发展的趋势时，由于各效应量均在安全范围之内，其评价结果仍然是安全的。从工程维护的角度看，安全问题越早发现越好。从Hurst指数的变化规律可以看出：尽管在效应量突变的初期，Hurst指数已经发生了非常显著的变化，利用Hurst指数可以提前识别异常，辅助判断结构在今后一段时期的安全性。

1.评价准则与评价基本程序

1）评价准则

前文介绍了四分位法，四分位法是医学领域的重要统计方法。医学上把人体看作一个复杂系统，其系统中各项生理指标均稳定在一个变化区间内，不会超过$m_3+1.5(m_3-m_1)$，不会低于$m_1-1.5(m_3-m_1)$。如果把处于运营期的群桩基础看作一个类似于人体的系统，把轴力、沉降、冲淤等看作是生理指标，四分位法在基础安全评价中就有了用武之地，可利用四分位区间、警戒值和Hurst指数建立各因素的评价准则。

利用四分位区间和警戒值在数轴上划分4个区间，若某个实测物理量以最大值作为警戒值，其区间划分结果如图8-11所示。将四分位的上下界内作为Ⅰ区域——非常安全区域，因为前期桥梁运行状况已经证明了这一点；将四分位的上界至$m_3+1.5(m_3-m_1)$处划分为Ⅱ区域——安全区域；将$m_3+1.5(m_3-m_1)$至警戒值max划分为Ⅲ区域——预警区域；将大于警戒值的区域划分为Ⅳ区域——技术警报区，实测物理量已经超过允许范畴，结构处于不安全状态。

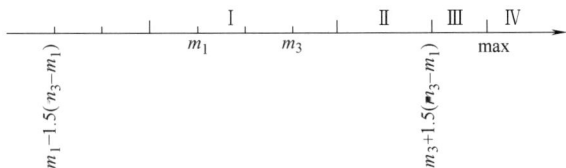

图8-11 区间划分结果

Hurst 指数主要用于对安全评价结果进行修正。例如，当某个实测物理量位于 I 区域（属非常安全区域），然而其 Hurst 指数却大于 0.9，也就是说，其测值具有向区域 II 乃至更不安全的区域变化的趋势，其评判结果就不能再是"非常安全"，而应该根据 Hurst 指数进行修正。

2）评价基本程序

由于四分位法和 Hurst 指数都建立在大量历史数据之上，因此在成桥的初期是不能使用本书中建立的安全评价模型的，数据偏少会导致结果失真。要求收集成桥后的历史数据不少于 2 年，具体步骤是：①先要求利用前文介绍的方法对监控系统进行分区，提高安全评价的效率；②利用历史数据确定各因素集的评价参数，并计算前期 Hurst 指数波动区间，需要特别注意的是警戒值的确定，可参照数值模拟、行业规范、相关试验数据确定；③利用 Hurst 指数对单因素评价结果进行修正；④对修正结果和不确定性因素进行综合评判，并输出评判结果。程序流程如图 8-12 所示。

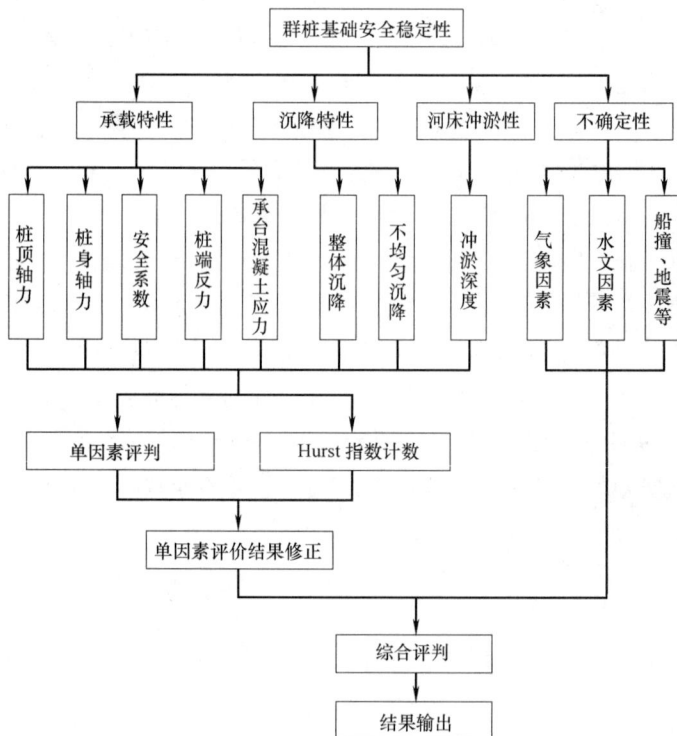

图 8-12　程序流程图

2.因素集的确定

（1）桩顶轴力因子。桩顶轴力是衡量群桩基础受力状态的最直接物理量。桩顶轴力包括多个方面：①单桩轴力是不能超过其最大允许承载力；②轴力分布均匀性，由于索塔属于高耸建筑物，其纵桥向刚度较小，抗弯能力弱，轴力分布不均匀，说明索塔倾斜度较大，结构较不安全，因此可按苏州侧与南通侧的对应桩的轴力之比进行纵桥向轴力不均匀性评价，同时，如果整个群桩基础的轴力集中到部分桩，那么对整个基础的安全性也是不利的，用最轴力差异比率因子（$\alpha=N_{max}/N_{min}$）来衡量轴力分布的不均匀性，警戒值可按照数值模拟结果确定。由于桩顶轴力需区分边桩、角桩、中心桩，因此在其下设：边桩轴力、中心桩轴力、角桩轴力和不均匀性因子等子因素。需要说明的是：由于监测桩相对较多，当需要进行及时评价桥梁安全性时，应利用前文提到的监控系统分区，对于属于同一分区的监测桩，只需选取有代表性的桩进行评价即可。

（2）桩端阻力因子。整个群桩基础是由131根钻孔灌注桩组成，属摩擦桩，桩端阻力大小是基桩侧摩阻力发挥程度的最直接体现。由于在桩端埋设了土压力盒，这给桩端阻力的评价带来了便利。以桩端土体的最大承载力作为警戒值。

（3）沉降因子。沉降因子包含整体沉降和差异沉降。苏通大桥规模巨大，沉降与差异沉降均是评判安全性的重要指标。绝对沉降过大会影响桥面的线性，这对整个上部结构的受力是不利的，差异沉降过大会导致荷载集中至部分桩，甚至引起索塔的倾斜。当索塔发生倾斜时，结构的偏心荷载会在塔根处产生弯矩，这对钢筋混凝土结构是十分不利的，因此，差异沉降也是十分重要的安全要素。设计上规定：当承台浇筑以后，总沉降不能超过10cm，而最大差异沉降不超过20cm，以这两个数据作为整体沉降和差异沉降的警戒值。

（4）异常率因子。由于结构的失稳破坏不会仅限于孤立的点，而是存在一定的范围，并且随着受力状态的"恶化"，这个范围会不断扩大。因此，以异常测点个数与参与安全评价测点的总数之比作为安全评价的因子，比率越大，安全性越差。

（5）承台混凝土应力。由于索塔呈"倒Y"形，理论上承台底部是受拉状态，对于钢筋混凝土结构而言，混凝土是基本不能受拉的，拉应力主要由钢筋承担。然而，当封底混凝土开裂时，钢筋直接外露，由于桥靠近入海口，江水含盐度相对较高，对结构的耐久性是不利的。因此，以混凝土开裂时的拉应力作为警戒值。由于承台内部并未埋设混凝土应变计，以混凝土的抗拉强度作为拉应力警戒值，根据应变协调的原则反算钢筋应力的警戒值。由于承台内部传感器较多，因此，对承台混凝土因子下设：苏州侧钢筋应力、南通侧钢筋应力、中轴线钢筋应力和拉压杆应力四个子因素。

（6）河床冲淤因子。如前文所述，河床冲刷主要由于卸载，使深部土体产生负孔压，而桥位区的各土层含水率均较高，接近饱和，会出现吸水固结，从而使下部土体发生回弹变形，而产生不均匀沉降。警戒值按第6章的计算结果确定。而河床淤积会使土体发生固结，引起基础沉降，沉降极限值对应的淤积数量作为警戒值。

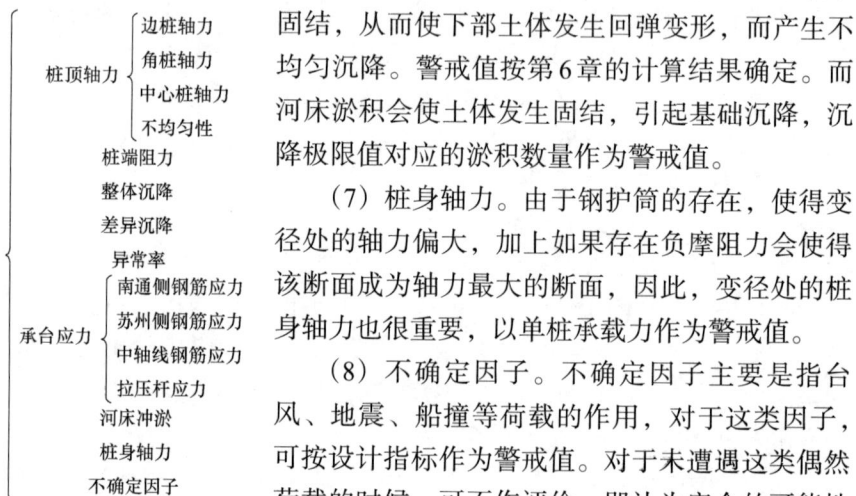

（7）桩身轴力。由于钢护筒的存在，使得变径处的轴力偏大，加上如果存在负摩阻力会使得该断面成为轴力最大的断面，因此，变径处的桩身轴力也很重要，以单桩承载力作为警戒值。

（8）不确定因子。不确定因子主要是指台风、地震、船撞等荷载的作用，对于这类因子，可按设计指标作为警戒值。对于未遭遇这类偶然荷载的时候，可不作评价，即认为安全的可能性为1。

```
                 ┌ 边桩轴力
                 │ 角桩轴力
          桩顶轴力 ┤
                 │ 中心桩轴力
                 └ 不均匀性
          桩端阻力
          整体沉降
          差异沉降
          异常率
          ┌ 南通侧钢筋应力
          │ 苏州侧钢筋应力
      承台应力 ┤
          │ 中轴线钢筋应力
          └ 拉压杆应力
          河床冲淤
          桩身轴力
          不确定因子
```

图8-13　因素集及子因素

综上所述，整个模型的所有因素集及子因素如图8-13所示。

3.隶属函数的确定

隶属函数是综合评价的关键环节之一，而迄今为止，并没有统一的方法，常用的方法有：Delphi法、模糊统计法、相对选择法、因素加权综合法。本文采用两种隶属函数，某些因素如异常率因子则采用0-1分布，如式（8-9），其余因素按正态分布计算，如式（8-10）。

$$u_i(u_{ij}) = \begin{cases} 0 & u_{ij} \notin R_{ij} \\ 1 & u_{ij} \in R_{ij} \end{cases} \tag{8-9}$$

式中　R_{ij}——对应于安全评价等级中各因子的取值域。

$$u_i(u_{ij}) = -\left(\frac{x_i - m_{ij}}{\sigma_{ij}}\right)^2 \tag{8-10}$$

式中　x_i——对应于因子 u_i 的实测值；

　　　m_{ij}——对应于评判集 $V = (v_1,\ v_2,\ v_3,\ v_4)$ 值域的平均值；

σ_{ij}——对应于评判集 $V=(v_1,\ v_2,\ v_3,\ v_4)$ 值域的方差。

Hurst 指数不仅仅是单独反映时间序列未来的走势，还隐含着衡量时间序列变化速率或趋势强弱的特点，一般而言，Hurst 指数越接近1，其时间序列变化速率越大；而 Hurst 指数越接近0.5，其变化速率也就越小，随机性增强。从前面实测数据的 Hurst 指数变化规律来看，均存在一个变化的范围；从另一个角度讲，一旦 Hurst 指数超过这个范围，也就意味着测值具有向其他区间变化的趋势了，应根据 Hurst 指数对评判集进行修正。利用三分法将 Hurst 指数分成三个区间，若某一效应量的波动区间为 $[m_1,\ m_2]$，由于 Hurst 指数大于0.9也就意味着该效应量正在或者即将发生大幅度变化，故将 $(m_2,\ 1)$ 分成两级，当 $H\in\left(m_2,\dfrac{m_2+1}{2}\right)$，下调一级评级；当 $H\in\left(\dfrac{m_2+1}{2},\ 1\right)$，下调两级评级。

综上所述，根据已有的实测数据统计得到的各因素集的 Hurst 指数区间（如表8-1所示），其中 H_i 表示第 i 区间，i=1，2，3。评判结果就根据 Hurst 指数所在区间进行修正。具体修正方式通过平移式（8-10）中 m_{ij} 的计算，若 Hurst 指数落在第2区间，需下调一级评级，将 m_{ij} 平移距离为两区间均值的间隔距离。

4.权重集的确定

权重集是反应各因素集重要程度的参数集合，权重集如何分配对综合评判的结果有较大影响，因此合理的权重是决定一个安全评价模型是否合理的关键。常用的有专家经验法、调查统计法以及层次分析法，其中专家分析法和调查统计法由于人为主观因素对权重集有重要的影响，近年来逐步被淘汰，而层次分析法受人为主观因素影响相对较小，而被广泛采用。

层次分析法通过将各评价因素两两比较判断每一因素的相对重要性，然后在层次结构内进行合成，以得到决策因素相对于目标的重要性总顺序，从而为决策提供判定依据的方法。层次分析法的标度矩阵按照表8-2所示的原则确定。

层次分析法标度矩阵的确定原则　　　　　　　　　　　表8-1

项目	H_1	H_2	H_3
异常率	无	无	无
桩顶轴力	0.40~0.60	0.60~0.80	0.80~1

项目	H_1	H_2	H_3
桩端反力	0.45~0.52	0.52~0.76	0.76~1
整体沉降	0.40~0.55	0.55~0.77	0.77~1
不均匀沉降	0.42~0.58	0.58~0.79	0.79~1
桩身轴力	0.42~0.58	0.58~0.79	0.79~1
承台内部应力	0.40~0.65	0.65~0.82	0.82~1
河床冲淤	0.40~0.55	0.55~0.77	0.77~1
不确定因子	无	无	无

标度矩阵确定原则　　　　　　　　　　　　　　　表8-2

标度	含义
1	两个因素相比,具有相同的重要性
3	两个因素相比,一个因素比另一个因素稍微重要
5	两个因素相比,一个因素比另一个因素明显重要
7	两个因素相比,一个因素比另一个因素强烈重要
9	两个因素相比,一个因素比另一个因素极端重要
2,4,6,8	上述相邻判断的中值
倒数	因素 i 与 j 比较得判断 b_{ij},则因素 j 与 i 比较得判断 b_{ij}=1/b_{ij}

需对标度矩阵进行一致性检验。一致性检验指标:$CI = \dfrac{\lambda - N}{N - 1}$,其中 n 为矩阵阶数,λ 为矩阵最大特征值。CI 越大判断矩阵的一致性越差,CI 越小判断矩阵的一致性越好,一致性比率 $CR=CI/RI$,当 $CR<0.1$ 时,认为标度矩阵的一致性在可接受范围之内。

由于某些评价因素具有子因素,如桩顶轴力,包含:边桩轴力、中心桩轴力、角桩轴力以及轴力不均匀性因子,因此,标度矩阵还应包含子矩阵。

通过对各影响因素以及子因素的分析,构造标度矩阵如下:

$$S_{桩顶轴力} = \begin{bmatrix} 1 & 1 & 3 & 7 \\ 1 & 1 & 3 & 7 \\ 1/3 & 1/3 & 1 & 5 \\ 1/7 & 1/7 & 1/5 & 1 \end{bmatrix} \qquad S_{承台应力} = \begin{bmatrix} 1 & 1 & 1/5 & 1/3 \\ 1 & 1 & 1/5 & 1/3 \\ 5 & 5 & 1 & 2 \\ 3 & 3 & 1/2 & 1 \end{bmatrix}$$

$$S_{基础} = \begin{bmatrix} 1 & 2 & 1/3 & 1/3 & 1/2 & 2 & 1/4 & 3 & 4 \\ 1/2 & 1 & 1/4 & 1/4 & 1/3 & 1 & 1/5 & 2 & 3 \\ 3 & 4 & 1 & 1 & 2 & 4 & 1/2 & 5 & 6 \\ 3 & 4 & 1 & 1 & 2 & 4 & 1/2 & 5 & 6 \\ 2 & 3 & 1/2 & 1/2 & 1 & 3 & 1/3 & 4 & 5 \\ 1/2 & 1 & 1/4 & 1/4 & 1/3 & 1 & 1/5 & 2 & 3 \\ 4 & 5 & 2 & 2 & 3 & 5 & 1 & 6 & 7 \\ 1/3 & 1/2 & 1/5 & 1/5 & 1/4 & 1/2 & 1/6 & 1 & 2 \\ 1/4 & 1/3 & 1/6 & 1/6 & 1/5 & 1/3 & 1/7 & 1/2 & 1 \end{bmatrix}$$

桩顶轴力的子标度矩阵的最大特征值为4.0735，根据一致性检验公式检验，满足要求，将其特征向量进行归一化得到其权向量 A_{Zj} 为：

$$A_{Zj} = (0.0760, 0.0760, 0.1911, 0.6570)$$

承台应力子标度矩阵的最大特征值为4.042，满足一致性检验要求，将其特征向量进行归一化得到其权向量 A_{Cj} 为：

$$A_{Cj} = (0.0989, 0.0989, 0.5183, 0.2838)$$

整个基础的标度矩阵最大特征值为9.225，满足一致性检验要求，将其特征向量进行归一化得其权向量 A 为：

$$A = (0.0787, 0.0504, 0.1834, 0.1834, 0.1199,$$
$$0.0504, 0.2768, 0.0332, 0.0237)$$

8.4　苏通大桥群桩基础安全稳定综合评价

苏通大桥主4号墩群桩基础安全监控系统总共布置了近千个测点，每次评价都将所有的测点包含在内是不现实的，应用前文所介绍的模糊数据融合算法，选择同一分区内的有代表性（通常测值稳定，置信度较高）的测点进行分析评价。由于篇幅所限，仅给出不同因素的评价结果。数据时间为2010年5月。

按隶属函数计算各因素的隶属度向量，结果如下：

（1）对于桩顶轴力的各子因子的隶属向量如下：

1）边桩轴力：（0.62，0.37，0.01，0），Hurst指数在0.42~0.46，不需修正；

2）角桩轴力：（0.63，0.36，0.01，0），Hurst指数在0.42~0.48，不需修正；

3）中心桩轴力：（0.95，0.03，0.02，0），Hurst指数在0.41~0.48，不需修正；

4）不均匀性：（0.93，0.04，0.03，0）。

通过四个子因素集对桩顶轴力进行综合评价的结果为（0.86，0.10，0.04，0）。

（2）桩端阻力的隶属向量：（0.88，0.074，0.046，0），Hurst指数在0.45~0.47，不需修正；

（3）整体沉降的隶属向量：（0.92，0.07，0.01，0），Hurst指数是0.48，不需修正；

（4）差异沉降的隶属向量：（0.95，0.04，0.01，0），Hurst指数是0.48，不需修正；

（5）异常率的隶属向量：（0，1，0，0）；

（6）承台应力的各子因子的隶属向量如下：

1）南通侧钢筋应力：（0.94，0.05，0.01，0），Hurst指数在0.42~0.50，不需修正；

2）苏州侧钢筋应力：（0.95，0.04，0.01，0），Hurst指数在0.43~0.49，不需修正；

3）中轴线钢筋应力：（0.92，0.05，0.03，0），Hurst指数在0.42~0.50，不需修正；

4）拉压杆应力：（0.96，0.03，0.01，0），Hurst指数在0.43~0.48，不需修正。

通过四个子因素集对承台应力进行综合评价的结果为（0.88，0.08，0.03，0.00）。

（7）河床冲淤的隶属向量：（0.91，0.07，0.02，0），Hurst指数在0.48~0.51，不需修正；

（8）桩身轴力的隶属向量：（0.93，0.05，0.02，0），Hurst指数在0.46~0.48，不需修正；

（9）不确定因子隶属向量：（1，0，0，0）。

将评判矩阵与权重向量相乘得到群桩基础的结果向量 B：

$$B=(0.63，0.27，0.1，0)$$

结果表明：基础有63%的可能性是非常安全，有27%的可能性是安全，有10%的可能性是预警。根据最大隶属度原则，基础是安全的，隶属度是0.9，相对较高，同时由于考虑了各效应量的豪斯道夫维数与Hurst

指数，我们可以说，基础在未来一段时间内（1个月）也是安全的，后续的实测结果证明了结论是可靠的。

8.5　本章小结

对于一个重大桥梁工程的群桩基础来说，管理者不仅仅关注其现在的安全状态，同时还关注其在未来一段时间内的安全状态，这给监控系统的研发提出了新的要求。

由于曲线的豪斯道夫维数具有预测未来走势的特点，本章结合分形理论和模糊综合评判理论提出了一种新的安全评价模型，主要内容包括：

（1）利用数值试验的方式证明了Hurst指数和豪斯道夫维数具有预测二维曲线走势的特点，并且能够在异常出现的初期将其识别。

（2）利用现有的实测数据证明了Hurst指数在群桩基础安全监控的适用性，并且分析了Hurst指数的变化规律。

（3）结合Hurst指数构建了苏通大桥群桩基础安全综合评价模型。

（4）利用基于分形理论的安全综合评价模型对运营期的群桩基础安全进行了评价，评价结果不仅反映了当前桥梁基础的安全性，还表明其在未来一段时间也是安全的。

第9章 结论与展望

9.1 结论

本书结合国家重点基础研究发展规划项目（973项目）"灾害环境下重大工程安全性的基础研究"之课题七"多因素相互作用下地质工程系统的整体稳定性研究"（项目编号：2002CB412707），国家"十一五"科技支撑项目"苏通大桥建设关键技术研究"之课题五"深水群桩基础施工与冲刷防护成套集成技术研究"（项目编号：2006BAG04B05）和江苏省交通科学研究计划项目—"超大型钻孔桩群桩基础关键技术研究"（项目编号：04Y029），针对潮汐河段的大型群桩基础建设运营所面临的一系列问题，结合苏通大桥索塔及地基基础安全监控工程实践，对潮汐河段大型群桩基础监控系统的构建关键技术做了相关的研究工作，主要结论如下：

（1）结合苏通大桥的工程特点、主要难点，对控稳因素进行了分析，由此确定了监控项目，主要包含：①沉降与不均匀沉降；②河床冲刷；③桩身轴力；④钢护筒应力；⑤承台内部应力和挠度；⑥基桩水平位移。

（2）针对苏通大桥传感器埋设环境恶劣，传感器可靠度与出厂值存在差异的情况，在大量实验和调研的基础之上，提出了传感器可靠度环境因素影响因子的概念，在此基础之上对传统的选型优化模型进行了改进。结果表明：选型优化模型改进非常重要，否则在如此恶劣的安装埋设环境之下，传感器系统的可靠度得不到保证。

（3）潮汐河段大型深水群桩基础的河床冲刷异常复杂，直到现在仍然没有成熟的相关计算理论，甚至连经验公式都不存在。这导致了误差传递法无法适用于河床冲刷传感器位置优化。引入网络覆盖模型，解决了群桩基础河床冲刷位置优化的问题。

（4）苏通大桥的桩基础属于超长钻孔灌注桩，在桩基础深部埋设传感器是工程界的普遍难题，针对这一问题，通过大量现场试验和调研，研发了多项弦式传感器保护技术，从而成套完成了传感器保护系统。传感器保护系统的实施，大大提高了传感器安装埋设"成活率"和耐久性，解决了高压力环境下传感器埋设难题。

（5）安全监控的宗旨是"为安全而监控"，目的在于发现异常。结构自身异常和数据假异常的识别都是安全监控的关键技术之一。苏通大桥已有的大量观测数据表明：受复杂结构因素的影响，深水群桩基础实测数据中存在规律性异常群。规律性异常的出现，给异常检出提出了新要求。在利用现有异常识别方法的基础之上，结合时空 k 倍标准差法、四分位区间分析法、DTW异常识别技术，形成了深水群桩基础监测数据的成套异常识别技术，并且能够识别异常属性。

（6）对于复杂的监控系统，其监测数据量巨大，如何充分利用巨量监测数据及其产生的冗余信息，提高安全性评估结果的可靠性，是深水群桩基础安全监控中的技术难点。通过模糊聚类特征级数据融合算法判别结构内部不同测点的关联，并对监控系统进行了分区，这改变了数据分析的模式，形成了"由点到面、由面到网"的新模式。

（7）潮汐河段群桩基础的监测数据最突出特点就是受环境因素影响强烈，数据中存在频度不一的噪声。前人通过小波技术去噪的方法，取得了较好的效果，然而小波去噪对数据的频度和完整性有较高要求，这是任何数据采集系统都无法保证的。本书采取小波技术与卡尔曼滤波技术相结合的方法，卡尔曼滤波处理短期的不连续实测数据，小波技术处理长期的完整性较好的数据，大大提高了数据处理技术的适用性。

（8）一个完善的监控系统不仅仅是发现异常，还应具备解释异常的能力，尤其是异常群的解释，包含其成因与属性。一般而言，有限元法是应用最为广泛的结构异常解释方法，然而，潮汐河段的大型群桩基础有其特殊性，有限元建模考虑不周会导致与工程实际偏离过大的结果。因此，针对苏通大桥的工程特点，对有限元建模的主要影响因素进行了分析，主要包括：地层的影响、桩-土-水的共同作用、钢护筒的影响、封底混凝土的影响、桩底后注浆的影响、桩身混凝土对周边土体的挤密作用。在此基础之上，对两组主要的异常群——桩身轴力异常群和桩顶应变异常群进行了解释，结果表明这两组异常群均是由于特殊的结构设计形式导致，属于"假异常"。同时针对桩顶应变异常带来的桩顶实测轴力计算问题做了专门研究，给出了一般性的计算公式。

（9）河床冲刷与淤积是影响桥梁安全运营的主要因素之一，在详细分析了苏通大桥施工期的河床冲淤监测数据发现，北主墩桥位区存在冲刷趋势，而南主墩桥位区存在淤积趋势，针对这一问题，利用有限单元法建立了南北主墩的河床冲淤警戒模型，给大型桥梁的科学管理养护提供了数据参考。

（10）对于一个服务于运营期的监控系统来说，预测预报模型是必不可少的环节。苏通大桥的实测数据受环境因素影响大，采用什么样的监控模型最具适用性作为研究重点，在对比了目前多个广泛应用的数学模型之后，得出了 BP 神经网络模型在潮汐河段预测预报中精度最高的结论，并建立了承台应力分布的 BP 神经网络模型，对应力分布进行了外推预测，预测结果与实测结果非常接近。

（11）安全评价才是前期所有工作的最终目的，然而决策者不仅仅关心桥梁目前的安全性，更关心未来的安全性。引入分形理论，与传统的安全评价模型相结合，使得安全评价结果具有了一定的预测能力，并以此对苏通大桥群桩基础的安全性进行了判别，结果表明：基础目前处于安全状态，并在今后一段时期内仍是安全的。

9.2 展望

苏通大桥的群桩基础异常复杂，其监控系统的研究也会涉及很多方面，很多问题还有待于进一步研究，主要包括：

（1）近年来，电子科学技术不断发展，各个行业都在向智能化发展，国家"十二五"规划也体现了我国要在高科技领域有所突破的目的。大型工程的安全监控也不例外，监控系统也应向智能化发展，开展在线智能监控的研究是十分必要的。

（2）数据异常识别是一项十分复杂的工作，异常识别技术的研究还有必要深入下去，应在提高各项技术的适用性上做更深入的研究，以便推广到其他工程中去。

（3）河床冲淤警戒模型未考虑冲刷和淤积过程的影响，这是一大难点，也是未来值得研究的重点。

（4）安全监控模型的建立仅仅考虑了能够监控到的原因量，对于一些未能监控到的原因量未曾涉及，如日照辐射、船撞等。

（5）安全评价模型中，隶属函数的修正是按人为制定的规则，结果偏"保守"，最合理的做法应该结合多个工程实际，根据统计结果进行修正。

附件　监测信息可视化查询系统及其关键代码

对于大型监测信息管理系统，需要使其建成如下功能：

（1）空间查询功能。分两种情况。首先是依照属性查位置，如根据点（传感器）编号查其在空间中的位置并突出显示；其次是依照位置查属性，如根据承台底面高程查此处所有测点布置情况并了解其传感器状态、测值等信息。

（2）空间统计分析功能。即与观测资料管理系统对接、相结合，实现空间联动分析，以观察、对比某工程部位各个点测值的增长情况，以此分析其中个别突变值的异常属性。

（3）创建数字高程模型展示河床起伏状态和冲淤变化。即利用河床冲刷预防护时期搜集的河床底地面高程信息为参照基准，创建基于不规则三角网（TIN）的数字高程模型（DEM），实现河床防护效果的直观表达。

（4）提供上述地面模型元数据修改的功能。主要指的是描述河床地层起伏状态的（高程）数据采样点的数值编辑，以及相应的插值和图形优化功能。

（5）专题地图制作功能。根据特定需要制作专题地图，如承台底面测点分布示意图、多桩桩顶轴力对比分析图等。

（6）图件输出的功能。主要负责将可视化场景、地面模型、专题地图等输出至通用文档。

主要代码如下：

```
namespace STVicwCT
{
    public class Form1: System.Windows.Forms.Form
    {
        //主要变量及方法
        public string layername=""; //4#墩图层名称
        public string layername5=""; //5#墩图层名称
        //定义图层
```

```
private MapObjects2.MapLayer ly1;
private MapObjects2.MapLayer ly2;
private MapObjects2.MapLayer ly3;
private MapObjects2.MapLayer ly4;
private MapObjects2.MapLayer ly5;
private MapObjects2.MapLayer ly6;
public string selectnumber="";//选择图层号
bool draw=false;
MapObjects2.Rectangle rec;
string c="a";
private System.Windows.Forms.ComboBox comboBox1;//判断关
联选项
string [] dates;
MapObjects2.ChartRenderer ctr = new MapObjects2.ChartRenderer-
Class();
MapObjects2.Polygon res=new MapObjects2.PolygonClass();
bool [] relate=new bool [9]{false,false,false,false,false,false,
false,false,false};
private System.Windows.Forms.RadioButton radioButton6;//用于判
断4#图层是否已经进行了关联
string[]name4=new string[9]{"l100","l101","l14","l110","l111",
"l12上游","l12下游","l16","l17"};
string c2="a";
bool [] relate5 = new bool [9]{ false, false, false, false, false,
false, false, false, false };
string [] name5=new string[9]{"横桥向1","横桥向2","横桥向
3","纵桥向","92上游","92下游","顶层横桥向","顶层纵桥向1","横顶层
纵桥向2"};
//窗体登录
private void Form1_Load(object sender, System.EventArgs e)
{
    string path=Application.StartupPath+@"\maps";
    MapObjects2.DataConnection ds =new MapObjects2.DataCon-
```

```
nectionClass();
            MapObjects2. MapLayer  layer=new  MapObjects2. MapLayer-
Class ();
            ds.Database=path;
            layer.GeoDataset=ds.FindGeoDataset("back1");
            this.axMap1.Layers.Add(layer);
            layer=new MapObjects2.MapLayerClass();
            layer.GeoDataset=ds.FindGeoDataset("back2");
            this.axMap1.Layers.Add(layer);
            layer=new MapObjects2.MapLayerClass();
            layer.GeoDataset=ds.FindGeoDataset("back3");
            this.axMap1.Layers.Add(layer);
            layer=new MapObjects2.MapLayerClass();
            layer.GeoDataset=ds.FindGeoDataset("l12上游");
            this.axMap1.Layers.Add(layer);
            layer=new MapObjects2.MapLayerClass();
            layer.GeoDataset=ds.FindGeoDataset("l12下游");
            this.axMap1.Layers.Add(layer);
            layer=new MapObjects2.MapLayerClass();
            layer.GeoDataset=ds.FindGeoDataset("l14");
            this.axMap1.Layers.Add(layer);
            layer=new MapObjects2.MapLayerClass();
            layer.GeoDataset=ds.FindGeoDataset("l16");
            this.axMap1.Layers.Add(layer);
            layer=new MapObjects2.MapLayerClass();
            layer.GeoDataset=ds.FindGeoDataset("l17");
            this.axMap1.Layers.Add(layer);
            layer=new MapObjects2.MapLayerClass();
            layer.GeoDataset=ds.FindGeoDataset("l100");
            this.axMap1.Layers.Add(layer);
            layer=new MapObjects2.MapLayerClass();
            layer.GeoDataset=ds.FindGeoDataset("l101");
            this.axMap1.Layers.Add(layer);
```

```
layer=new MapObjects2.MapLayerClass();
layer.GeoDataset=ds.FindGeoDataset("l110");
this.axMap1.Layers.Add(layer);
layer=new MapObjects2.MapLayerClass();
layer.GeoDataset=ds.FindGeoDataset("l111");
this.axMap1.Layers.Add(layer);
//主5#图层
layer=new MapObjects2.MapLayerClass();
layer.GeoDataset=ds.FindGeoDataset("back1");
this.axMap2.Layers.Add(layer);
layer=new MapObjects2.MapLayerClass();
layer.GeoDataset=ds.FindGeoDataset("back2");
this.axMap2.Layers.Add(layer);
layer=new MapObjects2.MapLayerClass();
layer.GeoDataset=ds.FindGeoDataset("back3");
this.axMap2.Layers.Add(layer);
layer=new MapObjects2.MapLayerClass();
layer.GeoDataset=ds.FindGeoDataset("92上游");
this.axMap2.Layers.Add(layer);
layer=new MapObjects2.MapLayerClass();
layer.GeoDataset=ds.FindGeoDataset("92下游");
this.axMap2.Layers.Add(layer);
layer=new MapObjects2.MapLayerClass();
layer.GeoDataset=ds.FindGeoDataset("顶层横桥向");
this.axMap2.Layers.Add(layer);
layer=new MapObjects2.MapLayerClass();
layer.GeoDataset=ds.FindGeoDataset("顶层纵桥向1");
this.axMap2.Layers.Add(layer);
layer=new MapObjects2.MapLayerClass();
layer.GeoDataset=ds.FindGeoDataset("顶层纵桥向2");
this.axMap2.Layers.Add(layer);
layer=new MapObjects2.MapLayerClass();
layer.GeoDataset=ds.FindGeoDataset("横桥向1");
```

```
this.axMap2.Layers.Add(layer);
layer=new MapObjects2.MapLayerClass();
layer.GeoDataset=ds.FindGeoDataset("横桥向2");
this.axMap2.Layers.Add(layer);
layer=new MapObjects2.MapLayerClass();
layer.GeoDataset=ds.FindGeoDataset("横桥向3");
this.axMap2.Layers.Add(layer);
layer=new MapObjects2.MapLayerClass();
layer.GeoDataset=ds.FindGeoDataset("纵桥向");
this.axMap2.Layers.Add(layer);
MapObjects2. MapLayer layer101=(MapObjects2. MapLayer)
axMap1.Layers.Item("l101");
        layer101.Visible=false;
        MapObjects2. MapLayer layer100=(MapObjects2. MapLayer)
axMap1.Layers.Item("l100");
        layer100.Visible=false;
        MapObjects2.MapLayer layer17=(MapObjects2.MapLayer)ax-
Map1.Layers.Item("l17");
        layer17.Visible=false;
        MapObjects2.MapLayer layer16=(MapObjects2.MapLayer)ax-
Map1.Layers.Item("l16");
        layer16.Visible=false;
        MapObjects2.MapLayer layer14=(MapObjects2.MapLayer)ax-
Map1.Layers.Item("l14");
        layer14.Visible=false;
        MapObjects2. MapLayer layer12s=(MapObjects2. MapLayer)
axMap1.Layers.Item("l12上游");
        layer12s.Visible=false;
        MapObjects2. MapLayer layer12x=(MapObjects2. MapLayer)
axMap1.Layers.Item("l12下游");
        layer12x.Visible=false;
        MapObjects2. MapLayer layer110=(MapObjects2. MapLayer)
axMap1.Layers.Item("l110");
```

```
            layer110.Visible=false;
            MapObjects2. MapLayer layer111=（MapObjects2. MapLayer）
axMap1.Layers.Item（"l111"）;
            layer111.Visible=false;
            MapObjects2. MapLayer back2=（MapObjects2. MapLayer）ax-
Map1.Layers.Item（"back2"）;
            back2.Visible=false;
            MapObjects2. MapLayer back3=（MapObjects2. MapLayer）ax-
Map1.Layers.Item（"back3"）;
            back3.Visible=false;
       MapObjects2. MapLayer layer1=（MapObjects2. MapLayer）axMap2.
Layers.Item（"92上游"）;
            layer1.Visible=false;
            MapObjects2. MapLayer layer2=（MapObjects2. MapLayer）ax-
Map2.Layers.Item（"92下游"）;
            layer2.Visible=false;
            MapObjects2. MapLayer layer3=（MapObjects2. MapLayer）ax-
Map2.Layers.Item（"顶层横桥向"）;
            layer3.Visible=false;
            MapObjects2. MapLayer layer4=（MapObjects2. MapLayer）ax-
Map2.Layers.Item（"顶层纵桥向1"）;
            layer4.Visible=false;
            MapObjects2. MapLayer layer5=（MapObjects2. MapLayer）ax-
Map2.Layers.Item（"顶层纵桥向1"）;
            layer5.Visible=false;
            MapObjects2. MapLayer layer6=（MapObjects2. MapLayer）ax-
Map2.Layers.Item（"顶层纵桥向2"）;
            layer6.Visible=false;
            MapObjects2. MapLayer layer7=（MapObjects2. MapLayer）ax-
Map2.Layers.Item（"横桥向1"）;
            layer7.Visible=false;
            MapObjects2. MapLayer layer8=（MapObjects2. MapLayer）ax-
Map2.Layers.Item（"横桥向2"）;
```

```
        layer8.Visible=false;
        MapObjects2. MapLayer layer9=(MapObjects2. MapLayer) ax-
Map2.Layers.Item("横桥向3");
        layer9.Visible=false;
        MapObjects2.MapLayer layer11=(MapObjects2.MapLayer)ax-
Map2.Layers.Item("纵桥向");
        layer11.Visible=false;
        ly1=(MapObjects2.MapLayer)axMap1.Layers.Item("back1");
        ly2=(MapObjects2.MapLayer)axMap1.Layers.Item("back2");//
上游三向应力
        ly3=(MapObjects2.MapLayer)axMap1.Layers.Item("back3");//
下游三向应力
        ly4=(MapObjects2.MapLayer)axMap2.Layers.Item("back1");
        ly5=(MapObjects2.MapLayer)axMap2.Layers.Item("back2");
        ly6=(MapObjects2.MapLayer)axMap2.Layers.Item("back3");
        MapObjects2.Symbol sym=ly1.Symbol;
        sym.Color=(uint)MapObjects2.ColorConstants.moBrown;
        MapObjects2.Symbol sym1=ly4.Symbol;
        sym1.Color=(uint)MapObjects2.ColorConstants.moBrown;
        ly5.Visible=false;
        ly6.Visible=false;
        this.axMap1.Refresh();
        this.axMap2.Refresh();
    }


    private void treeView1_AfterSelect(object sender,System.Windows.
Forms.TreeViewEventArgs e)//触发图层选择事件
    {
        this.statusBar1.Panels[3].Text="";
        this.checkBox1.Checked=false;
        string s;
        s=treeView1.SelectedNode.Text;
        MapObjects2.MapLayer lay;
```

```
        MapObjects2.Table table;
        MapObjects2.Rectangle rect=new MapObjects2.RectangleClass
();
        statusBar1.Panels[3].Text = "信息:";
        switch (s)
        {
            case "横桥向":

                if(layername！ ="")
                {
                    this.axMap1.Extent = this.axMap1.FullExtent;
                    ly3.Visible=false;
                    ly2.Visible=false;
                    ly1.Visible=true;
                    MapObjects2.MapLayer
uselayer=(MapObjects2.MapLayer)axMap1.Layers.Item(layername);
                    uselayer.Visible=false;
                    layername="l100";
                    MapObjects2.MapLayer
nowlayer=(MapObjects2.MapLayer)axMap1.Layers.Item("l100");
                    nowlayer.Visible=true;
                    this.axMap1.Refresh();
                }
                else
                {
                    this.axMap1.Extent = this.axMap1.FullExtent;
                    ly3.Visible=false;
                    ly2.Visible=false;
                    ly1.Visible=true;
                    layername="l100";
                    MapObjects2.MapLayer
nowlayer=(MapObjects2.MapLayer)axMap1.Layers.Item("l100");
                    nowlayer.Visible=true;
```

```
                    this.axMap1.Refresh();
              }
        if (c == "a")
              {
                    lay=(MapObjects2.MapLayer)this.axMap1.Lay-
ers.Item(layername);

                    table = new MapObjects2.TableClass();
                    table.Database="Provider=Microsoft.Jet.OLE-
DB.4.0;Data Source=" + Application.StartupPath + "\\StviewCT.mdb";
                    table.Name = layername;
                    table.SearchExpression("select * from " + layer-
name);

                    for (int i = 0; i < table.Records.TableDesc.Field-
Count; i++)
                          {
                                if (table.Records.TableDesc.get_FieldName
((short)i) == "编号")
                                {
                                      table.MaxCachedRelateRecords= 100;
                                      if (lay.AddRelate("name", table, "编
号", true))
                                            {
                                                  statusBar1.Panels[3].Text = "信
息:数据关联成功! ";
                                            }
                                }
                          }
              }
              else
              {
                    lay = (MapObjects2. MapLayer) this. axMap1.
Layers.Item(layername);

                    table = new MapObjects2.TableClass();
```

```
                                 table.Database="Provider=Microsoft.Jet.OLE-
DB.4.0;Data Source=" + Application.StartupPath + "\\StviewCT.mdb";
                                 table.Name = layername + "v";
                                 table.SearchExpression("select * from " + layer-
name + "v");

                                 for (int i = 0; i < table.Records.TableDesc.Field-
Count; i++)
                                     {
                                         if (table.Records.TableDesc.get_FieldName
((short)i) == "编号")
                                             {
                                                 table.MaxCachedRelateRecords= 100;
                                                 if (lay.AddRelate("name", table, "编
号", true))
                                                     {
                                                         statusBar1.Panels[3].Text = "信
息:数据关联成功! ";
                                                     }
                                             }
                                     }

                                 break;
                             case "纵桥向":
                                 if(layername ! ="")
                                     {
                                         this.axMap1.Extent = this.axMap1.FullExtent;
                                         ly3.Visible=false;
                                         ly2.Visible=false;
                                         ly1.Visible=true;
                                         MapObjects2.MapLayer
uselayer=(MapObjects2.MapLayer)axMap1.Layers.Item(layername);
                                         uselayer.Visible=false;
```

```
                            layername="l101";
                            MapObjects2.MapLayer
nowlayer=(MapObjects2.MapLayer)axMap1.Layers.Item("l101");
                            nowlayer.Visible=true;
                            this.axMap1.Refresh();
                        }
                    else
                        {

                            this.axMap1.Extent = this.axMap1.FullExtent;
                            ly3.Visible=false;
                            ly2.Visible=false;
                            ly1.Visible=true;
                            layername="l101";
                            MapObjects2.MapLayer
nowlayer=(MapObjects2.MapLayer)axMap1.Layers.Item("l101");
                            nowlayer.Visible=true;
                            this.axMap1.Refresh();
                        }
                    if (c == "a")
                        {
                            lay = (MapObjects2. MapLayer) this. axMap1.
Layers.Item(layername);
                            table = new MapObjects2.TableClass();
                            table.Database="Provider=Microsoft.Jet.OLED-
B.4.0;Data Source=" + Application.StartupPath + "\\StviewCT.mdb";
                            table.Name = layername;
                            table.SearchExpression("select * from " + layer-
name);
                            for (int i = 0; i < table.Records.TableDesc.Field-
Count; i++)
                                {
                                    if (table.Records.TableDesc.get_FieldName
((short)i) == "编号")
```

163

```
                              {
                                 table.MaxCachedRelateRecords = 100;
                                 if (lay.AddRelate("name", table, "编号",
true))
                                 {
                                     statusBar1.Panels[3].Text = "信息:数
据关联成功! ";
                                 }
                              }
                          }
                    }
                else
                    {
                        lay = (MapObjects2.MapLayer)this.axMap1.Layers.
Item(layername);
                        table = new MapObjects2.TableClass();
                        table.Database="Provider=Microsoft.Jet.OLEDB.4.0;
Data Source=" + Application.StartupPath + "\\StviewCT.mdb";
                        table.Name = layername + "v";
                        table.SearchExpression("select * from " + layername
+ "v");

                        for (int i = 0; i < table. Records. TableDesc. Field-
Count; i++)
                        {
                            if(table.Records.TableDesc.get_FieldName((sh-
ort)i) == "编号")
                            {
                                table.MaxCachedRelateRecords = 100;
                                if (lay.AddRelate("name", table, "编号",
true))
                                {
                                    statusBar1.Panels[3].Text = "信息:数
```

据关联成功！";

```
                            }
                        }
                    }
                }
                break;
            case "压杆":
                if(layername！="")
                {
                        ly3.Visible=false;
                        ly2.Visible=false;
                        ly1.Visible=true;
                        MapObjects2.MapLayer
uselayer=(MapObjects2.MapLayer)axMap1.Layers.Item(layername);
                        uselayer.Visible=false;
                        layername="l14";
                        MapObjects2.MapLayer
nowlayer=(MapObjects2.MapLayer)axMap1.Layers.Item("l14");
                        nowlayer.Visible=true;
                        rect.Top=24;
                        rect.Bottom=0;
                        rect.Left=3;
                        rect.Right=48;
                        this.axMap1.Extent=rect;
                        this.axMap1.Refresh();
                        this.statusBar1.Panels[3].Text="OF 杆两个测点
平面位置相同";
                }
                else
                {
                        rect.Top=24;
                        rect.Bottom=0;
                        rect.Left=3;
```

```
                              rect.Right=48;
                              ly3.Visible=false;
                              ly2.Visible=false;
                              ly1.Visible=true;
                              layername="l14";
                              MapObjects2.MapLayer
nowlayer=(MapObjects2.MapLayer)axMap1.Layers.Item("l14");
                              nowlayer.Visible=true;
                              this.axMap1.Extent=rect;
                              this.axMap1.Refresh();
                              this.statusBar1.Panels[3].Text="OF杆两个测点
平面位置相同";
                         }
                    if (c == "a")
                         {
                              lay=(MapObjects2.MapLayer)this.axMap1.Lay-
ers.Item(layername);
                              table = new MapObjects2.TableClass();
                              table.Database="Provider=Microsoft.Jet.OLED-
B.4.0;Data Source=" + Application.StartupPath + "\\StviewCT.mdb";
                              table.Name = layername;
                              table.SearchExpression("select * from " + layer-
name);
                              for (int i = 0; i < table.Records.TableDesc.Field-
Count; i++)
                                   {
                                   if (table.Records.TableDesc.get_FieldName
((short)i) == "编号")
                                        {
                                        table.MaxCachedRelateRecords=100;
                                        if (lay.AddRelate("name", table, "编
号", true))
```

```
                              {
                                statusBar1. Panels [ 3 ]. Text = "信
息:数据关联成功! ";
                              }
                          }
                      }
                  }
              else
                  {
                      lay = ( MapObjects2. MapLayer ) this. axMap1.
Layers.Item ( layername );
                      table = new MapObjects2.TableClass ( );
                      table.Database="Provider=Microsoft.Jet.OLED-
B.4.0; Data Source=" + Application.StartupPath + "\\StviewCT.mdb";
                      table.Name = layername + "v";
                      table.SearchExpression ("select * from " + layer-
name + "v");

                      for ( int i = 0; i < table.Records.TableDesc.Field-
Count; i++ )
                          {
                              if ( table.Records.TableDesc.get_FieldName
( ( short )i) == "编号")
                                  {
                                      table.MaxCachedRelateRecords=100;
                                      if ( lay.AddRelate ("name", table, "编
号", true))
                                          {
                                              statusBar1 Panels [ 3 ]. Text = "信
息:数据关联成功! ";
                                          }
                                  }
```

```
                    }
                }
            break;
        case "顶层横桥向":
            if(layername！="")
            {
                this.axMap1.Extent = this.axMap1.FullExtent;
                ly3.Visible=false;
                ly2.Visible=false;
                ly1.Visible=true;
                MapObjects2.MapLayer
uselayer=(MapObjects2.MapLayer)axMap1.Layers.Item(layername);
                uselayer.Visible=false;
                layername="l110";
                MapObjects2.MapLayer
nowlayer=(MapObjects2.MapLayer)axMap1.Layers.Item("l110");
                nowlayer.Visible=true;
                this.axMap1.Refresh();
            }
            else
            {
                this.axMap1.Extent = this.axMap1.FullExtent;
                ly3.Visible=false;
                ly2.Visible=false;
                ly1.Visible=true;
                layername="l110";
                MapObjects2.MapLayer
nowlayer=(MapObjects2.MapLayer)axMap1.Layers.Item("l110");
                nowlayer.Visible=true;
                this.axMap1.Refresh();
            }
            if (c == "a")
            {
```

```
                                    lay = （MapObjects2. MapLayer）this. axMap1.
Layers.Item（layername）;
                                    table = new MapObjects2.TableClass（）;
                                    table.Database="Provider=Microsoft.Jet.OLED-
B.4.0;Data Source=" + Application.StartupPath + "\\StviewCT.mdb";
                                    table.Name = layername;
                                    table.SearchExpression（"select * from " + layer-
name）;
                                    for（int i = 0; i < table.Records.TableDesc.Field-
Count; i++）
                                    {
                                        if（table.Records.TableDesc.get_FieldName
（（short）i）== "编号"）
                                        {
                                            table.MaxCachedRelateRecords=100;
                                            if（lay.AddRelate（"name", table, "编
号", true））
                                            {
                                                statusBar1. Panels［3］. Text = "信
息:数据关联成功! ";
                                            }
                                        }
                                    }
                                }
                                else
                                {
                                    lay = （MapObjects2. MapLayer）this. axMap1.
Layers.Item（layername）;
                                    table = new MapObjects2.TableClass（）;
                                    table.Database="Provider=Microsoft.Jet.OLED-
B.4.0;Data Source=" + Application.StartupPath + "\\StviewCT.mdb";
                                    table.Name = layername + "v";
```

```
                              table.SearchExpression("select * from " + layer-
name + "v");
                              for (int i = 0; i < table.Records.TableDesc.Field-
Count; i++)
                                 {
                                    if (table.Records.TableDesc.get_FieldName
((short)i) == "编号")
                                       {
                                          table.MaxCachedRelateRecords=100;
                                          if (lay.AddRelate("name", table, "编
号", true))
                                             {
                                                statusBar1.Panels[3].Text = "信
息:数据关联成功! ";
                                             }
                                       }
                                 }
                           break;
                        case "顶层纵桥向":
                           if(layername ! ="")
                              {
                                 this.axMap1.Extent = this.axMap1.FullExtent;
                                 ly3.Visible=false;
                                 ly2.Visible=false;
                                 ly1.Visible=true;
                                 MapObjects2.MapLayer
uselayer=(MapObjects2.MapLayer)axMap1.Layers.Item(layername);
                                 uselayer.Visible=false;
                                 layername="l111";
                                 MapObjects2.MapLayer
nowlayer=(MapObjects2.MapLayer)axMap1.Layers.Item("l111");
```

```
                nowlayer.Visible=true;
                this.axMap1.Refresh();
            }
            else
            {
                this.axMap1.Extent = this.axMap1.FullExtent;
                ly3.Visible=false;
                ly2.Visible=false;
                ly1.Visible=true;
                layername="l111";
                MapObjects2.MapLayer
nowlayer=(MapObjects2.MapLayer)axMap1.Layers.Item("l111");
                nowlayer.Visible=true;
                this.axMap1.Refresh();
            }
            if (c == "a")
            {
                lay = (MapObjects2. MapLayer) this. axMap1.
Layers.Item(layername);
                table = new MapObjects2.TableClass();
                table.Database="Provider=Microsoft.Jet.OLED-
B.4.0;Data Source=" + Application.StartupPath + "\\StviewCT.mdb";
                table.Name = layername;
                table.SearchExpression("select * from " + layer-
name);
                for (int i = 0; i < table.Records.TableDesc.Field-
Count; i++)
                {
                    if (table.Records.TableDesc.get_FieldName
((short)i) == "编号")
                    {
                        table.MaxCachedRelateRecords=100;
```

```
                              if（lay.AddRelate("name"，table，"编号"，
true））
                         {
                              statusBar1.Panels[3].Text = "信息：数
据关联成功！";
                         }
                    }
               }
                    else
               {
                    lay = （MapObjects2. MapLayer）this. axMap1.
Layers.Item（layername）;
                    table = new MapObjects2.TableClass（）;
                    table.Database="Provider=Microsoft.Jet.OLED-
B.4.0；Data Source=" + Application.StartupPath + "\\StviewCT.mdb";
                    table.Name = layername + "v";
                    table.SearchExpression（"select * from " + layer-
name + "v"）;

                    for（int i = 0；i < table.Records.TableDesc.Field-
Count；i++）
                    {
                         if（table.Records.TableDesc.get_FieldName
（（short)i）== "编号"）
                         {
                              table.MaxCachedRelateRecords=100;
                              if（lay.AddRelate（"name"，table，"编
号"，true））
                              {
                                   statusBar1.Panels[3].Text = "信
息：数据关联成功！";
```

172

```
                    }
                  }
                  }
               }
         break;
      case "上游":
         if(layername ！ ="")
           {
                MapObjects2.MapLayer
uselayer=(MapObjects2.MapLayer)axMap1.Layers.Item(layername);
                uselayer.Visible=false;
                ly3.Visible=false;
                ly1.Visible=false;
                ly2.Visible=true;
                layername="l12上游";
                rect.Top=17;
                rect.Bottom=-2;
                rect.Left=-58;
                rect.Right=0;
                MapObjects2.MapLayer
nowlayer=(MapObjects2.MapLayer)axMap1.Layers.Item("l12上游");
                nowlayer.Visible=true;
                this.axMap1.Refresh();
                this.axMap1.Extent=rect;
                this.statusBar1.Panels[3].Text="方形表示120…,
圆形表示121…";
           }
         else
           {
                ly3.Visible=false;
                ly1.Visible=false;
                ly2.Visible=true;
                layername="l12上游";
```

```
                          MapObjects2.MapLayer
nowlayer=(MapObjects2.MapLayer)axMap1.Layers.Item("l12上游");
                          rect.Top=17;
                          rect.Bottom=-2;
                          rect.Left=-58;
                          rect.Right=0;
                          nowlayer.Visible=true;
                          this.axMap1.Refresh();
                          this.axMap1.Extent=rect;
                          this.statusBar1.Panels[3].Text="方形表示120…,
圆形表示121…";
                      }
                  if(c == "a")
                      {
                          lay = (MapObjects2. MapLayer) this. axMap1.
Layers.Item(layername);
                          table = new MapObjects2.TableClass();
                          table.Database="Provider=Microsoft.Jet.OLED-
B.4.0;Data Source=" + Application.StartupPath + "\\StviewCT.mdb";
                          table.Name = layername;
                          table.SearchExpression("select * from " + layer-
name);
                          for(int i = 0; i < table.Records.TableDesc.Field-
Count; i++)
                              {
                                  if(table.Records.TableDesc.get_FieldName
((short)i) == "编号")
                                      {
                                          table.MaxCachedRelateRecords=100;
                                          if(lay.AddRelate("name", table, "编
号", true))
                                              {
```

statusBar1. Panels〔3〕. Text ＝ "信息:数据关联成功！ ";

```
                }
            }
        }
    }
else
    {
lay ＝（MapObjects2. MapLayer）this. axMap1. Layers.Item(layername);
table ＝ new MapObjects2.TableClass( );
table. Database="Provider=Microsoft. Jet. OLEDB.4.0;Data Source=" + Application.StartupPath + "\\StviewCT.mdb";
table.Name ＝ layername + "v";
table.SearchExpression("select * from " + layername + "v");

for (int i = 0; i < table.Records.TableDesc.FieldCount; i++)
    {
if (table.Records. TableDesc. get_FieldName((short)i) == "编号")
    {
table.MaxCachedRelateRecords=100;
if (lay. AddRelate("name", table, "编号", true))
    {
statusBar1. Panels〔3〕. Text ＝ "信息:数据关联成功！ ";
    }
    }
    }
```

```
                    }
                break;
          case "下游":
                if(layername！="")
                    {
                        ly1.Visible=false;
                        ly2.Visible=false;
                        ly3.Visible=true;
                        MapObjects2.MapLayer
uselayer=(MapObjects2.MapLayer)axMap1.Layers.Item(layername);
                        uselayer.Visible=false;
                        layername="l12下游";
                        MapObjects2.MapLayer
nowlayer=(MapObjects2.MapLayer)axMap1.Layers.Item("l12下游");
                        nowlayer.Visible=true;
                        rect.Top=16;
                        rect.Bottom=-1;
                        rect.Left=-26;
                        rect.Right=26;
                        this.axMap1.Extent=rect;
                        this.axMap1.Refresh();
                        this.statusBar1.Panels[3].Text="圆形表示120…,
方形表示121…";
                    }
                else
                    {
                        ly1.Visible=false;
                        ly2.Visible=false;
                        ly3.Visible=true;
                        layername="l12下游";
                        MapObjects2.MapLayer
nowlayer=(MapObjects2.MapLayer)axMap1.Layers.Item("l12下游");
                        nowlayer.Visible=true;
```

176

```
                                rect.Top=16;
                                rect.Bottom=-1;
                                rect.Left=-26;
                                rect.Right=26;
                                this.axMap1.Extent=rect;
                                this.axMap1.Refresh();
                                this.statusBar1.Panels[3].Text="圆形表示120…,
方形表示121…";
                            }
                        if (c == "a")
                            {
                                lay = (MapObjects2. MapLayer) this. axMap1.
Layers.Item(layername);
                                table = new MapObjects2.TableClass();
                                table. Database="Provider=Microsoft. Jet. OLED-
B.4.0;Data Source=" + Application.StartupPath + "\\StviewCT.mdb";
                                table.Name = layername;
                                table.SearchExpression("select * from " + layer-
name);
                                for (int i = 0; i < table.Records.TableDesc.Field-
Count; i++)
                                    {
                                        if (table.Records.TableDesc.get_FieldName
((short)i) == "编号")
                                            {
                                                table.MaxCachedRelateRecords=100;
                                                if (lay.AddRelate("name", table, "编
号", true))
                                                    {
                                                        statusBar1. Panels [3]. Text = "信
息:数据关联成功! ";
                                                    }
```

```
                    }
                }
            }
        else
            {
                lay = (MapObjects2. MapLayer) this. axMap1.
Layers.Item(layername);
                table = new MapObjects2.TableClass();
                table. Database="Provider=Microsoft. Jet. OLED-
B.4.0;Data Source=" + Application.StartupPath + "\\StviewCT.mdb";
                table.Name = layername + "v";
                table.SearchExpression("select * from " + layer-
name + "v");

                for (int i = 0; i < table.Records.TableDesc.Field-
Count; i++)
                    {
                        if (table.Records.TableDesc.get_FieldName
((short)i) == "编号")
                            {
                                table.MaxCachedRelateRecords=100;
                                if (lay. AddRelate("name", table, "编
号", true))
                                    {
                                        statusBar1. Panels[3]. Text = "信
息:数据关联成功! ";
                                    }
                            }
                    }
            }
        break;
    case "新增对比1":
```

```
if(layername！="")
    {
        this.axMap1.Extent = this.axMap1.FullExtent;
        ly3.Visible=false;
        ly2.Visible=false;
        ly1.Visible=true;
        MapObjects2.MapLayer
uselayer=(MapObjects2.MapLayer)axMap1.Layers.Item(layername);
        uselayer.Visible=false;
        layername="l16";
        MapObjects2.MapLayer
nowlayer=(MapObjects2.MapLayer)axMap1.Layers.Item("l16");
        nowlayer.Visible=true;
        this.axMap1.Refresh();
    }
else
    {
        this.axMap1.Extent = this.axMap1.FullExtent;
        ly3.Visible=false;
        ly2.Visible=false;
        ly1.Visible=true;
        layername="l16";
        MapObjects2.MapLayer
nowlayer=(MapObjects2.MapLayer)axMap1.Layers.Item("l16");
        nowlayer.Visible=true;
        this.axMap1.Refresh();
    }
if(c == "a")
    {
        lay = (MapObjects2. MapLayer) this. axMap1.
Layers.Item(layername);
        table = new MapObjects2.TableClass();
        table.Database = "Provider=Microsoft.Jet.OL-
```

```
ED-B.4.0;Data Source=" + Application.StartupPath + "\\StviewCT.mdb";
                        table.Name = layername;
                        table.SearchExpression("select * from " + layer-
name);
                        for(int i = 0; i < table.Records.TableDesc.Field-
Count; i++)
                        {
                            if(table.Records.TableDesc.get_FieldName
((short)i) == "编号")
                            {
                                table.MaxCachedRelateRecords=100;
                                if(lay.AddRelate("name", table, "编
号", true))
                                {
                                    statusBar1.Panels[3].Text = "信
息:数据关联成功! ";
                                }
                            }
                        }
                    }
                    else
                    {
                        lay = (MapObjects2. MapLayer) this. axMap1.
Layers.Item(layername);
                        table = new MapObjects2.TableClass();
                        table. Database  =  "Provider=Microsoft. Jet.
OLEDB.4.0;Data Source=" + Application.StartupPath + "\\StviewCT.mdb";
                        table.Name = layername + "v";
                        table.SearchExpression("select * from " + layer-
name + "v");

                        for(int i = 0; i < table.Records.TableDesc.Field-
```

```
Count；i++)
                        {
                                if (table.Records.TableDesc.get_FieldName
((short)i) == "编号")
                                {
                                        table.MaxCachedRelateRecords=100；
                                        if (lay.AddRelate("name"，table，"编
号"，true))
                                        {
                                                statusBar1.Panels[3].Text = "信
息:数据关联成功！";
                                        }
                                }
                        }


                }
                break；
        case "新增对比2"：
                if(layername！="")
                {
                        this.axMap1.Extent = this.axMap1.FullExtent；
                        ly3.Visible=false；
                        ly2.Visible=false；
                        ly1.Visible=true；
                        MapObjects2.MapLayer
uselayer=(MapObjects2.MapLayer)axMap1.Layers.Item(layername)；
                        uselayer.Visible=false；
                        layername="l17"；
                        MapObjects2.MapLayer
nowlayer=(MapObjects2.MapLayer)axMap1.Layers.Item("l17")；
                        nowlayer.Visible=true；
                        this.axMap1.Refresh()；
```

```
                                   }
                              else
                                   {
                                       this.axMap1.Extent = this.axMap1.FullExtent;
                                       ly3.Visible=false;
                                       ly2.Visible=false;
                                       ly1.Visible=true;
                                       layername="l17";
                                       MapObjects2.MapLayer
nowlayer=(MapObjects2.MapLayer)axMap1.Layers.Item("l17");
                                       nowlayer.Visible=true;
                                       this.axMap1.Refresh();
                                   }
                              if (c == "a")
                                   {
                                       lay = (MapObjects2. MapLayer) this. axMap1.
Layers.Item(layername);

                                       table = new MapObjects2.TableClass();
                                       table. Database="Provider=Microsoft. Jet. OLED-
B.4.0;Data Source=" + Application.StartupPath + "\\StviewCT.mdb";
                                       table.Name = layername;
                                       table.SearchExpression("select * from " + layer-
name);
                                       for (int i = 0; i < table.Records.TableDesc.Field-
Count; i++)
                                            {
                                                if (table.Records.TableDesc.get_FieldName
((short)i) == "编号")
                                                     {
                                                         table.MaxCachedRelateRecords=100;
                                                         if (lay.AddRelate("name", table, "编
号", true))
```

```
                                        }
                                            statusBar1. Panels[3]. Text = "信
息:数据关联成功! ";
                                        }
                                    }
                                }
                            }
                        else
                            {
                                lay = (MapObjects2. MapLayer) this. axMap1.
Layers.Item(layername);
                                table = new MapObjects2.TableClass();
                                table. Database="Provider=Microsoft. Jet. OLED-
B.4.0;Data Source=" + Application. StartupPath + "\\StviewCT.mdb";
                                table.Name = layername + "v";
                                table.SearchExpression("select * from " + layer-
name + "v");

                                for (int i = 0; i < table.Records.TableDesc.Field-
Count; i++)
                                    {
                                        if (table.Records. TableDesc.get_FieldName
((short)i) == "编号")
                                            {
                                                table.MaxCachedRelateRecords=100;
                                                if (lay. AddRelate("name", table, "编
号", true))
                                                    {
                                                        statusBar1. Panels[3]. Text = "信
息:数据关联成功! ";
                                                    }
                                            }
```

```
                    }
                }
            break;

        }
    }


    private void axMap1_MouseDownEvent(object sender, AxMapOb-
jects2._DMapEvents_MouseDownEvent e)//鼠标操作事件
    {
        switch(selectnumber)
        {
            //放大
        case "0":
            MapObjects2.Rectangle rect;
            rect = this.axMap1.TrackRectangle();

            double dWith = rect.Width;
            double dHeight = rect.Height;

            if ((rect == null) || (dWith < 0.00005) || (dHeight <
0.00005))
            {
                MapObjects2. Point  pt = this. axMap1. ToMap-
Point(e.x,e.y);

                MapObjects2.Rectangle r = this.axMap1.Extent;
                r.ScaleRectangle(0.6667);
                r.Offset(-(r.Center.X-pt.X),-(r.Center.Y-pt.Y));
                this.axMap1.Extent = r;
            }
            else
            {
```

```
                            this.axMap1.Extent = rect;
                        }
                        break;
                        //缩小
                    case "1":
                        MapObjects2.Rectangle rect1;

                        rect1 = this.axMap1.TrackRectangle();
                        if ( ( rect1 == null) || (rect1. Width < 0.00005) ||
(rect1.Height < 0.00005))
                        {
                            rect1 = this.axMap1.Extent;
                            rect1.ScaleRectangle(1.5);
                        }
                        else
                        {
                            double dRout = this. axMap1. Extent. Width /
rect1.Width * 10;
                            rect1.ScaleRectangle(dRout);
                        }
                        this.axMap1.Extent = rect1;
                        break;
                    case "3":
                        this.axMap1.Pan();
                        break;
                    case "5":
                        MapObjects2.Point pt1 = this.axMap1.ToMapPoint(e.
x,e.y);
                        MapObjects2. Symbol sym=axMap1. TrackingLayer.
get_Symbol(0);
                        sym. SymbolType=MapObjects2. SymbolTypeConsta-
nts.moPointSymbol;
                        sym.Size=16;
```

```
                        sym. Color=（uint）MapObjects2. ColorConstan-ts.
moRed；
                        sym.Style=（short）MapObjects2. MarkerStyleConsta-
nts.moCrossMarker；

                        axMap1.TrackingLayer.AddEvent(pt1,0)；
                        break；
                    case "4"：
                        //
                        this.rec=this.axMap1.TrackRectangle()；
                        draw=true；
                        this.axMap1.TrackingLayer.Refresh(true,null)；
                        break；
                }
            }


        private void textBox1_KeyDown(object sender，System.Windows.
Forms.KeyEventArgs e)//键盘信息查询
            {
                string kind="";//用于判断测点位置
                if(e.KeyCode==Keys.Return)
                {
                        string pointnumber=txtnumber.Text；
                        string s2=pointnumber.Substring(0,2)；
                        string s3=pointnumber.Substring(2,1)；
                        if(s2=="10" && s3=="0")
                        {
                            if(layername=="")
                            {
                                ly1.Visible=true；
                                ly2.Visible=false；
                                ly3.Visible=false；
                                MapObjects2.MapLayer
uselayer=(MapObjects2.MapLayer)axMap1.Layers.Item("l100")；
```

```
                        layername="l100";
                        uselayer.Visible=true;
                        this.axMap1.Refresh();
                        kind="1";//表示底层横桥向
                }
            else
                {
                        ly1.Visible=true;
                        ly2.Visible=false;
                        ly3.Visible=false;
                        MapObjects2.MapLayer
lastlayer=(MapObjects2.MapLayer)axMap1.Layers.Item(layername);
                        lastlayer.Visible=false;
                        MapObjects2.MapLayer
uselayer=(MapObjects2.MapLayer)axMap1.Layers.Item("l100");
                        layername="l100";
                        uselayer.Visible=true;
                        this.axMap1.Refresh();
                        kind="1";//表示底层横桥向
                }
            }
        if(s2=="10" && s3=="1")
            {
                if(layername=="")
                {
                        ly1.Visible=true;
                        ly2.Visible=false;
                        ly3.Visible=false;
                        MapObjects2.MapLayer
uselayer=(MapObjects2.MapLayer)axMap1.Layers.Item("l101");
                        layername="l101";
                        uselayer.Visible=true;
                        this.axMap1.Refresh();
```

```
                                kind="2";//表示底层纵桥向
                            }
                        else
                            {
                                ly1.Visible=true;
                                ly2.Visible=false;
                                ly3.Visible=false;
                                MapObjects2.MapLayer
lastlayer=(MapObjects2.MapLayer)axMap1.Layers.Item(layername);
                                lastlayer.Visible=false;
                                MapObjects2.MapLayer
uselayer=(MapObjects2.MapLayer)axMap1.Layers.Item("l101");
                                layername="l101";
                                uselayer.Visible=true;
                                this.axMap1.Refresh();
                                kind="2";//表示底层纵桥向
                            }
                        }
                    if(s2=="11" && s3=="0")
                        {
                            if(layername=="")
                            {
                                ly1.Visible=true;
                                ly2.Visible=false;
                                ly3.Visible=false;
                                MapObjects2.MapLayer
uselayer=(MapObjects2.MapLayer)axMap1.Layers.Item("l110");
                                layername="l110";
                                uselayer.Visible=true;
                                this.axMap1.Refresh();
                                kind="3";//表示顶层横桥向
                            }
                        else
```

```
                    {
                        ly1.Visible=true;
                        ly2.Visible=false;
                        ly3.Visible=false;
                        MapObjects2.MapLayer
lastlayer=(MapObjects2.MapLayer)axMap1.Layers.Item(layername);
                        lastlayer.Visible=false;
                        MapObjects2.MapLayer
uselayer=(MapObjects2.MapLayer)axMap1.Layers.Item("l110");
                        layername="l110";
                        uselayer.Visible=true;
                        this.axMap1.Refresh();
                        kind="3";//表示顶层横桥向
                    }
                }
                if(s2=="15")
                {
                    if(layername=="")
                    {
                        ly1.Visible=true;
                        ly2.Visible=false;
                        ly3.Visible=false;
                        MapObjects2.MapLayer
uselayer=(MapObjects2.MapLayer)axMap1.Layers.Item("l110");
                        layername="l110";
                        uselayer.Visible=true;
                        this.axMap1.Refresh();
                        kind="4";//表示拉杆测点
                    }
                    else
                    {
                        ly1.Visible=true;
                        ly2.Visible=false;
```

```
                            ly3.Visible=false;
                            MapObjects2.MapLayer
lastlayer=(MapObjects2.MapLayer)axMap1.Layers.Item(layername);
                            lastlayer.Visible=false;
                            MapObjects2.MapLayer
uselayer=(MapObjects2.MapLayer)axMap1.Layers.Item("l110");
                            layername="l110";
                            uselayer.Visible=true;
                            this.axMap1.Refresh();
                            kind="4";//表示拉杆测点
                        }
                    }
                if(s2=="14")
                {
                    if(layername=="")
                    {
                        ly1.Visible=true;
                        ly2.Visible=false;
                        ly3.Visible=false;
                        MapObjects2.MapLayer
uselayer=(MapObjects2.MapLayer)axMap1.Layers.Item("l14");
                        layername="l14";
                        uselayer.Visible=true;
                        this.axMap1.Refresh();
                        kind="5";//表示压杆测点
                    }
                    else
                    {
                        ly1.Visible=true;
                        ly2.Visible=false;
                        ly3.Visible=false;
                        MapObjects2.MapLayer
lastlayer=(MapObjects2.MapLayer)axMap1.Layers.Item(layername);
```

```
                        lastlayer.Visible=false;
                        MapObjects2.MapLayer
uselayer=(MapObjects2.MapLayer)axMap1.Layers.Item("l14");
                        layername="l14";
                        uselayer.Visible=true;
                        this.axMap1.Refresh();
                        kind="5";//表示压杆测点
                    }
                }
            if(s2=="11" && s3=="1")
            {
                if(layername=="")
                {
                    ly1.Visible=true;
                    ly2.Visible=false;
                    ly3.Visible=false;
                    MapObjects2.MapLayer
uselayer=(MapObjects2.MapLayer)axMap1.Layers.Item("l111");
                    layername="l111";
                    uselayer.Visible=true;
                    this.axMap1.Refresh();
                    kind="6";//表示顶层纵桥向
                }
                else
                {
                    ly1.Visible=true;
                    ly2.Visible=false;
                    ly3.Visible=false;
                    MapObjects2.MapLayer
lastlayer=(MapObjects2.MapLayer)axMap1.Layers.Item(layername);
                    lastlayer.Visible=false;
                    MapObjects2.MapLayer
uselayer=(MapObjects2.MapLayer)axMap1.Layers.Item("l111");
```

```
                        layername="l111";
                        uselayer.Visible=true;
                        this.axMap1.Refresh();
                        kind="6";//表示顶层纵桥向
                    }
                }
            if(s2=="16")
                {
                    if(layername=="")
                        {
                            ly1.Visible=true;
                            ly2.Visible=false;
                            ly3.Visible=false;
                            MapObjects2.MapLayer
uselayer=(MapObjects2.MapLayer)axMap1.Layers.Item("l16");
                            layername="l16";
                            uselayer.Visible=true;
                            this.axMap1.Refresh();
                            kind="7";//下层对比
                        }
                    else
                        {
                            ly1.Visible=true;
                            ly2.Visible=false;
                            ly3.Visible=false;
                            MapObjects2.MapLayer
lastlayer=(MapObjects2.MapLayer)axMap1.Layers.Item(layername);
                            lastlayer.Visible=false;
                            MapObjects2.MapLayer
uselayer=(MapObjects2.MapLayer)axMap1.Layers.Item("l16");
                            layername="l16";
                            uselayer.Visible=true;
                            this.axMap1.Refresh();
```

```
                    kind="7";//下层对比
                }
            }
        if(s2=="17")
            {
                if(layername=="")
                    {
                        ly1.Visible=true;
                        ly2.Visible=false;
                        ly3.Visible=false;
                        MapObjects2.MapLayer
uselayer=(MapObjects2.MapLayer)axMap1.Layers.Item("l17");
                        layername="l17";
                        uselayer.Visible=true;
                        this.axMap1.Refresh();
                        kind="8";//上层对比
                    }
                else
                    {
                        ly1.Visible=true;
                        ly2.Visible=false;
                        ly3.Visible=false;
                        MapObjects2.MapLayer
lastlayer=(MapObjects2.MapLayer)axMap1.Layers.Item(layername);
                        lastlayer.Visible=false;
                        MapObjects2.MapLayer
uselayer=(MapObjects2.MapLayer)axMap1.Layers.Item("l17");
                        layername="l17";
                        uselayer.Visible=true;
                        this.axMap1.Refresh();
                        kind="8";//上层对比
                    }
                }
```

```
if(s2=="12")
{
    string s4=pointnumber.Substring(4,2);
    if(s4=="00")
    {
        if(layername=="")
        {
            ly1.Visible=false;
            ly2.Visible=true;
            ly3.Visible=false;
            MapObjects2.MapLayer
uselayer=(MapObjects2.MapLayer)axMap1.Layers.Item("l12上游");
            layername="l12上游";
            uselayer.Visible=true;
            this.axMap1.Refresh();
            kind="9";//上游三向应力
        }
        else
        {
            ly1.Visible=false;
            ly2.Visible=true;
            ly3.Visible=false;
            MapObjects2.MapLayer
lastlayer=(MapObjects2.MapLayer)axMap1.Layers.Item(layername);
            lastlayer.Visible=false;
            MapObjects2.MapLayer
uselayer=(MapObjects2.MapLayer)axMap1.Layers.Item("l12上游");
            layername="l12上游";
            uselayer.Visible=true;
            this.axMap1.Refresh();
            kind="9";//上游三向应力
        }
    }
```

```
                        if(s4=="88")
                        {
                            if(layername=="")
                            {
                                ly1.Visible=false;
                                ly2.Visible=false;
                                ly3.Visible=true;
                                MapObjects2.MapLayer
uselayer=(MapObjects2.MapLayer)axMap1.Layers.Item("l12下游");
                                layername="l12下游";
                                uselayer.Visible=true;
                                this.axMap1.Refresh();
                                kind="10";//下游三向应力
                            }
                            else
                            {
                                ly1.Visible=false;
                                ly2.Visible=false;
                                ly3.Visible=true;
                                MapObjects2.MapLayer
lastlayer=(MapObjects2.MapLayer)axMap1.Layers.Item(layername);
                                lastlayer.Visible=false;
                                MapObjects2.MapLayer
uselayer=(MapObjects2.MapLayer)axMap1.Layers.Item("l12下游");
                                layername="l12下游";
                                uselayer.Visible=true;
                                this.axMap1.Refresh();
                                kind="10";//下游三向应力
                            }
                        }
                    if(e.KeyCode==Keys.Return)
                    {
```

```
                    string exp="NAME= '"+txtnumber.Text+"'";
                    MapObjects2.MapLayer lyr=(MapObjects2.MapLay-
er)this.axMap1.Layers.Item(layername);
                    MapObjects2. Recordset  recs=lyr. SearchExpression
(exp);
                    if( recs.EOF ！=true)
                    {
                    res=(MapObjects2. Polygon)recs. Fields. Item
("Shape").Value;
                    MapObjects2.Rectangle ext=res.Extent;//定义类
                    ext.ScaleRectangle(50.0);
                    axMap1.Extent=ext;
                    axMap1.Refresh();
                    axMap1.FlashShape(res,5);
                    switch(kind)
                    {
                        case "1":
                            textBox2.Text="该测点为底层横桥向
钢筋计。"+" 高程为:"+recs.Fields.Item("Height").ValueAsString;

                            break;
                        case "2":
                            textBox2.Text="该测点为底层横桥向
钢筋计。"+" 高程为:"+recs.Fields.Item("Height").ValueAsString;
                            break;
                        case "3":
                            textBox2.Text="该测点为底层横桥向
钢筋计。"+" 高程为:"+recs.Fields.Item("Height").ValueAsString;
                            break;
                        case "4":
                            textBox2.Text="该测点为拉杆钢筋
计。"+" 高程为:"+recs.Fields.Item("Height").ValueAsString;;
                            break;
```

```
                case "5":
                    textBox2.Text="该测点为压杆钢筋
计。"+"高程为:"+recs.Fields.Item("Height").ValueAsString;;
                    break;
                case "6":
                    textBox2.Text="顶层纵桥向。"+"高
程为:"+recs.Fields.Item("Height").ValueAsString;;
                    break;
                case "7":
                    textBox2.Text="下层钢筋应力对比分
析测点。"+"高程为:"+recs.Fields.Item("Height").ValueAsString;;
                    break;
                case "8":
                    textBox2.Text="上层钢筋应力对比分
析测点。"+"高程为:"+recs.Fields.Item("Height").ValueAsString;;
                    break;
                case "9":
                    textBox2.Text="上游三向应力测点。
"+"高程为:"+recs.Fields.Item("Height").ValueAsString;;
                    break;
                case "10":
                    textBox2.Text="下游三向应力测点。
"+"高程为:"+recs.Fields.Item("Height").ValueAsString;;
                    break;
                }
            }
        else
            {
                MessageBox.Show("您输入的测点编号不正
确,请重新输入! ");
            }
        }
    }
```

```
            }

        private void button1_Click(object sender, System.EventArgs e)//按
钮查询事件
            {
                string kind="";//用于判断测点位置
                string pointnumber=txtnumber.Text;
                string s2=pointnumber.Substring(0,2);
                string s3=pointnumber.Substring(2,1);
                if(s2=="10" && s3=="0")
                {
                    if(layername=="")
                    {
                        ly1.Visible=true;
                        ly2.Visible=false;
                        ly3.Visible=false;
                        MapObjects2.MapLayer
uselayer=(MapObjects2.MapLayer)axMap1.Layers.Item("l100");
                        layername="l100";
                        uselayer.Visible=true;
                        this.axMap1.Refresh();
                        kind="1";//表示底层横桥向
                    }
                    else
                    {
                        ly1.Visible=true;
                        ly2.Visible=false;
                        ly3.Visible=false;
                        MapObjects2.MapLayer
lastlayer=(MapObjects2.MapLayer)axMap1.Layers.Item(layername);
                        lastlayer.Visible=false;
                        MapObjects2.MapLayer
uselayer=(MapObjects2.MapLayer)axMap1.Layers.Item("l100");
```

```
                    layername="l100";
                    uselayer.Visible=true;
                    this.axMap1.Refresh();
                    kind="1";//表示底层横桥向
                }
            }
            if(s2=="10" && s3=="1")
            {
                if(layername=="")
                {
                    ly1.Visible=true;
                    ly2.Visible=false;
                    ly3.Visible=false;
                    MapObjects2.MapLayer
uselayer=(MapObjects2.MapLayer)axMap1.Layers.Item("l101");
                    layername="l101";
                    uselayer.Visible=true;
                    this.axMap1.Refresh();
                    kind="2";//表示底层纵桥向
                }
                else
                {
                    ly1.Visible=true;
                    ly2.Visible=false;
                    ly3.Visible=false;
                    MapObjects2.MapLayer
lastlayer=(MapObjects2.MapLayer)axMap1.Layers.Item(layername);
                    lastlayer.Visible=false;
                    MapObjects2.MapLayer
uselayer=(MapObjects2.MapLayer)axMap1.Layers.Item("l101");
                    layername="l101";
                    uselayer.Visible=true;
                    this.axMap1.Refresh();
```

```
                                    kind="2";//表示底层纵桥向
                        }
                }
                if(s2=="11" && s3=="0")
                {
                        if(layername=="")
                        {
                                ly1.Visible=true;
                                ly2.Visible=false;
                                ly3.Visible=false;
                                MapObjects2.MapLayer
uselayer=(MapObjects2.MapLayer)axMap1.Layers.Item("l110");
                                layername="l110";
                                uselayer.Visible=true;
                                this.axMap1.Refresh();
                                kind="3";//表示顶层横桥向
                        }
                        else
                        {
                                ly1.Visible=true;
                                ly2.Visible=false;
                                ly3.Visible=false;
                                MapObjects2.MapLayer
lastlayer=(MapObjects2.MapLayer)axMap1.Layers.Item(layername);
                                lastlayer.Visible=false;
                                MapObjects2.MapLayer
uselayer=(MapObjects2.MapLayer)axMap1.Layers.Item("l110");
                                layername="l110";
                                uselayer.Visible=true;
                                this.axMap1.Refresh();
                                kind="3";//表示顶层横桥向
                        }
                }
```

```
if(s2=="15")
{
    if(layername=="")
    {
        ly1.Visible=true;
        ly2.Visible=false;
        ly3.Visible=false;
        MapObjects2.MapLayer
uselayer=(MapObjects2.MapLayer)axMap1.Layers.Item("l110");
        layername="l110";
        uselayer.Visible=true;
        this.axMap1.Refresh();
        kind="4";//表示拉杆测点
    }
    else
    {
        ly1.Visible=true;
        ly2.Visible=false;
        ly3.Visible=false;
        MapObjects2.MapLayer
lastlayer=(MapObjects2.MapLayer)axMap1.Layers.Item(layername);
        lastlayer.Visible=false;
        MapObjects2.MapLayer
uselayer=(MapObjects2.MapLayer)axMap1.Layers.Item("l110");
        layername="l110";
        uselayer.Visiblc=true;
        this.axMap1.Refresh();
        kind="4";//表示拉杆测点
    }
}
if(s2=="14")
{
    if(layername=="")
```

```
                    {
                        ly1.Visible=true;
                        ly2.Visible=false;
                        ly3.Visible=false;
                        MapObjects2.MapLayer
uselayer=(MapObjects2.MapLayer)axMap1.Layers.Item("l14");
                        layername="l14";
                        uselayer.Visible=true;
                        this.axMap1.Refresh();
                        kind="5";//表示压杆测点
                    }
                else
                    {
                        ly1.Visible=true;
                        ly2.Visible=false;
                        ly3.Visible=false;
                        MapObjects2.MapLayer
lastlayer=(MapObjects2.MapLayer)axMap1.Layers.Item(layername);
                        lastlayer.Visible=false;
                        MapObjects2.MapLayer
uselayer=(MapObjects2.MapLayer)axMap1.Layers.Item("l14");
                        layername="l14";
                        uselayer.Visible=true;
                        this.axMap1.Refresh();
                        kind="5";//表示压杆测点
                    }
                }
            if(s2=="11" && s3=="1")
            {
                if(layername=="")
                {
                    ly1.Visible=true;
                    ly2.Visible=false;
```

```
                ly3.Visible=false;
                MapObjects2.MapLayer
uselayer=(MapObjects2.MapLayer)axMap1.Layers.Item("l111");
                layername="l111";
                uselayer.Visible=true;
                this.axMap1.Refresh();
                kind="6";//表示顶层纵桥向
            }
        else
            {
                ly1.Visible=true;
                ly2.Visible=false;
                ly3.Visible=false;
                MapObjects2.MapLayer
lastlayer=(MapObjects2.MapLayer)axMap1.Layers.Item(layername);
                lastlayer.Visible=false;
                MapObjects2.MapLayer
uselayer=(MapObjects2.MapLayer)axMap1.Layers.Item("l111");
                layername="l111";
                uselayer.Visible=true;
                this.axMap1.Refresh();
                kind="6";//表示顶层纵桥向
            }
        }
    if(s2=="16")
        {
            if(layername=="")
            {
                ly1.Visible=true;
                ly2.Visible=false;
                ly3.Visible=false;
                MapObjects2.MapLayer
uselayer=(MapObjects2.MapLayer)axMap1.Layers.Item("l16");
```

```
                                    layername="l16";
                                    uselayer.Visible=true;
                                    this.axMap1.Refresh();
                                    kind="7";//下层对比
                            }
                        else
                            {
                                    ly1.Visible=true;
                                    ly2.Visible=false;
                                    ly3.Visible=false;
                                    MapObjects2.MapLayer
lastlayer=(MapObjects2.MapLayer)axMap1.Layers.Item(layername);
                                    lastlayer.Visible=false;
                                    MapObjects2.MapLayer
uselayer=(MapObjects2.MapLayer)axMap1.Layers.Item("l16");
                                    layername="l16";
                                    uselayer.Visible=true;
                                    this.axMap1.Refresh();
                                    kind="7";//下层对比
                            }
                    }
                if(s2=="17")
                    {
                            if(layername=="")
                            {
                                    ly1.Visible=true;
                                    ly2.Visible=false;
                                    ly3.Visible=false;
                                    MapObjects2.MapLayer
uselayer=(MapObjects2.MapLayer)axMap1.Layers.Item("l17");
                                    layername="l17";
                                    uselayer.Visible=true;
                                    this.axMap1.Refresh();
```

```
                        kind="8";//上层对比
                    }
                else
                    {

                        ly1.Visible=true;
                        ly2.Visible=false;
                        ly3.Visible=false;
                        MapObjects2.MapLayer
lastlayer=(MapObjects2.MapLayer)axMap1.Layers.Item(layername);
                        lastlayer.Visible=false;
                        MapObjects2.MapLayer
uselayer=(MapObjects2.MapLayer)axMap1.Layers.Item("l17");
                        layername="l17";
                        uselayer.Visible=true;
                        this.axMap1.Refresh();
                        kind="8";//上层对比
                    }
                }
        if(s2=="12")
            {

                string s4=pointnumber.Substring(4,2);
                if(s4=="00")
                    {

                        if(layername=="")
                            {

                                ly1.Visible=false;
                                ly2.Visible=true;
                                ly3.Visible=false;
                                MapObjects2.MapLayer
uselayer=(MapObjects2.MapLayer)axMap1.Layers.Item("l12上游");
                                layername="l12上游";
                                uselayer.Visible=true;
                                this.axMap1.Refresh();
```

```
                        kind="9";//上游三向应力
                    }
                    else
                    {
                        ly1.Visible=false;
                        ly2.Visible=true;
                        ly3.Visible=false;
                        MapObjects2.MapLayer
lastlayer=(MapObjects2.MapLayer)axMap1.Layers.Item(layername);
                        lastlayer.Visible=false;
                        MapObjects2.MapLayer
uselayer=(MapObjects2.MapLayer)axMap1.Layers.Item("l12上游");
                        layername="l12上游";
                        uselayer.Visible=true;
                        this.axMap1.Refresh();
                        kind="9";//上游三向应力
                    }
                }
                if(s4=="88")
                {
                    if(layername=="")
                    {
                        ly1.Visible=false;
                        ly2.Visible=false;
                        ly3.Visible=true;
                        MapObjects2.MapLayer
uselayer=(MapObjects2.MapLayer)axMap1.Layers.Item("l12下游");
                        layername="l12下游";
                        uselayer.Visible=true;
                        this.axMap1.Refresh();
                        kind="10";//下游三向应力
                    }
                    else
```

```
                {
                    ly1.Visible=false;
                    ly2.Visible=false;
                    ly3.Visible=true;
                    MapObjects2.MapLayer
lastlayer=(MapObjects2.MapLayer)axMap1.Layers.Item(layername);
                    lastlayer.Visible=false;
                    MapObjects2.MapLayer
uselayer=(MapObjects2.MapLayer)axMap1.Layers.Item("l12下游");
                    layername="l12下游";
                    uselayer.Visible=true;
                    this.axMap1.Refresh();
                    kind="10";//下游三向应力
                }
            }
            string exp="NAME= '"+txtnumber.Text+"'";
            MapObjects2.MapLayer lyr=(MapObjects2.MapLayer)
this.axMap1.Layers.Item(layername);
            MapObjects2.Recordset recs=lyr.SearchExpression(exp);
            if(recs.EOF！=true)
            {
                res=(MapObjects2.Polygon)recs.Fields.Item("Sha-
pe").Value;
                MapObjects2.Rectangle ext=res.Extent;
                ext.ScaleRectangle(50.0);
                axMap1.Extent=ext;
                axMap1.Refresh();
                axMap1.FlashShape(res,5);
                switch(kind)
                {
                    case "1":
                        textBox2.Text="该测点为底层横桥向钢筋
计。"+"高程为:"+recs.Fields.Item("Height").ValueAsString;
```

```
                                break；
                        case "2"：
                                textBox2.Text="该测点为底层横桥向钢筋
计。"+" 高程为："+recs.Fields.Item("Height").ValueAsString；
                                break；
                        case "3"：
                                textBox2.Text="该测点为底层横桥向钢筋
计。"+" 高程为："+recs.Fields.Item("Height").ValueAsString；
                                break；
                        case "4"：
                                textBox2.Text="该测点为拉杆钢筋计。"+
" 高程为："+recs.Fields.Item("Height").ValueAsString；；
                                break；
                        case "5"：
                                textBox2.Text="该测点为压杆钢筋计。"+
" 高程为："+recs.Fields.Item("Height").ValueAsString；；
                                break；
                        case "6"：
                                textBox2.Text="顶层纵桥向。"+" 高程为：
"+recs.Fields.Item("Height").ValueAsString；；
                                break；
                        case "7"：
                                textBox2.Text="下层钢筋应力对比分析测
点。"+" 高程为："+recs.Fields.Item("Height").ValueAsString；；
                                break；
                        case "8"：
                                textBox2.Text="上层钢筋应力对比分析测
点。"+" 高程为："+recs.Fields.Item("Height").ValueAsString；；
                                break；
                        case "9"：
                                textBox2.Text="上游三向应力测点。"+"
高程为："+recs.Fields.Item("Height").ValueAsString；；
```

```
                    break;
                case "10":
                    textBox2.Text="下游三向应力测点。"+"
高程为:"+recs.Fields.Item("Height").ValueAsString;;
                    break;
                }
            }
            else
            {
                MessageBox.Show("您输入的测点编号不正确,请
重新输入! ");
            }
        }
    }


    private void axMap1_AfterTrackingLayerDraw(object sender, Ax-
MapObjects2._DMapEvents_AfterTrackingLayerDrawEvent e)//鼠标选择查
询
    {
        if(draw==true)
        {
            double radius;
            MapObjects2.Recordset recset;
            MapObjects2.MapLayer ly=(MapObjects2.MapLayer)this.
axMap1.Layers.Item(layername);
            MapObjects2.Symbol sym1=new MapObjects2.Symbol-
Class();
            if(rec ! =null)
            {
                radius=rec.Width*0.5;
                recset=ly.SearchByDistance(rec.Center,radius,null);
                sym1.SymbolType=MapObjects2.SymbolTypeCons-
```

```
tants.moFillSymbol;
                              sym1. Color= (uint) MapObjects2. ColorConstants.
moOrange;
                              if(! recset.EOF)
                              {
                                  this.axMap1.DrawShape(recset,sym1);
                                  textBox2.Text="一共选中" + recset.Count.To-
String()+"对象。"+"\r\n";
                                  while(! recset.EOF)
                                  {
                                      textBox2.Text=textBox2.Text+recset.Fields.
Item("Name").ValueAsString+" 仪器类型:"+recset.Fields.Item("sensor").
ValueAsString+" 高程:"+recset.Fields.Item("Height").ValueAsString+";
\r\n";
                                      recset.MoveNext();
                                  }
                              }
                  sym1. SymbolType=MapObjects2. SymbolTypeConstants.
moFillSymbol;
                  sym1.Color=(uint)MapObjects2.ColorConstants.moGray;
                  sym1. Style= (short) MapObjects2. FillStyleConstants. mo-
LightGrayFill;
                  this.axMap1.DrawShape(rec,sym1);
                  draw=false;
                  if(this.res! =null)
                  {
                      sym1. SymbolType=MapObjects2. SymbolTypeCons-
tants.moFillSymbol;
                      sym1. Color= (uint) MapObjects2. ColorConstants. m-
oGray;
                      sym1. Style= (short) MapObjects2. FillStyleConstants.
moLightGrayFill;
```

```
                this.axMap1.DrawShape(res,sym1);
                draw=false;
            }
        }
    }
    private void menuItem14_Click(object sender, System.EventArgs
e)
    {
        if(this.tabControl1.SelectedIndex.ToString()=="0")
        {
            if(layername! ="")
            {
                Fmselect fm=new Fmselect();
                string date=fm.getone();
                //渲染图层名
                if(date! ="0")
                {
                    this.datadrawing(layername,date);//调用绘图
函数
                }
            }
            else
            {
                MessageBox.Show("请先选择图层! ");
            }
        }
        else
        {
            if(layername5! ="")
            {
                Fmselect fm=new Fmselect();
                string date=fm.getone();
                //string lname;//渲染图层名
```

```
                    if(date! ="0")
                    {
                            this.datadrawing(layername5, date);//调用绘图
函数
                    }
                }
                else
                {
                    MessageBox.Show("请先选择图层! ");
                }
            }
        }
    private void datadrawing(string name1, string d)//绘制图形
    {
        if(this.tabControl1.SelectedIndex.ToString()=="0")
        {
            this.axMap1.Refresh();
            MapObjects2.MapLayer lyr=(MapObjects2.MapLayer)ax-
Map1.Layers.Item(name1);
            MapObjects2.LabelRenderer lb=new MapObjects2.Label-
RendererClass();
            lb.Field=d;
            MapObjects2.TextSymbol sym=lb.get_Symbol(0);
            lb.AllowDuplicates =true;
            lyr.Renderer=lb;
            this.axMap1.Refresh();
        }
        else
        {
            this.axMap2.Refresh();
            MapObjects2.MapLayer lyr=(MapObjects2.MapLayer)ax-
Map2.Layers.Item(name1);
            MapObjects2.LabelRenderer lb=new MapObjects2.Label-
```

```
RendererClass（）;
            lb.Field=d;
            MapObjects2.TextSymbol sym=lb.get_Symbol（0）;
            lb.AllowDuplicates =true;
            lyr.Renderer=lb;
            this.axMap2.Refresh（）;
        }
    }
    //图层绘制事件
    private void leveldrawing（string name1,string d）
    {
        string mz=this.max（name1,d）;
        int n=8;
        //string s=Microsoft.VisualBasic.Interaction.InputBox（"请输入
分级数", "Input消息框", "0",–1 , –1）;
        //n=int.Parse（s）;
        MapObjects2. MapLayer  lyr=（MapObjects2. MapLayer）ax-
Map1.Layers.Item（name1）;
        MapObjects2. ClassBreaksRenderer  cbr=new  MapObjects2.
ClassBreaksRendererClass（）;
        lyr.Renderer =cbr;
        cbr.BreakCount=（short）（n+1）;
        cbr. SymbolType=MapObjects2. SymbolTypeConstants. moFill-
Symbol;
        cbr.Field=d;
        MapObjects2.Symbol sym;
        for（int i=0;i<n+1;i++）
        {
            if（i==0）
            {
                cbr.set_Break（（short）i,0.2）;
            }
            else
```

```
            }
                cbr.set_Break((short)i,double.Parse(mz)*(i+1)/n+1);
            }
        //Color c=Color.FromArgb(25+15*i,Color.Yellow);
        //sym.Color=(uint)Microsoft.VisualBasic.Information.QB-
Color(i);
        sym=cbr.get_Symbol((short)i);
        if(i==0)
        {

            sym.Color=(uint)MapObjects2.ColorConstants.mo-
White;

        }
        else
        {
            sym.Color=(uint)Microsoft.VisualBasic.Information.
QBColor(i);
        }
    }
    cbr.DrawBackground=true;
    cbr.SizeSymbols(1,1);
    this.statusBarPanel4.Text=d+"分级渲染图";
    this.axMap1.Refresh();
}
//统计最大测值
private string max(string n,string d)
{
    MapObjects2.Strings strs=new MapObjects2.StringsClass();
    MapObjects2.MapLayer lyr=(MapObjects2.MapLayer)ax-
Map1.Layers.Item(n);
    MapObjects2.Statistics stats=lyr.Records.CalculateStatistics(d);
```

```
        //MapObjects2.Recordset rc=lyr.Records；
        string m=stats.Max.ToString（）；
        return m；
    }
    //统计最小测值
    private string min（string n, string d）
    {

        MapObjects2.Strings  strs=new MapObjects2.StringsClass（）；
        MapObjects2. MapLayer  lyr=（MapObjects2. MapLayer）ax-
Map1.Layers.Item（n）；
        MapObjects2.Statistics stats=lyr.Records.CalculateStatistics(d)；
        //MapObjects2.Recordset rc=lyr.Records；
        string m=stats.Min.ToString（）；
        return m；

    }
    //统计均值
    private string average（string n, string d）
    {

        MapObjects2.Strings  strs=new MapObjects2.StringsClass（）；
        MapObjects2. MapLayer  lyr=（MapObjects2. MapLayer）ax-
Map1.Layers.Item（n）；
        MapObjects2.Statistics stats=lyr.Records.CalculateStatistics(d)；
        //MapObjects2.Recordset rc=lyr.Records；
        string m=stats.Mean.ToString（）；
        return m；

    }
    //求和
    private string sum（string n, string d）
    {

        MapObjects2.Strings  strs=new MapObjects2.StringsClass（）；
        MapObjects2. MapLayer  lyr=（MapObjects2. MapLayer）ax-
Map1.Layers.Item（n）；
        MapObjects2.Statistics stats=lyr.Records.CalculateStatistics(d)；
```

```
            //MapObjects2.Recordset rc=lyr.Records;
            string m=stats.Sum.ToString();
            return m;
        }
    //绘制柱状图
    private void drawing(params string[ ] strs)
        {
            //绘制柱状图
            MapObjects2.MapLayer lyr=new MapObjects2.MapLayerClass
();

            if(this.tabControl1.SelectedIndex.ToString()=="0")
            {
                lyr=(MapObjects2.MapLayer)axMap1.Layers.Item(layer-
name);
            }
            else
            {
            lyr=(MapObjects2.MapLayer)axMap1.Layers.Item(layername5);
            }
            //    lyr.Renderer =ctr;
            lyr.Renderer=ctr;
            ctr.ChartType=MapObjects2.ChartTypeConstants.moBar;
            ctr.FieldCount=(short)dates.Length;
            //ctr.NormalizationField="ChartY";
            for(int i=0;i<dates.Length;i++)
            {
                ctr.set_Field((short)i,dates[i]);
                ctr.set_Color((short)i,(uint)Microsoft.VisualBasic.Infor-
mation.QBColor(i));//(17*i,150+(-1)^i*5*i,100+(-1)^(i+1)*5));
                ctr.BarHeight=(short)(this.axMap1.Height*0.08);
                ctr.BarWidth=(short)(this.axMap1.Width*0.02);
            }
            if(dates.Length>5)
```

```
{
    ctr.BarHeight=(short)(this.axMap1.Height*0.07);
    ctr.BarWidth=(short)(this.axMap1.Width*0.04);
}
if(dates.Length==1)
{
    ctr.BarHeight=(short)(this.axMap1.Height*0.04);
    ctr.BarWidth=(short)(this.axMap1.Width*0.01);
}
if(dates.Length>1)
{
    Fmlegend fl=new Fmlegend();
    fl.chartbar(dates);
}
if(dates.Length==1)
{
    this.statusBarPanel4.Text=dates[0]+"柱状图";
}
if(this.tabControl1.SelectedIndex.ToString()=="0")
{
    this.axMap1.Refresh();
}
else
{
    this.axMap2.Refresh();
}
}
```

参 考 文 献

[1] 邓友生，龚维明，李卓球．超长大直径群桩荷载传递特性研究 [J]．公路，2007，(11)：17-20．

[2] 蒋泽中，谢涛．超大群桩基桩竖向承载力试验研究 [J]．四川建筑科学研究，2003，29 (1)：47-50．

[3] 章为民，王年香．苏通长江公路大桥主桥索塔群桩基础与土体共同作用离心模型试验研究报告 [R]．南京水利科学研究院，2004．

[4] 王年香，章为民．大型超深基础离心模型试验研究报告 [R]．南京水利科学研究院，2002．

[5] 蒋建平，章杨松，高广运等．大直径超长灌注桩弹塑性有限元分析 [J]．力学季刊，2006，27 (2)：354-358．

[6] 闫静雅，张子新，黄宏伟等．大直径超长钻孔灌注桩荷载传递分析 [J]．同济大学学报（自然科学版），2007，35 (5)：592-596．

[7] 东南大学土木工程学院．苏通大桥试桩工程试验报告 [R]．南京：东南大学土木工程学院，2003．

[8] 石名磊，邓学钧，刘松玉．大直径钻孔灌注桩桩侧极限摩阻力研究 [J]．建筑结构，2003，33 (11)，13．

[9] 黄生根，龚维明．苏通大桥一期超长大直径试桩承载特性分析 [J]．岩石力学与工程学报，2004，23 (19)：3370-3375．

[10] 王鹏．超大群桩基础竖向承载性能及设计理论研究 [D]．东南大学博士论文，2006．

[11] 程翔云．群桩基础等代模型的改善 [J]．公路，2006，(1)：13-16．

[12] G. Poulos. Anyalsis of Settlement of Pile Groups [J]. Geotechniuqe, 1968, 18 (3)：449-471.

[13] Taviani, M.Three-dimensional finite element analysis of vertically loaded pile groups [J]. Geotechnique, 1975, 25 (2)：159-174.

[14] Widjojo A.Prakoso, Fred H. Kulhawy. Contribution to piled raft foundation design [J].Hournal of geotechnical and geoenvironmental engineering, 2001, 17：17-24.

[15] 曾友金，章为民，王年香等．某大型哑铃型承台群桩基础与土体共同作用竖向承载变形特性数值模拟分析 [J]．岩土工程学报，2007，27 (10)：1129-1135．

[16] 张慧昕，陈晓桥，王艳芬．FLAC3D在超长群桩效应分析中的应用 [J]．世界

桥梁，2009，（3）：26-28.

[17] 付佰勇，黄茂松，梁发云等. 层状弹性半空间中群桩竖向沉降简化分析 [J]. 岩土工程学报，2010，32（2）：198-204.

[18] 莲丛，罗书学，胡德贵. 桥梁群桩基础的沉降计算 [J]. 路基工程，2007，（3）：1-4.

[19] 张雄文，董学武，李镇. 苏通大桥主塔墩基础群桩效应研究. 河海大学学报，2006，34（2）：200-203.

[20] 汤斌，陈晓平. 群桩效应有限元分析. 岩土力学，2005，26（2）：299-302.

[21] 王成华，李海元. 超长群桩竖向承载特性的有限元分析. 低温建筑技术，2006，6（3）：92-94.

[22] 曾友金，章为民，王年香，徐光明. 某大型哑铃型承台群桩基础与土体共同作用竖向承载变形特性数值模拟分析 [J]. 岩土工程学报，2005，27（10）：1129-1135.

[23] 王年香，章为民. 超大型群桩基础承载特性离心模型试验研究 [J]. 世界桥梁，2006，（3）：45-48.

[24] 马海龙，陈云敏. 水泥土群桩承载力特性的原位试验研究 [J]. 浙江大学学报，2004，38（5）：593-597.

[25] 谢涛，袁文忠，姚勇. 超大群桩竖向承载群桩效应试验研究 [J]. 公路交通科技，2003，20（5）：61-64.

[26] 张建新，鹿群，吴东云等. 基于模型试验的静压群桩引起的土体变形分析 [J]. 2010，31（4）：1243-1252.

[27] Andersen EY, Pedersen L. Structural monitoring of the Great Belt East Bridge [C]. In: Krokebogr J, editor. Strait crossings 94. Rotterdam: Balkema. 1994：189-95.

[28] Ealy, Carl D. DiMillio, Albert F. Long Term Monitoring of Pile Foundations [J]. Public Roads, 1985, 49（1）：18-29.

[29] Matsumoto T, Kitiyodom P, Matsui H, et al. Monitoring of load distribution of the piles of a bridge during and after construction [J]. SOILS AND FOUNDATIONS, 2004, 44（4）：109-117.

[30] Klar, A., Bennett, Peter J, Soqa, Kenichi. et al. Distributed strain measurement for pile foundations [J]. Proceedings of the Institution of Civil Engineers: Geotechnical Engineering, 2006, 159（3）：135-144.

[31] Yin CJ, Wang XH, Zheng ZE et al. Study on load transfer behavior of large diameter pile group socketed in soft rock under working load [C] GEO-CHANGSHA: AN INTERNATIONAL CONFERENCE ON GEOTECHNICAL ENGINEERING, PROCEEDINGS, 2007：423-430.

[32] 朱腾明，义宗贞，邢福圣. 群桩基础中桩间土荷载的监测分析 [J]. 油气田地面工程，1996，15（6）：55-57.

[33] 陈志坚，冯兆祥，陈松等. 江阴大桥摩擦失效嵌岩群桩传力机理的实测研究 [J]. 岩石力学与工程学报，2002，21（06）：883-887.

[34] 卢波. 新疆伊犁河大桥大型群桩基础试验与数值研究 [J]. 公路交通科技，2008，25（5）：80-85.

[35] Cheung MS, Tadros GS, Brown T, DilgerWH, Ghali A, Lau DT. Field monitoring and research on performance of the Confederation Bridge [J]. Canadian Journal of Civil Engineering 1997; 24（6）: 951-962.

[36] Barrish Jr RA, Grimmelsman KA, Aktan AE. Instrumented monitoring of the Commodore Barry Bridge [C]. In: Aktan AE, Gosselin SR, editors. Nondestructive evaluation of highways, utilities, and pipelines IV. Bellingham （WA）: The International Society for Optical Engineering; 2000: 112-126.

[37] Sumitro S, Matsui Y, Kono M, Okamoto T, Fujii K. Long span bridge health monitoring system in Japan [C]. in: Chase SB, Aktan AE, editors. Health monitoring and management of civil infrastructure systems. Bellingham （WA）: The International Society for Optical Engineering; 2001, 517-524.

[38] Kim S, Chang SP, Lee J. Autonomous on-line health monitoring system for a cable-stayed bridge [C]. In: Balageas DL, editor. Proceedings of the 1st European workshop on structural health monitoring. Lancaster （PA）: DEStech; 2002: 1254-1261.

[39] J.M. KO, Y.Q. Ni. Technology developments in structural health monitoring of large-scale bridges [J]. Engineering Structures, 2005, 27: 1715-1725.

[40] Alampalli S, Fu G. Instrumentation for remote and continuous monitoring of structure conditions [J]. Transport. Res. Rec, 1994, （1432）: 59-67.

[41] Wong KY, Hui MCH. The structural health monitoring approach for Stonecutters Bridge [C]. In: Proceedings of the IABSE symposium on metropolitan habitats and infrastuctures. 2004（CD）.

[42] Bakht B, Jaeger J. G. Bridge testing: a surprise every time [J]. ASCE J. Stuct. Eng. 1990, （116）: 1370-1383.

[43] Geier, R. & Wenzel, H. Bridge classification based upon ambient vibration monitoring [C]. In Proc. First European conference on structural health monitoring, Paris, 2003: 981-988.

[44] Heywood R. J, Roberts W, Taylor R et al. Fitness-for-purpose evaluation of bridges using health monitoring technology [J]. Transport. Res. Rec, 2000, （1696）: 193-201.

［45］ 张启伟. 大型桥梁健康监测概念与监测系统设计［J］. 同济大学学报，2001，29（1）：65-69.

［46］ 谭永朝，郑翰献，俞菊虎等. 钱江四桥桥梁实时健康监测系统开发研究［J］. 公路交通科技，2004，（11）：43-46.

［47］ 闻家明，周仙通. 深圳湾公路大桥结构健康监测系统的实现［J］. 世界桥梁，2008，（2）：63-68.

［48］ Santanu Chakraborty and John T. DeWolf, P.E., F.ASCE. Development and implementation of a continuous strain monitoring system on multi-girder composite steel bridge［J］. JOURNAL OF BRIDGE ENGINEERING, 2006, 11（6）: 753-762.

［49］ Hui Li, Jinping Qu, Xuefeng Zhao, etc. Structural health monitoring system for the Shandong Binzhou yellow river highway bridge［J］. Computer-Aided Civil and Infrastructure Engineering. 2006,（21）: 306-317.

［50］ G. Kister, D. Winter, Y. M. Gebremichael. etc. Methodology and integrity monitoring of foundation concrete piles using Bragg grating optical fibre sensors［J］. Engineering Structures, 2007, 29（9）: 2048-2055.

［51］ Lynch JP, Law KH, Kiremidjian AS, Carryer E, Farrar CR, Sohn H et al. Design and performance validation of a wireless sensing unit for structural monitoring applications［J］. Structural Engineering and Mechanics 2004; 17（3-4）: 393-408.

［52］ 王桂杰，谢谟文，邱骋等. D_INSAR技术在大范围滑坡监测中的应用［J］.岩土力学，2010，31（4）：1337-1344.

［53］ 刘文峰，张劲泉，何玉珊等. 杭州湾跨海大桥监测系统中应变传感器的优化布点［J］. 公路交通科技，2005，22（12）：81-83.

［54］ 李功标，瞿伟廉. 荷载模糊模式识别中的应变传感器优化布置［J］. 武汉理工大学学报，2009，33（2）：291-294.

［55］ 黄民水，朱宏平，李炜明. 基于改进遗传算法的桥梁结构传感器优化布置［J］. 振动与冲击，2008，27（3）：82-86.

［56］ Philip S. Marsh and Dan M. Frangopol, F.ASCE. Lifetime multiobjective optimization of cost and spacing of corrosion rate sensors embedded in a deteriorating reinforced concrete bridge deck［J］. JOURNAL OF STRUCTURAL ENGINEERING, 2007, 133（6）: 777-787.

［57］ M. Meo*, G. Zumpano. On the optimal sensor placement techniques for a bridge structure［J］. Enginering Structures, 2005,（27）: 1488-1497.

［58］ Donald J. Chmielewski, Tasha Palmer, Vasilios Manousiouthakis. On the Theory of Optimal Sensor Placement［J］. American Institue of Chemical Engineers, 2002, 48 (5): 1011-1012.

[59] 高正荣，黄建维，卢中一. 桥梁局部冲刷及防护研究 [M]. 北京：海军出版社，2005.

[60] Lagasse PF, Clopper PE, Eevenbergen LW, et al. Countermeasures to protect bridge piers from sour [R] NCHRP Report 593. Washington DC: Transportation Research Board, 2007.

[61] Lu Deng, C. S. Cai. Bridge. Scour Prediction, Modeling, Monitoring, and Countermeasures—Review [J]. Practice periodical on structural design and construction, 2010, 15 (2): 125-134.

[62] 王伟. 基于数据融合技术的河床冲刷多尺度监测研究 [D]. 南京：河海大学，2009.

[63] 齐梅兰，崔广臣，张世伟. 桥墩基础施工河床局部冲刷研究 [J]. 水动力学研究与进展，2004, 19 (1): 1~5.

[64] 高正荣，黄建维，赵晓冬. 大型桥梁钢沉井下沉过程局部冲刷研究 [J]. 海洋工程，2006, 24 (3): 31~35.

[65] 韩海骞. 潮流作用下桥墩局部冲刷研究 [D]. 浙江大学硕士学位论文，2006.

[66] 黄莹. 海洋平台圆柱桩脚周围的局部冲刷研究 [D]. 武汉理工大学硕士学位论文，2006.

[67] 王斌，张建海，张艳芬等. 江油电厂跨涪江灰管桥下河床冲刷分析 [J]. 四川水利，2006, (2): 16~19.

[68] 查雅平，张永良，余锡平等. 某跨海大桥复合桥墩潮流作用下局部冲刷深度的数值分析 [J]. 水运工程，2007, (2): 33~37.

[69] 卢中一，高正荣，吴丽华等. 南京长江三桥桥墩基础的局部冲刷 [J]. 人民长江，2005, 36 (10): 48~50.

[70] Dan Borg, Ian Rutherfurd, Mike Stewardson. The geomorphic and ecological effectiveness of habitat rehabilitation works: Continuous measurement of scour and fill around large logs in sand~bed streams [J]. Geomorphology, 2007, (89): 205~216.

[71] Fernando De Falco, Raffaele Mele, The monitoring of bridges for scour by sonar and sedimetri [J].NDT&E international, 2002, (35): 117~123.

[72] Weissmann J, Chun HT, Haas C. Pilot installation of a bridge scour monitoring site [J]. TRANSPORTATION RESEARCH. 2007, (1749): 68-72.

[73] Bin Lin Y, Lai JS, Chang KC, etc. Flood scour monitoring system using fiber Bragg grating sensors [J]. SMART MATERIALS & STRUCTURES, 2006, (15): 1950-1959.

[74] Lin YB, Lai JS, Chang KC, etc. USING MEMS SENSORS IN THE

BRIDGE SCOUR MONITORING SYSTEM [J]. JOURNAL OF THE CHINESE INSTITUTE OF ENGINEERS, 2010, (33): 25-35.

[75] Yu Xinbao, Yu Xiong. Time Domain Reflectometry Automatic Bridge Scour Measurement [J]. STRUCTURAL HEALTH MONITORING-AN INTERNATIONAL JOURNAL, 2009, (12): 463-476.

[76] 唐敏, 何金平, 李珍照等. 大坝安全监测异常测值分析及其模块的实现 [J]. 长江科学院院报, 2003, 22 (3): 29-31.

[77] 陈志坚, 陈松, 李筱艳等. 岩土工程安全监测异常值属性的识别方法 [J]. 水电自动化与大坝监测, 2004, 28 (1): 40-44.

[78] 宋国杰, 唐世渭, 杨冬青等. 数据流中异常模式的提取与趋势监测重点参考 [J]. 计算机研究与发展, 2004, 41 (10): 1754-1759.

[79] L.E. Mujica, J. Vehi, M. Ruiz, M. Verleysen. etc. Multivariate statistics process control for dimensionality reduction in structural assessment [J]. Mechanical Systems and Signal Processing. 2008, 22: 155-171.

[80] Moyo P, Brownhohn JMW. Detection of anomalous structural behavior using wavelet analysis [J]. Mech Syst Signal Process, 2002, 16 (2-3): 429-445.

[81] Penny KI, Jolliffe ITM. A comparison of multivariate outlier detection methods for clinical laborotory safety data [J]. The Statistician 2001, 50 (3): 295-308.

[82] Deraemaeker A, Reynders E, De Roeck G, et al. Vibration-based structural health monitoring using output-only measurements under changing environment [J]. Mech Syst Signal Process, 2008, 291 (1): 349-68.

[83] 唐春艳, 彭继兵. 基于变维滤波算法的Kalman最佳平滑器在滑坡监测数据处理中的应用 [J]. 工程数学学报, 2009, 26 (4): 586-592.

[84] 王利, 李亚红, 刘万林. 卡尔曼滤波在大坝动态变形监测数据处理中的应用 [J]. 西安科技大学学报, 2006, 26 (3): 353-357.

[85] 邹积婷, 江恒彪, 赵西安. 基于小波去噪的地铁沉降监测分析 [J]. 测绘科学, 2007, 32 (3): 102-103.

[86] 万程辉, 何习平. 基于小波分析回归模型的大坝监测数据处理 [J]. 测绘科学, 2009, 34 (5): 113-115.

[87] P. Moyo and J. M. W. Brownjohn. DETECTION OF ANOMALOUS STRUCTURAL BEHAVIOUR USING WAVELET ANALYSIS [J]. Mechanical Systems and Signal Processing, 2002, 16 (2-3), 429-445.

[88] Piotr Omenzetter, James Mark William Brownjohn, Pilate Moyo. Identification of unusual events in multi-channel bridge monitoring data [J]. Mechanical Systems and Signal Processing. 2004, (18), 409-430.

［89］ Z. Sun，C. C. Chang. Statistical Wavelet-Based Method for Structural Health Monitoring ［J］. Journal of Structural Engineering，2004，130（7）：1055-1062.

［90］ V. Pakrashi, B. Basu, A. O Connor. Structural damage detection and calibration using a wavelet-kurtosis technique. Engineering Structures, 2007, 29: 2097-2108.

［91］ 陈志坚，薛涛，冯凌云等. 数据融合算法在苏通大桥群桩基础安全性评价中的应用［J］. 岩石力学于工程学报，2009，28（增1）：3270-3276.

［92］ 王建，伍元，郑东健. 基于多传感器信息融合的大坝监测数据分析［J］. 武汉大学学报（工学版），2004，37（1）：32~35.

［93］ Daniele Posenato, Prakash Kripakaran, Daniele Inaudi, Ian F.C. Smith. Methodologies for model-free data interpretation of civil engineering structures ［J］. Computers and Structures. 2010, 88（7）: 467-482.

［94］ Daniele Posenato, Francesca Lanata, Daniele Inaudi, et al. Model-free data interpretation for continuous monitoring of complex structures ［J］. Advanced Engineering Informatics. 2008, 22（1）: 135-144.

［95］ 王威，王水林，汤华等. 基于三维GIS的滑坡灾害监测预警系统及应用［J］. 岩土力学，2009，30（11）：3379-3385.

［96］ Wei W. Tang Y. A generic neural network approach for filling missing data in data mining ［C］. In: IEEE international conference on systems man and cybernetics, 2003: 862-869.

［97］ Song Q, Shepperd M. A new imputation method for small software project data sets ［J］. J Syst Software, 2007, 80（1）: 51–62.

［98］ Jönsson P, Wohlin C. Benchmarking k-nearest neighbour imputation with homogeneous Likert data source ［J］. Emp Software Eng, 2006, 11（3）: 463–89.

［99］ Arteaga F, Ferrer A. Framework for regression-based missing data imputation methods in on-line MSPC ［J］. J Chemomet, 2005, 19（8）: 439-47.

［100］ Ben-Gal IE. Outlier detection ［J］. Data Mining Knowledge Discovery Handbook, 2005: 131-146.

［101］ 何鲜峰，郑东健，谷艳昌. 大坝安全监控的门限回归预测模型及其应用［J］. 长江科学院院报，2007，24（3）：20-22.

［102］ 刘正云，蒋梅洲. 基于递推回归的大坝安全动态监控模型［J］. 水电能源科学，2002，20（2）：36-38.

［103］ 赖道平，顾冲时. Elman回归神经网络在大坝安全监控中的应用［J］. 河海大学学报. 2003，31（3）：255-258.

［104］ 刘健，蔡建军，程森. 基于遗传神经网络的大坝变形预测模型研究［J］. 山

东大学学报，2006，36（2）：62-66.

[105] Gokmen Tayfur, Dorota Swiatek, Andrew Wita. Case Study: Finite Element Method and Artificial Neural Network Models for Flow through Jeziorsko Earthfill Dam in Poland [J]. JOURNAL OF HYDRAULIC ENGINEERING, 2005, 131（6）：431-440.

[106] 谢峰，朱陆明，王立忠. 滑坡监测信息分析中的修正灰色系统预测模型及应用 [J]. 岩石力学与工程学报，2005，24（22）：4099-4105.

[107] 王铁生，华锡生. 基于模糊聚类算法的大坝监控模型的研究 [J]. 水利学报，2003，（6）：115-118.

[108] 李波，顾冲时，李智录. 基于偏最小二乘回归和最小二乘支持向量机的大坝渗流监控模型 [J]. 水利学报，2008，39（12）：1390-1394.

[109] Dan M. Frangopol, Alfed Strauss. Bridge Reliability Assessment Based on Monitoring [J]. JOURNAL OF BRIDGE ENGINEERING, 2008, 13（3）：258-270.

[110] Ming Liu, M. ASCE, Dan M. Frangopol, F. ASCE, Sunyong Kim. Bridge Safety Evaluation Based on Monitored Live Load Effects [J]. JOURNAL OF BRIDGE ENGINEERING, 2009, 14（4）：257-269.

[111] 曾凡祥，李勤英. 基于LM算法的BP神经网络在大坝变形监测数据处理中的应用 [J]. 水电自动化与大坝监测，2008，32（5）：72-75.

[112] 苏怀智，吴中如，温志萍. 遗传算法在大坝安全监控神经网络预报模型建立中的应用 [J]. 水利学报，2001，（8）：44-48.

[113] K. Pugasap, W. Kim, J. A. Laman. Long-Term Response Prediction of Integral Abutment Bridges [J]. 2009, 14（2）：129-139.

[114] Jolene L. Fennema, Jeffrey A. Laman, Daniel G. Linzell. Long-Term Response Prediction of Integral Abutment Bridges. JOURNAL OF COMPUTING IN CIVIL ENGINEERING, 2007, 21（2）：122-135.

[115] Alfred Strauss, Dan M. Frangopol, Sunyong Kim. Use of monitoring extreme data for the performance prediction of structures: Bayesian updating [J]. Engineering Structures, 2008, 30: 3654-3666.

[116] Y. Q. Ni, H. F. Zhou, J. M. Ko. Generalization Capability of Neural Network Models for Temperature-Frequency Correlation Using Monitoring [J]. JOURNAL OF STRUCTURAL ENGINEERING, 2009, 10: 1290-1300.

[117] X. G. Hua, Y. Q. Ni, J. M. Ko. etc. Modeling of Temperature Frequency Correlation Using Combined Principal Component Analysis and Support Vector Regression Technique [J]. JOURNAL OF COMPUTING IN CIVIL ENGINEERING, 2007, 21（2）：122-135.

[118] 陈志坚. 江阴大桥南塔墩地基基础安全监控模型 [J]. 岩土工程技术, 2001, (1): 41-44.

[119] 华锡生, 黄红女, 王天祥. 大跨径桥梁的动态监控模型研究 [J]. 河海大学学报, 2004, 32 (1): 67-70.

[120] 陈志坚, 周世忠, 卓家寿. 大跨径悬索桥地基基础安全监控模型的研究思路及技术路线 [J]. 中国工程科学, 20024 (6): 20-23.

[121] 陈勇, 叶雨清, 孙炳楠等. 模型预测技术在桥梁健康监测中的应用 [J]. 浙江大学学报, 2008, 42 (1): 157-163.

[122] Armin W. Stuedlein, Michael Bailey, Doug Lindquist, et al. Design and performance of a 46-m-high MSE wall [J]. Journal of geotechnical and geoenvironmental engineering, 2010, 136 (6): 786-796.

[123] Suresh R. Dash, L. Govindaraju, Subhamoy, Bhattacharya. A case study of damages of the Kandla Port and Customs Office tower supported on a mat-pile foundation in liquefied soils under the 2001 Bhuj earthquake [J]. Soil dynamics and earthquake engineering, 2009, 9 (2): 333-346.

[124] Yang Zhouhui, Jeremic Boris. Numerical study of group effects for pile groups in sands [J]. International Journal for Numerical and Analytical Methods in Geomechanics, 2003, 27 (15): 1255-1276.

[125] Lee C. J. Bolton M. D. Al-tabbaa. A numerical modeling of group effects on distribution of dragloads in pile foundations [J].Geotechnique, 2002, 52 (5): 325-335.

[126] Bagajewicz M, M. Sanchez. New MILP formulation for instrumentation network design and upgrade [J]. AIChE Journal, 2002, 48 (10): 2271-2372.

[127] Miguel Bagajewicz, Mabel Sanchez. Cost-optimal design of reliable sensor networks [J]. Computers and Chemical Engineering, 2000, 23 (11-12): 1757-1762.

[128] Olivier Wailly, Nicolas Heraud. Cost-optimal design of reliable sensor netwoeks extended to multi-linear system. Computers & Chemical Engineering, 2005, 29 (5): 1083-1087.

[129] Prakash R. Kotecha, Mani Bhushan, Ravindra D. Gudi. Design of robust, reliable sensor networks using constraint programming. Computers and Chemical Engineering, 2008, 32 (9): 2030-2049.

[130] Maul, Willianm A, Kopasakis George, Santi Louis M, et. Sensor selection and optimization for helth assessment of aerospace systems. Journal of Aerospace Computing Information and Communication, 2008, 5 (1): 16-34.

[131] 苏怀智. 大坝安全监控感智融合理论和方法及应用研究 [D]. 河海大学博士

论文，2002.

[132] 薛涛. 超大型深水群桩基础广角度安全监控技术研究［D］. 河海大学博士论文，2010.

[133] Kotecha PR, Bhushan M, Gudi RD, et al. A duality based framework for integrating reliability and precision for sensor network design［J］. Journal of Process Control, 2008, 18（2）: 189-201.

[134] Marzullo K. Tolerating failures of continuous-valued sensors［J］. ACM Trans on Computer Systems, 1990, 8（4）: 284-304.

[135] Yunmin Zhu, Baohua Li. Optimal interval estimation fusion based on sensor interval estimates with confidence degrees［J］. Automatica, 2006, 42（1）: 101-108.

[136] Qingyu Yang, Yong Chen. Reliability of Coordinate Sensor Systems Under the Risk of Sensor Precision Degradations［J］. IEEE Transactions on Automation and Engineering, 2010, 2（7）: 291-302.

[137] 黄民水，朱宏平，李炜明. 基于改进遗传算法的桥梁结构传感器优化布置［J］. 振动与冲击，2008, 27（3）: 82-86.

[138] 廖灿星，张平，李行善等. 基于混合人工鱼群算法的传感器网络优化［J］. 北京航空航天大学学报，2010, 36（3）: 373-377.

[139] 李悦乔，李程俊. 实数编码的演化算法求解TSP问题［J］. 计算机工程与设计，2006, 27（24）: 4753-4758.

[140] 刘西奎，李艳，许进. 背包问题的遗传算法求解［J］. 华中科技大学学报，2002, 30（6）: 89-90.

[141] 熊信银，吴耀武. 遗传算法及其在电力系统中的应用［M］. 武汉：华中理工大学出版社，2002.

[142] Kammer D C. Effect of noise error on sensor placement for orbit modal identification of large space structure［J］. Journal of Dynamic Systems, Measurement, and Control, 1992, 15（2）: 334-341.

[143] Heo G, Wang M L, Satpathi D. Optimal transducer placement for health monitoring of long span bridge［J］. Sail Dynamics and Earthquake Engineering, 1997, （16）: 495-502.

[144] Richard G Cobb, Brad S Liebst. Sensor placement and structural damage identification from minimal sensor information［J］. AIAA Journal, 1997, 35（2）: 3369-3741.

[145] 彭细荣，路新瀛. 结构健康监测中传感器布点优化的研究进展［J］. 工业建筑，2007, 37（S）: 1033-1037.

[146] 谭冬连，肖汝诚. 桥梁监测系统中复杂结构的静力应变传感器优化配置方法

[J]. 公路, 2006, (6): 105-108.

[147] Liu Shijian, Xu cong, Pan Weike, et al. Sensor deployment optimization for detecting maneuvering targets [C]. 7th International Conference on Information Fusion, NJ: IEEE, 2005: 1629-1635.

[148] 卢中一, 高正荣. 大型涉水群桩桥基局部冲刷特性试验研究 [J]. 海洋工程, 2009, 27 (1): 70-76.

[149] R. Maaskant, T. Alavie, R. M. Measures, et al. Fiber-optic Bragg grating sensors for bridge monitoring [J]. Cement Concrete Comp, 1997 (1): 21-33.

[150] K. Kesavan, K. Ravisankar, S. Parivallal, et al. Experimental studies on fiber optic sensors embedded in concrete [J]. Measurement, 2010, 43 (2): 157-163.

[151] 高正荣, 黄建维, 卢中一. 苏通大桥主塔墩冲刷防护工程关键技术 [J]. 水利水运工程学报, 2005, (2): 18-22.

[152] G. Kister, D. Winter, Y. M. Gebremichael, et al. Methodology and integrity monitoring of foundation concrete piles using Bragg grating optical fiber sensors [J]. Engineering Structures, 2007, 29 (9): 2048-2055.

[153] 李文杰, 胡平, 肖都等. 多波束测深在海洋工程勘察中的应用 [J]. 物探与化探. 2004, 28 (4): 373-376.

[154] 陈志坚. 苏通大桥河床冲刷与淤积监测技术研究专题报告 [R]. 河海大学科学研究报告, 2008.

[155] Iris P. Garrido, Domingo A. Pascual-Figal, Francisco Nicolas, et al. Usefulness of Serial Monitoring of B-Type Natriuretic Peptide for the Detection of Acute Rejection after Heart Transplantation [J]. American Journal of Cardiology, 2009, 103 (8): 1149-1153.

[156] Pascual-Figal DA, Manzano-Femandes S, Pastor F, et al. Troponin-T monitoring in outpatients with nonischernic heart failure [J]. Revista Espanolade Cardiologia, 2008, 61 (7): 678-686.

[157] 王林, 辛晓燕, 王哲等. 妊娠高血压综合征胎盘组织中细胞凋亡观测 [J]. 第四军医大学学报, 2005, 26 (20): 1895-1897.

[158] Daniele Posenato, Prakash Kripakaran, Daniele Inaudi, et al. Methodologies for model-free data interpretation of civil engineering structures [J]. Computers and Structures, 2010, 88 (7-8): 467-482.

[159] Cheng Tao, Li Zhilin. A Multi-scale Approach for Spatio-temporal Outlier Detection [J]. Transactions in GIS, 2006, 10 (2): 253-263.

[160] 李光强, 郑茂仪, 邓敏. 时空数据异常探测方法 [J]. 计算机工程, 2010,

36（5）：35-39.

［161］ 姜干新，陈伟. 嵌入式语音识别系统中的DTW在线并行算法［J］. 计算机应用研究，2010，27（3）：977-980.

［162］ Li YM，Chen HG，Wu ZQ. Dynamic Time Warping Distance Method for Similarity Test of Multipoint Ground Motion Field［J］. Mathematical Problems in Engineering，2010，749517：1-12.

［163］ Quyang RL，Ren LL，Cheng WM，et al. Similarity search and pattern discovery in hydrological time series data mining［J］. Hydrological Processes，2010，24（9）：1198-1210.

［164］ 程文聪，邹鹏，贾焰等. 基于DTW距离的伪周期数据流异常检测［J］. 计算机研究与发展：2010，47（5）：893-902.

［165］ Cury Aexandre，Cremona Christian，Diday Edwin. Application of symbolic data analysis for structural modification assessment［J］. Engineering Structures，2010 32（3）：762-775.

［166］ Garden EP，Brownjohn JMW. Fuzzy clustering of stability diagrams for vibration-based structural health monitoring［J］. Computer-aided Civil and Infrastructure Engineering，2008，23（5）：360-372.

［167］ 朱玉全，杨鹤标，孙蕾. 数据挖掘技术［M］. 南京：东南大学出版社，2006.

［168］ 王伟，沈振中，王连庆. 基于粒子群聚类算法的大坝安全监控模型［J］. 河海大学学报：自然科学版，2008，36（4）：501-504.

［169］ 戚闪坡. 信噪分离技术在深水群桩基础受力分析中的应用［D］. 河海大学硕士论文，2008.

［170］ 王伟. 基于数据融合技术的河床冲刷多尺度监测研究［D］. 河海大学硕士论文，2009.

［171］ 刘明才. 小波分析及其应用［M］. 北京：清华大学出版社，2005.

［172］ Li C J and Ma J. Wavelet decomposition of Vibrations for Detecting of Bearing~Localized Defects［J］. NDT&E International，1997，30（3）：143~149.

［173］ 闫辉，肖昌汉，苏广东. 多模型卡尔曼滤波在地磁场航海测量中的应用［J］. 测绘科学，2010，35（1）：41-43.

［174］ 肖志涛，赵培培，李士心. 基于INS_GPS组合导航的自适应模糊卡尔曼滤波［J］. 中国惯性技术学报，2010，18（2）：195-203.

［175］ Matthew J. Whelan，Kerop D. Janoyan. In-service diagnostics of a highway bridge from a progressive damage case study［J］. JOURNAL OF BRIDGE ENGINEERING，15（5）：597-607.

［176］ Omenzetler P，Brownjohn JMW. Application of time series analysis for bridge monitoring [J]. SMART MATERIALS AND STRUCTURES，2006，15（1）：423-433.

[177] Yan AM, De Boe P, Golinval JC. Structural damage diagosis by Kalman model based on stochastic subspace identification [J]. STRUCTURAL HEALTH MONITORING-ANINTERNATIONAL JOURNAL, 2004, 3（2）：103-119.

[178] F. N. Catbas, S. K. Ciloglu, O. Hasancebi, et. al. Limitations in Structural Identification of Large Constructed Structures [J]. JOURNAL OF STRUC-TURAL ENGINEERING-ASCE, 2007, 133（8）：1051-1066.

[179] Whelan MJ, Gangone MV, Janoyan KD, et. al. Wireless operational modal analysis of a multi-span prestressed concrete bridge for structural identifica-tion [J]. SMART STRUCTURES AND SYSTEMS, 2010, 6（5-6）：579-593.

[180] Chengyin Liu, John T. DeWolf, Jeong-Ho Kim. Development of a baseline for structural health monitoring for a curved post-tensioned concrete box-gird-er bridge [J]. Engineering Structures, 2009,（31）：3107-3115.

[181] 谢开仲，林海瑛，梁寿宗. 钢管混凝土提篮拱损伤识别方法 [J]. 广西大学学报，2010，35（1）：96-100.

[182] John H.G. Macdonald, Wendy E. Daniell. Variation of modal parameters of a cable-stayed bridge identified from ambient vibration measurements and FE modelling [J]. Engineering Structures, 27（13）：1916-1930.

[183] 刘泽佳，季保木，杨宝等. 在役桥梁中混凝土材料的徐变监测与分析 [J]. 中山大学学报，2008，47（S2）：5-8.

[184] 彭妍，娄一青，虞鸿等. 李家峡拱坝水平位移变化规律异常成因分析 [J]. 水电能源科学，2010，28（7）：60-64.

[185] 钱家欢，殷宗泽. 土工原理与计算 [M]. 中国水利水电出版社，1996.

[186] Mitaim S, Detoumay E. Determination of ground reaction curve for hyper-bolic soil model using the hodograph method [J]. CANADIAN GEOTECH-NICAL JOURNAL, 2005, 42（3）：964-968.

[187] Ling HI, Leshchinsky D. Finite element parametric study of the behavior of segmental block reinforced-soil retaining walls [J]. GEOSYNTHETICS IN-TERNATIONAL, 2003, 10（3）：77-94.

[188] 蔡正银，丁树云，毕庆涛. 堆石料强度和变形特性数值模拟 [J]. 岩石力学与工程学报，2009，28（7）：1327-1334.

[189] 李宏恩，李同春，田景元等. 改进的邓肯-张模型在大坝应力应变分析中的应用 [J]. 水电能源科学，2010，28（3）：63-65.

[190] 江涛. 大直径超长钻孔灌注桩群桩效应的三维非线性有限元分析 [D]. 河海大学硕士论文, 2007.

[191] 陈利. 考虑封底混凝土共同作用的群桩基础承载性能研究 [D]. 河海大学硕士论文, 2010.

[192] 韩学伟. 超大型钻孔灌注桩基础桩底后压浆机理及效果的实测研究 [D]. 河海大学硕士论文, 2007.

[193] 刘艳军. 液态混凝土对桩周土体挤密作用的研究 [D]. 河海大学硕士论文, 2007.

[194] 帅旭超, 韩阳. 卸荷作用下软黏土回弹吸水试验研究 [J]. 岩土力学, 2010, 31 (3): 732-737.

[195] 周健, 王浩. 软土卸荷孔压特性的试验与理论计算分析 [J]. 岩土工程学报, 2002, 24 (5): 556-559.

[196] 潘林有, 胡中雄. 深基坑卸荷回弹问题研究 [J]. 岩土工程学报, 2002, 24 (1): 101-104.

[197] 刘汉龙, 彭劼, 陈永辉等. 真空—堆载预压处理高速公路软基的有限元计算 [J]. 岩土力学, 2003, 24 (6): 1029-1033.

[198] 周健, 周凯敏, 贾敏才等. 成层软黏土地基的固结沉降计算分析 [J]. 岩土力学, 2010, 31 (3): 789-793.

[199] 印凡成, 夏乐天. 概率论与数理统计 [M]. 南京: 河海大学出版社, 2000.

[200] 许后磊, 郑东健. 混合核SVM模型在大坝位移预测中的应用 [J]. 水力发电, 2010, 36 (4): 85-88.

[201] 谈小龙. 基于边坡位移监测数据的进化支持向量机预测模型研究 [J]. 岩土工程学报, 2009, 31 (5): 750-755.

[202] 葛哲学, 孙志强. 神经网络理论与MATLAB R2007实现 [M]. 北京: 电子工业出版社, 2007.

[203] 赖道平, 顾冲时. Elman回归神经网络在大坝安全监控中的应用 [J]. 河海大学学报, 2003, 31 (3): 255-258.

[204] 谢和平. 分形-岩石力学导论 [M]. 北京: 科学出版社, 1996.

[205] 赖道平, 吴中如, 周红. 分形学在大坝安全监测资料分析中的应用 [J]. 水利学报, 2004, (1): 100-104.

[206] 秦鹏, 秦植海. 基于分形理论的岩质边坡监测资料分析 [J]. 水利水运工程学报, 2008, (3): 92-97.